科学家学术成长资料采集工程
国科学院院士传记丛书

铸核控核两相宜

吴家树传

张洪武　彭建辉　龚桂秀◎著

1932年
出生于长沙

1949年
考入国立南京大学心理系

1950年
考入大连工学院应用物理系

1951年
转入东北人民大学物理系

1954年
毕业留校任教

1958年
硕士研究生毕业

1960年
调入北京第九研究所投身核武器事业

1963年
奔赴青海221厂

1973年
转战四川三线

1986年
步入核军控领域

1993年
当选中国科学院院

老科学家学术成长资料采集工程

中国科学院院士传记丛书

铸核控核两相宜

宋家树传

张洪武　彭建辉　龚桂秀◎著

中国科学技术出版社
上海交通大学出版社

图书在版编目（CIP）数据

铸核控核两相宜：宋家树传 / 张洪武，彭建辉，龚桂秀著 .—北京：中国科学技术出版社，2021.4

（老科学家学术成长资料采集工程丛书 . 中国科学院院士传记丛书）

ISBN 978-7-5046-8474-5

Ⅰ. ①铸… Ⅱ. ①张… ②彭… ③龚… Ⅲ. ①宋家树-传记 Ⅳ. ①K826.11

中国版本图书馆 CIP 数据核字（2019）第 258367 号

责任编辑	李双北
责任校对	张晓莉
责任印制	李晓霖
版式设计	中文天地

出　　版	中国科学技术出版社　上海交通大学出版社
发　　行	中国科学技术出版社有限公司发行部
地　　址	北京市海淀区中关村南大街 16 号
邮　　编	100081
发行电话	010-62173865
传　　真	010-62173081
网　　址	http://www.cspbooks.com.cn

开　　本	787mm × 1092mm　1/16
字　　数	370 千字
印　　张	23.5
彩　　插	2
版　　次	2021 年 4 月第 1 版
印　　次	2021 年 4 月第 1 次印刷
印　　刷	北京荣泰印刷有限公司
书　　号	ISBN 978-7-5046-8474-5 / K · 269
定　　价	108.00 元

老科学家学术成长资料采集工程
领导小组专家委员会

老科学家学术成长资料采集工程
丛书组织机构

老科学家学术成长资料采集工程简介

老科学家学术成长资料采集工程（以下简称“采集工程”）是根据国务院领导同志的指示精神，由国家科教领导小组于2010年正式启动，中国科协牵头，联合中组部、教育部、科技部、工信部、财政部、文化部、国资委、解放军总政治部、中国科学院、中国工程院、国家自然科学基金委员会等11部委共同实施的一项抢救性工程，旨在通过实物采集、口述访谈、录音录像等方法，把反映老科学家学术成长历程的关键事件、重要节点、师承关系等各方面的资料保存下来，为深入研究科技人才成长规律，宣传优秀科技人物提供第一手资料和原始素材。

采集工程是一项开创性工作。为确保采集工作规范科学，启动之初即成立了由中国科协主要领导任组长、12个部委分管领导任成员的领导小组，负责采集工程的宏观指导和重要政策措施制定，同时成立领导小组专家委员会负责采集原则确定、采集名单审定和学术咨询，委托科学史学者承担学术指导与组织工作，建立专门的馆藏基地确保采集资料的永久性收藏和提供使用，并研究制定了《采集工作流程》《采集工作规范》等一系列基础文件，作为采集人员的工作指南。截至2016年6月，已启动400多位老科学家的学术成长资料采集工作，获得手稿、书信等实物原件资料73968件，数字化资料178326件，视频资料4037小时，音频资料4963小时，具有重要的史料价值。

采集工程的成果目前主要有三种体现形式，一是建设“中国科学家博物馆网络版”，提供学术研究和弘扬科学精神、宣传科学家之用；二是编辑制作科学家专题资料片系列，以视频形式播出；三是研究撰写客观反映老科学家学术成长经历的研究报告，以学术传记的形式，与中国科学院、中国工程院联合出版。随着采集工程的不断拓展和深入，将有更多形式的采集成果问世，为社会公众了解老科学家的感人事迹，探索科技人才成长规律，研究中国科技事业的发展历程提供客观翔实的史料支撑。

总序一

中国科学技术协会主席　韩启德

老科学家是共和国建设的重要参与者，也是新中国科技发展历史的亲历者和见证者，他们的学术成长历程生动反映了近现代中国科技事业与科技教育的进展，本身就是新中国科技发展历史的重要组成部分。针对近年来老科学家相继辞世、学术成长资料大量散失的突出问题，中国科协于2009年向国务院提出抢救老科学家学术成长资料的建议，受到国务院领导同志的高度重视和充分肯定，并明确责成中国科协牵头，联合相关部门共同组织实施。根据国务院批复的《老科学家学术成长资料采集工程实施方案》，中国科协联合中组部、教育部、科技部、工业和信息化部、财政部、文化部、国资委、解放军总政治部、中国科学院、中国工程院、国家自然科学基金委员会等11部委共同组成领导小组，从2010年开始组织实施老科学家学术成长资料采集工程。

老科学家学术成长资料采集是一项系统工程，通过文献与口述资料的搜集和整理、录音录像、实物采集等形式，把反映老科学家求学历程、师承关系、科研活动、学术成就等学术成长中关键节点和重要事件的口述资料、实物资料和音像资料完整系统地保存下来，对于充实新中国科技发展的历史文献，理清我国科技界学术传承脉络，探索我国科技发展规律和科技人才成长规律，弘扬我国科技工作者求真务实、无私奉献的精神，在全社会营造爱科学、学科学、用科学的良好氛围，是一件很有意义的事情。采集工程把重点放在年龄在 80 岁以上、学术成长经历丰富的两院院士，以及虽然不是两院院士、但在我国科技事业发展中作出突出贡献的老科技工作者，充分体现了党和国家对老科学家的关心和爱护。

自 2010 年启动实施以来，采集工程以对历史负责、对国家负责、对科技事业负责的精神，开展了一系列工作，获得大量反映老科学家学术成长历程的文字资料、实物资料和音视频资料，其中有一些资料具有很高的史料价值和学术价值，弥足珍贵。

以传记丛书的形式把采集工程的成果展现给社会公众，是采集工程的目标之一，也是社会各界的共同期待。在我看来，这些传记丛书大都是在充分挖掘档案和书信等各种文献资料、与口述访谈相互印证校核、严密考证的基础之上形成的，内中还有许多很有价值的照片、手稿影印件等珍贵图片，基本做到了图文并茂，语言生动，既体现了历史的鲜活，又立体化地刻画了人物，较好地实现了真实性、专业性、可读性的有机统一。通过这套传记丛书，学者能够获得更加丰富扎实的文献依据，公众能够更加系统深入地了解老一辈科学家的成就、贡献、经历和品格，青少年可以更真实地了解科学家、了解科技活动，进而充分激发对科学家职业的浓厚兴趣。

借此机会，向所有接受采集的老科学家及其亲属朋友，向参与采集工程的工作人员和单位，表示衷心感谢。真诚希望这套丛书能够得到学术界的认可和读者的喜爱，希望采集工程能够得到更广泛的关注和支持。我期待并相信，随着时间的流逝，采集工程的成果将以更加丰富多样的形式呈现给社会公众，采集工程的意义也将越来越彰显于天下。

是为序。

总序二

中国科学院院长　白春礼

由国家科教领导小组直接启动，中国科学技术协会和中国科学院等12个部门和单位共同组织实施的老科学家学术成长资料采集工程，是国务院交办的一项重要任务，也是中国科技界的一件大事。值此采集工程传记丛书出版之际，我向采集工程的顺利实施表示热烈祝贺，向参与采集工程的老科学家和工作人员表示衷心感谢！

按照国务院批准实施的《老科学家学术成长资料采集工程实施方案》，开展这一工作的主要目的就是要通过录音录像、实物采集等多种方式，把反映老科学家学术成长历史的重要资料保存下来，丰富新中国科技发展的历史资料，推动形成新中国的学术传统，激发科技工作者的创新热情和创造活力，在全社会营造爱科学、学科学、用科学的良好氛围。通过实施采集工程，系统搜集、整理反映这些老科学家学术成长历程的关键事件、重要节点、学术传承关系等的各类文献、实物和音视频资料，并结合不同时期的社会发展和国际相关学科领域的发展背景加以梳理和研究，不仅有利于深入了解新中国科学发展的进程特别是老科学家所在学科的发展脉络，而且有利于发现老科学家成长成才中的关键人物、关键事件、关键因素，探索和把握高层次人才培养规律和创新人才成长规律，更有利于理清我国科技界学术传承脉络，深入了解我国科学传统的形成过程，在全社会范围内宣传弘扬老科学家的科学思想、卓越贡献和高尚品质，推动社会主义科学文化和创新文化建设。从这个意义上说，采集工程不仅是一项文化工程，更是一项严肃认真的学术建设工作。

中国科学院是科技事业的国家队，也是凝聚和团结广大院士的大家庭。早在 1955 年，中国科学院选举产生了第一批学部委员，1993 年国务院决定中国科学院学部委员改称中国科学院院士。半个多世纪以来，从学部委员到院士，经历了一个艰难的制度化进程，在我国科学事业发展史上书写了浓墨重彩的一笔。在目前已接受采集的老科学家中，有很大一部分即是上个世纪 80、90 年代当选的中国科学院学部委员、院士，其中既有学科领域的奠基人和开拓者，也有作出过重大科学成就的著名科学家，更有毕生在专门学科领域默默耕耘的一流学者。作为声誉卓著的学术带头人，他们以发展科技、服务国家、造福人民为己任，求真务实、开拓创新，为我国经济建设、社会发展、科技进步和国家安全作出了重要贡献；作为杰出的科学教育家，他们着力培养、大力提携青年人才，在弘扬科学精神、倡树科学理念方面书写了可歌可泣的光辉篇章。他们的学术成就和成长经历既是新中国科技发展的一个缩影，也是国家和社会的宝贵财富。通过采集工程为老科学家树碑立传，不仅对老科学家们的成就和贡献是一份肯定和安慰，也使我们多年的夙愿得偿！

鲁迅说过，“跨过那站着的前人”。过去的辉煌历史是老一辈科学家铸就的，新的历史篇章需要我们来谱写。衷心希望广大科技工作者能够通过“采集工程”的这套老科学家传记丛书和院士丛书等类似著作，深入具体地了解和学习老一辈科学家学术成长历程中的感人事迹和优秀品质；继承和弘扬老一辈科学家求真务实、勇于创新的科学精神，不畏艰险、勇攀高峰的探索精神，团结协作、淡泊名利的团队精神，报效祖国、服务社会的奉献精神，在推动科技发展和创新型国家建设的广阔道路上取得更辉煌的成绩。

总序三

中国工程院院长　周　济

由中国科协联合相关部门共同组织实施的老科学家学术成长资料采集工程，是一项经国务院批准开展的弘扬老一辈科技专家崇高精神、加强科学道德建设的重要工作，也是我国科技界的共同责任。中国工程院作为采集工程领导小组的成员单位，能够直接参与此项工作，深感责任重大、意义非凡。

在新的历史时期，科学技术作为第一生产力，已经日益成为经济社会发展的主要驱动力。科技工作者作为先进生产力的开拓者和先进文化的传播者，在推动科学技术进步和科技事业发展方面发挥着关键的决定的作用。

新中国成立以来，特别是改革开放 30 多年来，我们国家的工程科技取得了伟大的历史性成就，为祖国的现代化事业作出了巨大的历史性贡献。两弹一星、三峡工程、高速铁路、载人航天、杂交水稻、载人深潜、超级计算机……一项项重大工程为社会主义事业的蓬勃发展和祖国富强书写了浓墨重彩的篇章。

这些伟大的重大工程成就，凝聚和倾注了以钱学森、朱光亚、周光召、侯祥麟、袁隆平等为代表的一代又一代科技专家们的心血和智慧。他们克服重重困难，攻克无数技术难关，潜心开展科技研究，致力推动创新发展，为实现我国工程科技水平大幅提升和国家综合实力显著增强作出了杰出贡献。他们热爱祖国，忠于人民，自觉把个人事业融入到国家建设大局之中，为实现国家富强而不断奋斗；他们求真务实，勇于创新，用科技为中华民族的伟大复兴铸就了辉煌；他们治学严谨，鞠躬尽瘁，具有崇高的科学精神和科学道德，是我们后代学习的楷模。科学家们的一生是一本珍贵的教科书，他们坚定的理想信念和淡泊名利的崇高品格是中华民族自强不息精神的宝贵财富，永远值得后人铭记和敬仰。

通过实施采集工程，把反映老科学家学术成长经历的重要文字资料、实物资料和音像资料保存下来，把他们卓越的技术成就和可贵的精神品质记录下来，并编辑出版他们的学术传记，对于进一步宣传他们为我国科技发展和民族进步作出的不朽功勋，引导青年科技工作者学习继承他们的可贵精神和优秀品质，不断攀登世界科技高峰，推动在全社会弘扬科学精神，营造爱科学、讲科学、学科学、用科学的良好氛围，无疑有着十分重要的意义。

中国工程院是我国工程科技界的最高荣誉性、咨询性学术机构，集中了一大批成就卓著、德高望重的老科技专家。以各种形式把他们的学术成长经历留存下来，为后人提供启迪，为社会提供借鉴，为共和国的科技发展留下一份珍贵资料。这是我们的愿望和责任，也是科技界和全社会的共同期待。

宋家树

2015 年 6 月 30 日，中物院材料研究所领导、项目负责人与宋家树院士夫妇合影
左起：罗文华、王佩璇、宋家树、张洪武
（彭建辉 摄）

2017 年 11 月 3 日，采集小组成员对照检查采集资料
左起：彭建辉、杨光文、龚桂秀、张洪武、季琦
（唐赟 摄）

序

2015 年，宋家树被列为采集工程的采集对象，由中国工程物理研究院材料研究所成立采集小组，组织实施。在中国科协、四川省科协、中物院科协的指导下，在各级领导的大力支持下，采集小组历时两年多，通过大量的采访和资料搜集、整理，撰写出了《铸核控核两相宜：宋家树传》。作为传主宋家树的妻子，我对所有付出努力的同事们表示感谢和敬意。

我与宋家树于 1951 年在大连工学院（今大连理工大学）相识。1954 年、1955 年宋家树与我先后从东北人民大学（今吉林大学）物理系毕业留校工作，后一同成为莫洛佐夫的研究生。同学加同事四年多，有较多接触，渐生情愫，于 1958 年国庆节结为终身伴侣。至今六十余年，我们共同经历了顺境逆境，分享了喜怒哀乐，无怨无悔。

我们这代人，出生在旧社会，童年、少年时饱受战乱之苦。但是在青年时代，我们幸运地迎来了新中国。在大学时期，祖国发展欣欣向荣，一日千里，使我们对前途充满信心，我们也立下要为祖国贡献自己一切力量的志愿。

宋家树在 1960 年春被指名调往北京第九研究所（简称九所）。当时女儿尚在襁褓中，我因产后失调旧病复发，卧床不起。但我们都毫不犹豫地欣然服从。一年后，我也调到北京第九研究所。虽然在同一个单位工作，但做不同的专业，我们从未在家讨论工作，直到今日读这本传记，才约略知道他那时在做什么，有哪些贡献。1964 年 3 月我们的儿子出生，这时大部分实验人员已迁往“前方”，他将我接出医院后也赶紧前往。从此开始了我们二十二年的两地分居生活。在儿女成长的关键时刻，他却成为一个常常“缺席”的父亲。对我们来说，有一个心照不宣的共同信念：家庭困难事小，事业的需要是第一。为祖国富强，我们必须尽最大努力，鞠躬尽瘁。在这二十二年里，他科研上做出了成绩，却从不对我谈及。他每次回来度“探亲假”，都做与业务无关的事，如装收音机、看闲书等，以使身心放松，我也从不过问。1967 年 6 月中，他第一次陪我回老家探亲，途中听到我国第一颗氢弹爆炸成功的消息，我们相视一笑，一切尽在不言中。一直到后来，他获得国家科技进步奖特等奖，及至被选为中国科学院院士，我都不是从他那里听到第一手消息的。

宋家树之所以能成为对国家有贡献的科学家，天资聪颖、家教好、品行端正、自幼喜好读书学习钻研，固然是有利的主观条件，但这仅仅是成才的基础，更重要的是后来学习和工作的环境和条件使然。大连工学院和东北人民大学的物理系，可谓名师荟萃，如王大珩、余瑞璜、朱光亚、吴式枢、霍秉权等，使他在物理学领域打下了深厚的基础。那里的领导，例如匡亚明校长、温希凡书记对人才的珍惜和对他的培养，更是重要的因素，让我们永远铭刻于心。他的大部分时间在九院和九〇三厂工作，这些单位都是优秀人才高密度集中的所在。领导班子里较早的如李觉老部长、赵敬璞书记、吴际霖院长，后来的李英杰书记、何文钊厂长等，尊重技术干部，充分发挥他们的作用，把宋家树放到关键岗位，极力支持并放手让他工作。老一辈科学家如朱光亚、邓稼先、陈能宽、张兴钤院士等，虚怀若谷，对他鼓励并进行有益的引导。他的同事，他带领的团队，当年也大多是年轻有为，有理论、实验、工艺等各方面的能手，大家为了事业，不计名利，同心协力去完成任务。他的学术成果，就是在上述种种有利客观条件下收获的。所以他常常强调，这些工作都是大家做的，他只是代表人物之一而已。

几十年来，宋家树努力工作，做出一些成绩。领导和同事对他肯定和赞扬，国家给予了荣誉与优待。对此，我和儿女宋晓晖、宋一桥深感荣耀，并衷心感谢。

王佩璇

2017 年 10 月 20 日

目录

图片目录

导 言

在我国“两弹一星”事业的发展历程中，一大批杰出的科学家为建设强大国防奉献一生。除“两弹一星”功勋奖章获得者外，还有一大批中坚力量，因为种种原因，他们鲜为人知。他们在这个领域辛勤耕耘、无私奉献，解决了我国核武器发展中的许多重大问题，推动此领域科学研究、人才培养和核事业的持续发展。他们是为中国国防事业的发展做出过“惊天动地事”的“隐姓埋名人”。宋家树便是这样的科学家中的一位。如许多科学大家一样，他的身上也蕴藏着丰富的“宝藏”，比如科学精神、处世哲学等，都是我们需要研究、学习、继承和弘扬的。研究他的学术成长经历，意义重大。

主要学术经历和主要成就

宋家树是我国著名的核材料科学家，在特种核材料应用研究领域进行了长期的开创性研究，参加了我国第一颗原子弹、氢弹的关键部件技术攻关，也是我国核军控科学的奠基人之一，为我国核武器及核军控事业做出了重要贡献。

宋家树，祖籍安徽省舒城县，1932 年 3 月 21 日出生在湖南长沙。宋家树少年时期随父母辗转湖南、湖北、重庆、河南、江苏等地，直到 1949

年南京解放，一家人的生活才安定下来。1949 年，宋家树以高中二年级同等学力考入国立南京大学心理系，1950 年又考入大连工学院（现大连理工大学），1952 年因全国高等学校院系调整，转入东北人民大学（现吉林大学）物理系学习，毕业后留校任教。1956 年，师从苏联专家莫洛佐夫攻读研究生，后担任物理系金属物理教研室副主任，组织教研室开展材料强度、耐热性、高温合金和摩擦磨损等方面的研究，在合金耐热性、高速钢及合金物理性质以及合金相图、耐热强度、氧化及防护、扩散、耐磨研究等方面，取得了一系列有应用价值的科技成果，在国内材料物理界受到一定的重视。

1960 年，宋家树服从国家需要，进入核材料应用研究的崭新领域。作为我国第一颗原子弹、氢弹关键部件研制攻关的技术负责人之一，他组织完成了核材料及关键热核部件的攻关任务，在裂变材料成分控制、核材料工艺、同位素交换方法等方面进行了开创性研究，解决了许多极其复杂的实验与工艺问题，最终研制生产出合格产品。1973 年 9 月，他被调往九〇三厂，历任副总工程师、总工程师兼副厂长，从九〇三厂的筹建到全面负责厂里的科研生产任务，做了大量富有成效的科研管理工作。

1986 年年初，宋家树调到核工业部军工局任总工程师，同时步入“军备控制”这个崭新的研究领域，并成为中国该项研究工作的领导者之一。1994 年，宋家树出任“中国科学家军控研究小组（CSGAC）”主席，组织全国相关单位的专家学者，开展军控及裁军问题的研究，造就出一支老中青相结合、自然科学与社会科学相结合的军控科学技术研究骨干队伍，并取得了一批具有开拓性的研究成果，为国防建设和外交斗争相关问题的决策，发挥了积极的作用。

回顾宋家树的科学求索之路，虽然历经研究领域的变化，但他总能跳出原有的研究领域，从战略的高度重新认识和解决一些重大问题。究其原因，在于他始终以国家需求和事业发展为重，自觉地学习和运用辩证唯物主义的哲学思想来指导科学研究，孜孜以求，潜心钻研。因宋家树为发展我国的核武器事业做出重要贡献，他先后获得了国家科技进步奖特等奖、国家发明奖、部委级重大科技成果奖等，1993 年当选为中国科学院学部委员（后改称院士）。

已有的研究成果和本研究报告资料基础

关于宋家树的学术成长经历和学术贡献，我们通过国家图书馆、互联网、二手图书市场等，尽可能全面地检索了公开发表的中外文献和出版物。其中，与宋家树有关的包括《中国西部开发信息百科》（四川卷）、《四川年鉴》（1994 年）、《军事人物百科全书》、《中国人物年鉴》（1994 年）、《舒城县志（1986—2004）》、《舒城人物》等工具书和辞典；《中国科学院院士画册》《上世纪中国知名科学家学术成就概览》《中国科学技术专家传略》《四川科技精英》《中国科学院院士自述》《科学的道路》《当代中国的核工业》《当代中国的国防科技事业》《宋家树八十华诞文集》等书籍；以及《炎黄春秋》《海陆天空惯性世界》《兵器知识》等刊物。

关于宋家树的报道，《安庆晚报》、《安徽日报》、中国工程物理研究院内部刊物《曙光》等对宋家树的生平事迹都曾做过专门报道；《人民日报》《光明日报》《中国科学报》《四川日报》《华西都市报》《新京报》《今晚报》《安庆日报》等在作相关报道时，提及了宋家树。

宋家树的主要工作经历包括吉林大学（原东北人民大学）科研教学、核武器研制攻关、军备控制研究三个部分。采集小组在组织实施采集工程任务、研究其学术成长的过程中发现，已有的文献资料对宋家树的学术经历、学术成就的分析存在着三个方面的欠缺：首先，文献资料大多展示的是宋家树学术成就的最终成果，没有充分展示宋家树个人及其学术工作的发展与演进的具体过程，缺少对宋家树学术成长经历各个环节的细致考证与专门描述；其次，二十世纪八十年代后期，宋家树开展军备控制科学技术问题的研究，并取得了开拓性的研究成果，由于目前国内外还没有公开的文献资料详细地记载反映我国在这方面的发展历程及全貌，因而不可能谈到宋家树在该领域的学术成就和贡献；最后，二十世纪八十年代之后，宋家树从国家战略需求出发，对军用新材料、超导材料、能源安全等现状及其发展趋势进行了宏观分析，并发表了多篇论著，至今没有文献资料提及其学术成就和贡献。

为了弥补已有文献中的欠缺和不足，采集小组经过深思熟虑，决定在对已有文献资料进行分析和考证的基础上，采取口述访谈和实地采集、采访等方法，在有限的条件下，重点解决两个方面的问题：一是补充和澄清已有文献资料中缺失或模糊、有争论的细节，细致而真实地还原宋家树学习、工作、科研、管理、人才培养等方面的经历；二是客观真实地再现宋家树在学术成长各个阶段的社会历史背景和具体生活环境，从而寻找影响宋家树学术成长的根本因素，凸显他独特的学术思想、思维方式和科研风格。

根据上述计划和时间安排，通过两年的采集，我们获取了大量的资料，归纳起来，目前掌握的反映宋家树学术成长经历的资料主要有如下几大类。

手稿：目前已采集到宋家树手稿 365 件，其中笔记本 60 余本，包括各个时期的文献调研、会议记录、工作总结、学习笔记、心得体会、人生感悟等，这些资料不但弥补了已有文献资料的不足，而且作为当事人在特定时期的亲笔记录，无疑是最为可信的历史资料。

学术论著：宋家树有公开出版发行的代表性著作 1 部，公开发表论文 60 余篇，还有多篇因内容涉及国家秘密而没有公开发表的论文、著作。这些为我们研究宋家树学术成长历程及凝练其学术思想奠定了雄厚而扎实的资料基础。

口述史料：采集小组围绕宋家树的学术成长经历，先后访谈了宋家树本人及其亲属、朋友，各个时期的同事、同行、同学；通过电子邮件采访了宋家树远在加拿大的妹妹宋家珩、在美国的女儿宋晓晖；同时，在宋家树童年时期曾生活过的重庆陈家桥寻找、访谈了 70 多年前的知情人、见证人。共计访谈 46 人，获得音视频资料 3000 余分钟，整理口述资料 50 余万字。这些是对现已公开的有关宋家树资料的有益补充，为我们了解宋家树的学术成长提供了翔实的细节，也澄清了现有描述中部分模糊、有争论的问题。

档案资料：采集小组先后走访重庆市档案馆、南京大学档案馆、中国第二历史档案馆、大连理工大学档案馆、吉林大学档案馆、青海海北州档案馆、中国工程物理研究院档案馆、材料研究所档案室、核工业总公司档案馆、中国科学院院士工作局、安徽省档案馆、安庆市档案馆、舒城县志办、河南省许昌县志办等单位，查找到反映宋家树学术成长各个阶段的社会历史背景和具体生活环境的档案和资料近500件。

大事年表：在2012年由中国原子能出版社出版的《宋家树院士八十华诞文集》中，按照时间顺序，记述了宋家树的人生经历。在此基础上，采集工作小组经过多方搜寻，四处查证，认真甄别，详加考证，修正了一些错误，补充了一些遗漏，形成了1.7万余字的大事年表，尽可能完整、全面记载宋家树学术成长的大事。

其他研究资料：除搜集与宋家树本人成长、学术成就等密切相关的资料外，采集工作小组还特别注重其各个成长阶段的时代、社会大环境，曾经学习和工作过的单位等小环境，以及当时相关研究领域的研究进展等资料的搜集。同时，我们还采集到宋家树与国内外同行的信件100余件，以及大量有关军转民发展、军备控制研究、军用新材料、能源安全等方面的资料。

上述所有资料为我们研究整理宋家树的学术成长经历、学术特点、学术贡献提供了丰富的史料，为传记的撰写奠定了坚实的基础。

传记的思路及结构

宋家树没有国外留学的经历，他的学术成长过程主要是受到苏联专家、学者莫洛佐夫的言传身教和当时国内的学者、教育环境以及家庭熏陶等诸多因素的影响。这与中国许多曾留学海外的著名科学家完全不同，传记力求通过梳理和陈述宋家树的学术成长经历，探究他的学术思想、学术特点，从而为有关部门和世人留下一份真实可靠的史料，同时也使读者和年轻的科技工作者能从中受到启发。

在学术传记的结构安排上，我们以时间为明线，以学术特点、学术思想的形成过程为暗线，以宋家树学术成长的重要节点为标准，共分十章。

第一章“书香传家”，主要叙述了宋家树的家世渊源以及辗转湖南、湖北、重庆避乱的经历；第二章“辗转求学”，较为详细地叙述了他小学、初中、高中的学习经历，就读名校、师从名师；第三章“大学逐梦”，叙述了他在南京大学、大连工学院以及东北人民大学的学习经历；第四章“初露锋芒”，介绍了他毕业留校，师从苏联专家莫洛佐夫，在金属物理研究领域展露才华的经历，这也是其学术思想形成的重要时期；第五章“初涉核武”，讲述了他被国家紧急调入核武器研究领域，在条件有限的情况下，创造条件、集智攻关，获取了制造第一颗原子弹核心部件的一系列主要工艺参数；第六章“草原会战”，讲述了他奔赴青海草原参加第一颗原子弹、氢弹研制攻关工作，以及“文化大革命”期间的经历；第七章“巴蜀建功”，叙述了他服从国家安排，谋划九〇三厂长远发展，统筹生产能力建设，加强人才队伍培养，组织科研生产和型号攻关等工作；第八章“步入军控”，叙述了他步入军备控制新领域后，领导军控专业组开展的一系列富有成效的工作，并成为中国该项研究工作的领导者之一；第九章“跟踪前沿”，主要叙述了他在国际经济学技术研究所兼职期间，在军用新材料、能源安全方面开展研究，为国家有关部门提供决策咨询，为院所学科规划和人才培养提出建议等。此外，还单独安排了第十章“臻于至善”，讲述他广泛高雅的兴趣爱好、正确的人生观、高尚的情操和良好的性格对其学术成长和学术思想形成产生的重要影响；同时，还记述了他在退休后依然关注我国核事业，不断为核事业的发展建言献策等内容，作为其学术成长生涯的重要补充。

第一章
书香传家

宋家树，1932 年 3 月 21 日出生于湖南长沙，祖籍安徽舒城。宋家树的一生与舒城交集不多，但世居舒城的宋、陶两家都是名门望族，世代书香门第，重视教育的传统深深地影响了他的一生。

家 世 渊 源

祖籍舒城

舒城坐落于大别山东麓、巢湖之滨、江淮之间，土地肥沃，山川秀丽，物产富饶，自古有“皖中花园”之美誉。自周武王列土封侯舒国，到唐朝开元年间设舒城县，作为中国龙文化发源地之一，舒城可谓历史悠久，人杰地灵。古有西汉教育家、中国公学创始人文翁，三国名将周瑜，北宋白描画宗师李公麟；近代有追随孙中山辛亥革命的王仁峰、宋竹荪，共产党初期情报战线“三杰”之一的胡底，抗日名将孙立人，政治经济学泰斗陶因[①]等。

据宋氏宗谱记载："宋氏一姓，源远流长，溯至周初，周武王封商微子于商丘，建立宋国。公元前286年，宋被齐、魏、楚三国所灭后，其王公大臣及族人均以国名为姓，遂成宋氏。后至汉代，汉高祖为了巩固中央集权，将关东豪强势力迁至关中，京兆宋氏适时开基奠业。其后，京兆宋氏遂逐步迁居分散祖国各地。据《广东中塝宋氏族谱》所载：五代时有宋哲在丹阳为官，哲后有宋军兄弟七人，后长房二房迁至北京，七房迁至江西吉水，后又从江西瓦砾坝迁到安徽徽州新安。明代中期宋氏又从徽州新安迁至合肥、龙舒生息繁衍，至今已有四百多年。代有大儒名宦，淮南望族。"

宋家树祖上世代居住在安徽省舒城县宋家圩子[②]，曾祖父宋应齐，系清邑庠生，曾总理铭武毅军粮台兼理营务，花翎五品衔，后任江西龙泉县知县。

传奇祖父

祖父宋竹荪（1879—1949），安徽省舒城县柏林乡宋家圩人。清末赴日本法政学校求学，加入孙中山领导的同盟会，接受民主革命思想。回国后，与柏文蔚[③]取得联系，在安徽从事革命活动。

1911年，辛亥革命爆发，各省纷纷响应。当时舒城清朝知县潜逃，局势非常混乱，散兵游勇流窜城乡，四乡盗匪蜂起。宋竹荪受柏文蔚的委托，于年底回到安徽舒城，组织舒城临时军政府，任主席兼司令。他领导革命军队保护百姓生命财产安全，并组织百姓进行正常的生产活动。临

---

① 陶因（1894-1952），字襄中，安徽舒城县阙店乡人。清末安徽维新派代表人物陶镕次子，17岁赴日本留学，毕业于日本帝国大学。随后，前往欧洲，获得法兰克福大学经济学博士学位，1924年学成归国。先后任教于中山大学、安徽大学、武汉大学、广西大学、南京大学。我国经济学泰斗之一，有"南陶北马"（马寅初）之说。曾经被《大公报》评为当时中国十大著名教授之一。曾经与同学共同翻译马克思的《资本论》，因商务印书馆遭遇火灾，译稿被焚，书未问世。

② 今安徽省舒城县宋圩村。

③ 柏文蔚（1876-1947），安徽寿县人，资产阶级革命者，1905年秘密加入同盟会，1947年病逝于上海。

时军政府还向清朝大臣李鸿章在舒城开设的“当铺”捐四千银元，作为打击豪绅地主的活动经费，受到百姓欢迎。不久，袁世凯篡夺辛亥革命果实，攫取临时大总统，辛亥革命失败，革命党人受到残酷迫害。1912 年春，宋竹荪被迫出走，舒城临时军政府解体。

图 1–1　祖父宋竹荪（1947 年，安庆，宋家树提供）

1916 年，宋竹荪与朱燕山、刘希平、沈子修等人投入声讨袁世凯和反对北洋军阀的斗争，并密商在安庆起义，不料事泄，起义失败。这次斗争虽告失败，但民主共和的浪潮不断兴起。袁世凯做了 83 天皇帝，终于在全国人民的声讨中倒台，不久归西。1919 年“五四”运动以后，安徽知识界和学生青年投入新文化运动。在朱蕴山倡导下，宋竹荪、光明甫 、沈子修等人共商创办《评议报》。1921 年秋,《评议报》问世，推选宋竹荪为经理，朱蕴山为主笔。该报对宣传新文化、揭露安徽军阀的黑暗统治起了积极作用。此外，宋竹荪和王䨲吾等人支持“反对盐斤加价”“争取教育基金独立”“惩戒贿选议员”“拒绝李兆珍长皖”等轰轰烈烈的群众运动。

大革命失败后，宋竹荪见国民党日趋腐败堕落，不愿同流合污，于 1927 年迁安徽省东流县红树山庄，务农课子。抗日战争爆发后任舒城县民众总动员委员会委员，从事抗日救亡工作，1944 年在立煌 ① 任国民党安徽省临时参议会副议长。抗战胜利后，宋竹荪隐居舒城肖家巷，盖取李白诗“抱瓮种秋蔬，心闲游云天”之意，将寓所题名为“抱瓮草庐”。晚年患病，行动艰难，仍孜孜不倦研究佛经，1949 年 1 月逝世 ②。

祖母唐悯，1879 年出生，卒年不详，字佛奴，系晚清杰出爱国名将唐

① 现安徽省金寨县。

②《舒城文史资料》(第一辑)。1986 年，内部资料。

定奎[①]之幼女。虽为名门闺秀，却无娇柔女儿之态，识大体，知书礼，同情革命。宋竹荪在1945年写的“亡室唐佛奴行略”一文中说：“夫人愤懑清朝政治之腐败，心仪秋瑾女士为人，曾往杭州西湖寻女士墓，欲一洒同情之泪，并把第八女取名竞雄，以志不忘。”

唐家与宋家世代交谊颇深，祖父母的婚姻实为家族联姻。正是在祖母的支持下，祖父毅然到日本求学，看到了世界的文明进步与清朝的闭关锁国，从此踏上了革命之路。不幸的是，祖母早亡，宋家树对于祖母的印象只是来自宋氏族谱中祖父宋竹荪的悼词。

祖父留日多年，眼界开阔，思想开明，十分重视对子女的教育，在家中设有私塾，以便子女及亲友的小孩从小就能接受教育。祖父对子女的培养很开放，不分男女，有能力读大学和出国留学的皆尽力满足，他认为让子女受到良好教育，是人生之大事。

据宋家珩[②]回忆：

> 我们的伯父和姑母辈大都毕业于国内名校，且多有海外留学经历，其中不少成为国内外名人和知名学者，他们的后代亦遍布大陆、台湾、香港和北美等地。
>
> 大伯父宋琦，字雪亭（1900—1968），清华大学毕业，国立浙江大学教授，后公费赴美国留学。解放初期回国，受到周恩来总理接见，分配到张家口外国语学院（军事院校）任教，从事教学和翻译工作。“文化大革命”中受到迫害。1977年予以平反并补开追悼会。
>
> 二姑母宋竞英，南京金陵女子大学毕业，美国哥伦比亚大学学士、硕士。曾任大夏大学教授，后来长期任四川大学外语系教授。
>
> 三姑母宋竞华，上海圣马利亚学院毕业，后留学美国，回国后在

---

① 唐定奎（1833-1887），字俊侯，安徽省舒城县袁店乡唐五房圩人，排行第五，外号“唐五肚子”。清咸丰年间兴办团练，对抗太平军。后入淮军，镇压捻军。日本入侵台南时，经李鸿章推荐，率所部“铭军”赴台，与日军对峙。1883年，法军侵略越南，带病布防。中法战争结束后，因病辞职归乡，光绪十三年春病逝，谥“果介”公。

② 宋家珩（1936-　），宋家树之妹，山东大学历史系教授，是国内研究加拿大领域的知名学者，退休后移居加拿大。

贵州工作。

八姑母宋竞雄，南京金陵女子大学毕业，留学美国，抗战时期回国工作。

九姑母宋竞奇，南京金陵女子大学毕业。新中国成立后长期在南京师范大学化学系任教授。

十姑母宋竞欧，我们称她毛姑。安庆第一女子师范学校毕业。一生从事中小学教育工作，历任小学和中学校长，对中小学教育做出了贡献。

祖父重视子女教育的传统在我们这一辈得到了传承。我们深知教育是育人之根本，以及自己接受教育的重要性。在我们这一代人中，家树哥和我，两家四人，有一位院士和三位大学教授。在我们的第二代中，家树哥有一双儿女，一个清华毕业，一个北大毕业，后都到美国留学，获得博士学位，我的两个孩子也是从国内大学毕业，后去加拿大留学，得到硕士学位，现在都是电脑工程师。[①]

宋竹荪非常热心家乡教育事业，因筹资办学耗费巨大，家业渐衰，但始终不改初衷。1928 年，与王仁峰等耗巨资在舒城县城西南伏虎寺旧址筹建舒城县立初级中学，1931 年校舍建成、招生，并确定学校的办学宗旨："为民族立孝，为国家立功，为苍生立命，为子孙立言，一德一心以争千秋。"由此可见，宋竹荪重视教育的目的和意义。

宋家树年幼时虽未曾与祖父谋面，但通过父母的讲述，他对祖父的传奇人生印象深刻，心生敬慕。

幸福童年

父亲宋珉，字曼君，出生于 1908 年，在九个兄弟姐妹中排行第四，

① 宋家珩访谈，2016 年 6 月 5 日，加拿大。资料存于采集工程数据库。

图 1-2 宋家树父母（1980 年，宋家树提供）

早年在家读过私塾，青年时代求学于安徽省安庆名校圣保罗中学（教会学校），后来因带头闹学潮，被学校开除，被迫中途辍学，此后再未进入正规学校读书，没有像其他兄弟姐妹们那样获得上名牌大学和留洋的机会。但由于家学渊源，他的国学基础深厚，平时又喜欢读书，尤爱中国历史和文学，对明史颇有研究，文笔极好，多才多艺。故虽未读过大学，但文化素质仍然较高。

新中国成立后，宋曼君曾在江苏扬州中学担任语文老师，据 1952 届普科班学生李玉树回忆：

> 宋老师教我们做人做文，终身受益，永世不忘。离开扬中近 30 年，大概在 1981 年找到宋老师，以后我们通了几年信。每读宋老师来信，仍然觉得是老师对学生“作文”（我的去信）的精辟点评。回想当年，交一篇几百字的作文，可以换来宋老师洋洋千言的评语，真正是抛砖引玉。①

同时，李玉树还摘录了一段宋曼君给他写的书信：

> 阅来信，知你最近有不愉快事。这些事人人难免，特别是孤芳自赏之士。正如《红楼梦》上的诗句“好高人愈妒，过洁世同嫌”。但只要自己胸无杂念，对得起工作，对得起人民，对得起国家，拂逆之事，大可谈笑处之。“岂能尽如人意，但求无愧我心。”“足常乐，能忍自

① 宋曼君给李玉树的信，1982 年。存于李玉树家。

安。”“欲除烦恼须忘我，各有因缘莫羡人。”这些古代的有益的格言及诗句，到现在还可以赋予新的意义，未可一概以陈腐视之。①

管中窥豹，宋曼君的人品、学识才华可见一斑。

1926 年，宋曼君与亲戚陈敏之等人同去武汉，参加了国民革命军，在第四军总指挥部任上校秘书。因看不惯军队内部相互倾轧、钩心斗角等不良风气，不久便离开军队，到湖南长沙谋生。

惟楚有才，于斯为盛。二十世纪二三十年代是湖南长沙报纸杂志最活跃、发展最迅速的时期，小报和通讯社纷纷涌现。据 1934 年《全省社会调查》称：近来湖南全省新闻事业有突飞猛进之势，表现在全省经国民党登记的报社有 57 家，长沙有 28 家；通讯社 83 家，长沙有 76 家；杂志社 21 家，全部在长沙。当时全市人口不过三四十万，而报纸杂志社竟有五十多家，所占比例之大为全国罕见。

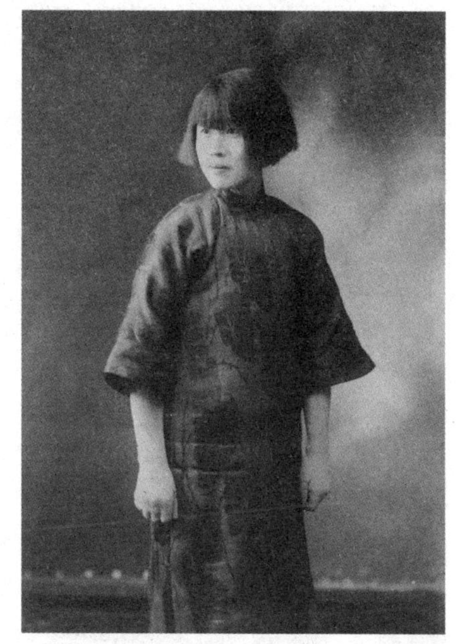

图 1–3　母亲陶华（1930 年，安徽，宋家树提供）

宋曼君凭借深厚的国文基础，很快就在《长沙国民日报》谋得一职，并得到主编赏识，担任国际新闻版的编辑。1930 年，宋曼君返回舒城将未婚妻陶华接到长沙。

母亲陶华，字宝华，1907 年出生，为陶镕②侄女，相貌端庄，思维活跃，文章清丽，擅长书法。先后就读于安徽省安庆第一女中、安庆师范学校，曾在安庆第一实验小学教书，同时兼任安庆《民国日报》副刊编辑，是二十世纪二十年代典型的新知识女性。

---

① 宋曼君给李玉树的信，1982 年。存于李玉树家。

② 陶镕（1865–1924），1902 年创办斌农中学堂，开启了舒城现代教育的先河。清末安徽省维新派代表人物之一，曾任段祺瑞执政时期的国会议员，辛亥革命后当过安徽省财政厅厅长等。

陶家是安徽省舒城县神墩村的大族。母亲的大伯父陶镕是当地名人，20岁中举，是清末安徽省维新派代表人物之一，曾任段祺瑞执政时期的国会议员、安徽省财政厅厅长等职。

宋、陶两家早年一直有来往，宋竹荪和陶镕是拜把兄弟，宋曼君、陶华二人的婚姻就是由他们两人做主定下的娃娃亲，且两人从幼年时期就往来密切，可谓青梅竹马。

1931年年初，宋曼君与陶华返回安徽安庆市举办婚礼，主婚人为宋竹荪、陶因。三个月后，宋曼君与陶华再次前往长沙，开始了一段在湖南的生活。

陶华晚年在回忆录中描述："我们在长沙租房子住，先后三次搬迁，最后租住在天心阁附近一栋二楼小房，四周环境优美，景色宜人，系一工程师家，他们住一楼，我们住二楼，楼房三面都设有窗户，院中栽以花木，房子居花园之中，空气新鲜。工程师夫妇长年旅居在青岛，家中只有老母亲及佣人，所以十分清静。"①

1932年3月21日，宋家树出生，因母亲乳腺发炎，遂请一奶娘，凑巧奶娘与母亲同岁，性情温柔，相处甚好。直到宋家树三岁奶娘才离开，临行时依依不舍，此后常常前来探望。1936年，妹妹宋家珩出生。

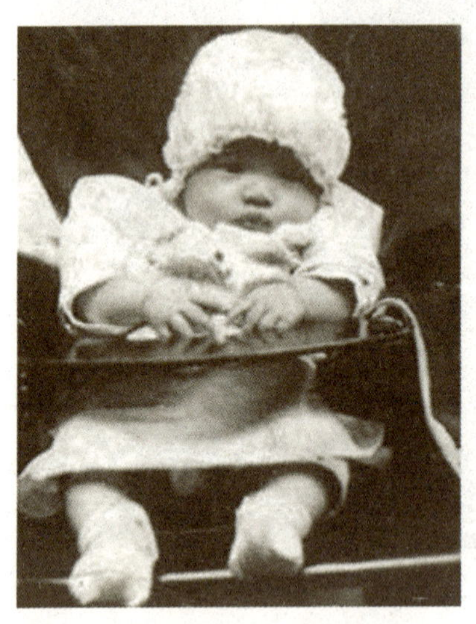

图1-4 儿时的宋家树（1932年，宋家树提供）

一家四口在长沙时期的生活比较稳定，安居乐业。父亲在1933年参加湖南省县长考试并被录取，先后被聘为凤凰县、安化县县长。母亲在家照顾孩子，还经常从事文艺写作，向《长沙国民日报》副刊投稿。母亲在湘雅医院生宋家树时，结识护士李芳兰，经常互相来往，结为知己。由于两人

① 陶华：抗战前后湖南长沙。1983年，未刊稿。资料存于采集工程数据库。

都爱好文学和写作，因此她俩发起出版刊物，同时还有易梦之、南燕等女同志加入，刊名取得很文艺，叫《潇湘涟漪》，初为半月刊，由母亲担任总编，社址在长沙左文襄祠七号。刊物为文艺性质，主要刊载小说、散文、诗歌等。创刊后，孙伏园、席征庸等著名作家陆续向刊物投稿。

图 1-5 童年宋家树在长沙天心阁儿童公园留影（1935 年）

宋家树兄妹的童年是快乐无忧的，附近的天心阁和儿童公园热闹非凡，母亲经常带着兄妹二人去玩耍。

天心阁矗立在长沙老城东南角的古城墙上，是古城长沙的标志。天心阁古城墙系明洪武年间（1368—1398）在宋元古城墙基础上重建，阁楼也兴建于此时，重修于清乾隆年间。辛亥革命后，为顺应历史潮流加速经济发展，陆续拆除旧城墙，修筑长沙环城马路，到 1924 年下半年，因拆除工程的难度大仅剩下天心阁下这一小段未拆。在当地文化人士的提议及多方的支持与努力下，当局最终决定保留这段城墙与天心阁，修改了环城马路规划。长沙百姓，无论文人学士，还是普通民众，都有出游、踏青、览胜的兴致，天心阁自然便成了文人学士登高览胜的首选之地，留下了大量吟咏天心阁的诗联①。1932年，长沙市在天心阁修建儿童健康公园，四周用木栏围护，并沿栏植树。园内建有四个小花园，三座花台，七张水泥椅，还有秋千、滑梯、摇篮、轩轾板、吊环等玩具，免费对市民和游人开放。

儿童公园和天心阁离家非常近，父母几乎每天都带着宋家树兄妹去游玩，在玩乐的过程中，母亲经常在宋家树面前吟诵文人墨客在天心阁留下的诗词佳句，从而给他留下了深刻的印象。

---

① 陈先枢:《天心阁》。北京：文物出版社，2012 年，第 11-21 页。

陪都避难

抗日战争全面爆发后，宋家树一家四口从湖南辗转到重庆避难，安定的生活从此完全改变。与其他重庆人一样，在日军大轰炸期间，“跑警报”“躲空袭”成为一种日常的生存状态。

逃难重庆

1937 年卢沟桥事变后，日本帝国主义大举侵略中国，北平、天津、上海先后沦陷，南京危急。国民政府为适应战况，统筹全局，长期抗战，10 月 29 日，蒋介石在国防最高会议发表“国府迁渝与抗战前途”讲话，首次正式提议：国民政府迁都重庆，借以争取战略退却之主动地位，力避全盘崩溃之忧。次日，国民政府举行国务会议，决定接受提议，迁都重庆。

1937 年 11 月 17 日凌晨，在严密的保安措施和新闻封锁下，年逾古稀的国民政府主席林森率领千余名官员，携带中华民国印信旗幡，穿过挹江门，连夜登上“永绥舰”，撤离南京，首途重庆。12 月 1 日，国民政府开始在重庆办公。从此，重庆成为中国的战时首都，国民政府中央机关部门以及重要工厂、学校陆续迁往重庆。

此时，父亲在湖南安化任县长，他审时度势，决定携家人到重庆避难，一来可以躲避战火，给孩子成长寻找一个安全的环境，二来国民政府中央机关都迁到了重庆，便于在中央机关谋取一个养家糊口的职位。

于是，父亲带领一家四口从湖南转道武汉，在汉口上船，溯长江而上，于 1938 年 1 月抵达重庆。很快，父亲在国民政府内政部礼俗司谋到一个科长职位。

内政部于 1937 年 11 月奉命迁渝办公，全部职员及公文等分由津浦路车及长江轮运至汉口集中，再由汉口转运长沙，复由长沙经湘黔公路，过贵阳，于1938年1月抵达重庆，由于员工人数不少，公文箱堆积如山，非有巨大之办公室足以容纳此多数之人与物，于是租赁中一路义林医院为部址。①

初到重庆，人生地不熟，为了便于上班，父亲就在内政部附近的大樑子租了一套房子，一家四口暂时安顿了下来。

躲避空袭

1938年10月，武汉会战失败，抗日战争进入战略相持阶段。那时，在国民政府的组织下，政府机关、重要工厂、学校等基本上都辗转迁到了大后方，西迁初告完成。为了逼迫国民政府投降，日本帝国主义加紧对重庆进行"战略轰炸"，企图摧垮中国人民的抗战意志。日本军部三次发布战令，确定其"航空进攻作战"目标为"敌战略及政略中枢"重庆，为建立"东亚新秩序"铺平道路。1938年12月至1943年8月，日本调集包括"零式"战斗机在内的在华空军主力，对重庆的政治、军事、经济等重要机构和民宅进行了218次轰炸，其中，1939年的"五三""五四"大轰炸、1941年较场口大隧道窒息惨案震惊中外。

宋家树一家居住的大樑子地区在"五三"大轰炸中遭到袭击。1939年

图1-6　日本飞机轰炸重庆（1940年，重庆市档案馆提供）

① 0053-0029-00275-0000-038-000。存于重庆市档案馆。

5 月 3 日 12 时 50 分，重庆天朗气清。学田湾、七星岗、浮图关、江北上横街、南岸龙门浩、铜元局等处警报台同时升起两个红气球，尖利的警报声顿时响彻全城，市区大街小巷人涌车堵，一片惊恐。13 时 17 分，涂有血红圆盘标志的 36 架日机从沅陵，经酉阳、南川、綦江，侵入重庆上空，沿长江北岸向商业繁华、人口稠密、毫无设防的市中区朝天门、大樑子等地投放爆炸弹 98 枚、燃烧弹 68 枚，市区顿时陷入一片火海，烈火冲天，浓烟四起，断壁残垣，血肉横飞，惨绝人寰。据重庆防空司令部统计，这是“日机第十二次轰炸重庆，炸死673 人，炸伤350 人，炸毁房屋918 间”，史称“五三”大轰炸。

庆幸的是宋家租住的房屋没被炸弹击中，家人也都平安无事。

“五三”大轰炸开启了日军长时间恶意轰炸重庆的历史。重庆每年都有一个雾季，就是每年的九月到第二年的四月。雾季里很少见日光，所以古人有“蜀犬吠日”之说。每天都是欲雨实则未雨的情状，此为防空袭的最好时节，日军空袭的机会比较少。每当入春大雾消散之后，日机便源源不断来渝空袭，造成恐怖的“轰炸季”。“居民一天数次要跑警报，钻防空洞，城市被毁，百姓死伤无数，完全没有正常的生活。重庆最大的一次灾难是日机炸毁了市内较大的一个防空洞，一次死伤达数千人，惨不忍睹。当时我虽然还小，但对跑警报尚存记忆。”①

频繁的空袭虽然没给家人带来身体上的伤害，却给年幼的宋家树兄妹心里带来了创伤。为避敌机轰炸，母亲总是想方设法给孩子寻找相对安全的地方。应侄女的邀请，母亲带着宋家树兄妹到北温泉公园的一家旅馆暂住。

北温泉公园，位于北碚区，北濒嘉陵江，南倚缙云山，其前身为温泉寺，初建于南朝刘宋景平元年（423 年），重建于明宣德七年（1432 年）。1927 年，卢作孚②于此创办嘉陵江温泉公园，增建温泉游泳池与浴室、餐厅等旅游设施，后更名为重庆北温泉公园。

---

① 宋家珩访谈，2016 年 6 月 5 日，加拿大。资料存于采集工程数据库。

② 卢作孚（1893–1952），原名魁先，别名卢思，重庆市合川人。民生公司的创始人，我国航运业的先驱，是著名爱国实业家、教育家、社会活动家。

北温泉是北碚附近的一个风景区，因此处有温泉供人游泳，吸引许多游人，兼以旅馆价格适中，故旅游者颇多。温泉有山有水，得天独厚。自北碚乘船一小时即达。离开重庆大都市，忽然来到世外桃源，心目为之一新。我们住的是该温泉主人①自己的住宅，室内即有一个家庭洗澡温泉，早晚均可入浴，真是令人兴奋。隔壁住有吴玉章老人及另一女同志，他们经常请陶行知先生到草坪上讲话，引起许多旅游者的兴趣，内容多为劳动创造世界以及教育方面的理论。园内树木葱茏，花色迷人，暇时游山玩水，温泉区内有假山隧洞，入内则凉气袭人，夏天确是避暑胜地。②

尽管重庆市疏建委员会专门制定了限制包括北温泉在内的疏建区房屋租金上涨的办法，但随着重庆市区越来越多的人到北温泉暂住，宋家树一家所住的旅馆租金仍然一涨再涨，越来越贵。不久，宋家树一家只好迁到北碚租民房居住。

但北碚也未能幸免于难，频繁遭到日军轰炸，父亲自以为“经验多了”，“胆子也大些了”，就不躲了。

有一次，在北碚那个家里，当时防空警报响了，我、母亲、妹妹都出去了，躲到防空洞去了，父亲不太愿意跑，他说没关系，在家待着，结果一个炸弹正好掉在我家隔壁，把隔壁那栋房子炸垮了，父亲吓得不得了，从此以后，听到警报就躲了。③

再迁陈家桥

由于重庆城区常遭日军轰炸，国民政府就在远郊建立陪都迁建区和郊区办公处。1940 年 9 月 6 日，国民政府将成渝、川黔公路两侧重庆周围 80

---

① 指卢作孚。

② 陶华：北温泉。1983 年，未刊稿。资料存于采集工程数据库。

③ 宋家树访谈，2015 年 9 月 19 日，北京。存地同上。

千米的范围，划为重庆卫戍区和陪都迁建区，迁渝中央政府各机关向迁建区疏散，国民政府内政部从市区迁到陈家桥。于是，宋曼君携妻子、儿女又从北碚搬到陈家桥。

陈家桥附近有一幢古姓家的洋房，原为私人所办的一所中学，因抗日战争而停办，暂时作为出租房。我们由内政部同事介绍，租了一间房屋暂住，我们的住房在二楼。另外还有两个住户，其中一个住户是一名老中医，因生性古怪，又叫“怪医”。但他声誉颇高，对贫苦人治病，不但不收医费还送药，但对百万富翁则一丸一元，所以颇得人心。老中医不但看病，还自己上山采药及炼药丸，还会唱川剧，虽70岁高龄，尚属老天真。他与我们相处甚洽。另一住户为国民党司法院院长焦易堂，已70多岁，其夫人不过五十余，老夫少妻，相居甚洽。夫人颇善书法，过去曾任教师，还赠送古瓷碗以为留念。[①]

据“抗战时期还都重庆之内政部”档案记载：“二十八年（1939年）五月起，日寇大肆轰炸渝市本部，奉令疏散，乃迁往巴县虎溪乡陈家桥并设部址于傅家院子，其时傅宅屋宇虽可容纳全部办公人员，然因年久失修，屋舍皆有倾圮之象。本部乃雇工修葺复于后山建屋十余幢，为职员及眷属住所。”[②]

随着物价不断上涨，父亲一人的收入不能满足家用，陶华遂与同学徐淑媛同去投考内政部雇员，被内政部营建司录取当一名收发员，名为收发文件，实则抄写文稿，样样都干，每月工资50元。

母亲考上雇员后，全家又搬到内政部新建的职工宿舍。宋家珩对这段经历记忆犹新：

虽然房屋简陋，竹篱茅舍，但总算安居乐业，没有被轰炸的危险。所住房屋共大小三间，厨房一间，屋外一片荒地。但购买蔬菜鸡

① 陶华：抗战前后。1983年，未刊稿。资料存于采集工程数据库。

② 0053-0029-00275-0000-038-000。存于重庆市档案馆。

鸭等副食品必须走十多里路去赶场，来回路程太远，还要背购买的东西，十分累人。为了减少这些负担，母亲向附近农民租了一亩多荒地，每年付二斗米即可。因此下决心开荒积肥，不久即种上了菠菜、韭菜、西红柿、葱蒜及豆类等。四川多雨，太阳也多，只是用水必须下坡去提取，那时母亲刚三十多岁，精力充沛，尚能吃苦，只花了几个月工夫，绿油油的蔬菜都长出来了。又向附近农民大婶大叔取经，知道一些栽培知识，结果一家吃的蔬菜基本可以自给自足，还送些给左邻右舍，于是大家叫它“陶家菜园”。后来买来的母鸡下蛋，还出了一窝小鸡，待小鸡长大时发现有九个是母的。一年之后，九只母鸡每天下蛋，吃都吃不完。又养了两只母鸭，每天下两个鸭蛋，腌起来做咸蛋吃。菜和蛋基本上不用买，只在陈家桥镇上买些肉类，就很少去赶场了。[①]

① 宋家珩访谈，2016年6月5日，加拿大。资料存于采集工程数据库。

第二章 辗转求学

日军全面侵华导致中国教育事业损失巨大。尽管因为战争的影响，宋家树先后在重庆白鹤场、青木关，河南许昌，安徽安庆等地辗转，但是在母亲的努力下，还是相对完整地度过了小学、初中、高中三个重要的学习阶段，接受了正规的系统教育，为后来步入大学奠定了坚实的基础。

启蒙白鹤场

学前教育

时局动荡，宋家树一家从湖南到武汉，再到重庆，一路逃难，即使到了重庆也是东躲西藏。尽管如此，父母仍然非常重视对宋家树兄妹的教育和培养，对子女的教育自有一套方法。据宋家树回忆："母亲一般对我还是比较放任自由的，不太管。我小时候喜欢东拆一些东西，西拆一些东西，把家里的钟表、留声机、收音机等拆得乱七八糟，她也不骂，总是鼓励我去怎么把它弄好。”①

父母自幼就教宋家树识文断字、讲古今中外科学家的故事，在经济条件许可的情况下，还尽量买一些科普读物给宋家树阅读。宋家树对家庭读书的氛围记忆尤深：“我觉得主要影响还是看书。在家里，大人不告诉你要看什么书，因为大人老在看书，小孩也就学，就觉得一定是很好玩，为什么大人都在看，培养出对书的一种感情。”②

宋家珩在访谈时回忆了母亲对她们兄妹二人的影响：

> 母亲一生都很独立，非常坚强，即使身处逆境，也能沉着应付，而且她勤于劳作，崇尚自力更生。从抗日战争爆发直至解放，我们家的生活都处在社会动乱之中，有几次陷入非常危险和无助的境地，母亲都承受了下来，带着我们两个孩子挺过了那段异常混乱的时期。母亲陪伴我们的时间最长、感情也最深，对我们的影响也是最大的。
>
> 母亲特别重视我们的教育。抗日战争爆发后，我们的生活长期处于动荡和不安定状态，到处逃难，从一个城市转到另一个城市，孩子读书就是个大问题。母亲总是到一个新地方后，首先就是安排我们进学校读书，而且尽量选择最好的学校。所以我们在八年抗战和三年内战期间都没有中断过学习，仍是按部就班地接受了基础教育，没有耽误后来继续接受高等教育的机会，这不能不说是母亲对我们最大的关怀和贡献。
>
> 她也很重视对孩子的身心教育，从小注意培养孩子对科学的兴趣，培养孩子诚实，不讲假话，做事认真的品格。应该说，母亲对家树哥寄予了厚望，树哥从小就聪明好学，对科学有浓厚的兴趣和钻研的精神。从小母亲就经常说，这个孩子将来会成为科学家，她也格外重视对树哥的培养和教育，这些给我的印象很深。
>
> 她对孩子的身体成长很是注意，讲究食物营养，即使生活艰难，她自己种菜养鸡养鸭，也要让孩子有足够的营养，这些对我们的成长

---

① 宋家树访谈，2015年9月19日，北京。资料存于采集工程数据库。

② 同①。

都有很大的影响。[①]

在陈家桥，日军很少来轰炸，父母亲都在内政部工作，又有“陶家菜园子”，一家人基本上衣食无忧，生活总算安定下来。宋家树从小展露出来的天赋让父母亲喜忧参半：喜的是宋家树喜欢看书，对科学有浓厚的兴趣，是个可造之材；忧的是宋家树早已到了上学的年龄，应该到学校接受正规的教育，却无校可上。迫不得已，就把宋家树送到附近的一个私塾，主要学习和背诵四书五经、《论语》之类的书籍，晚上，母亲就在家教宋家树读书。

入读高小

随着国民政府西迁，大量的政府机关、厂矿企业的职员及家眷以及沦陷区的人民也向西流亡，大批民众迁入重庆，1937—1946 年重庆人口由 47 万剧增至 124 万。人口的不断增加意味着需要接受教育的人数增加，1940 年重庆的学龄儿童约为 3.8 万人。重庆原有的学校、教学设施、师资力量已经远远不能满足需要，造成像宋家树这样的大量学龄儿童上不了学。

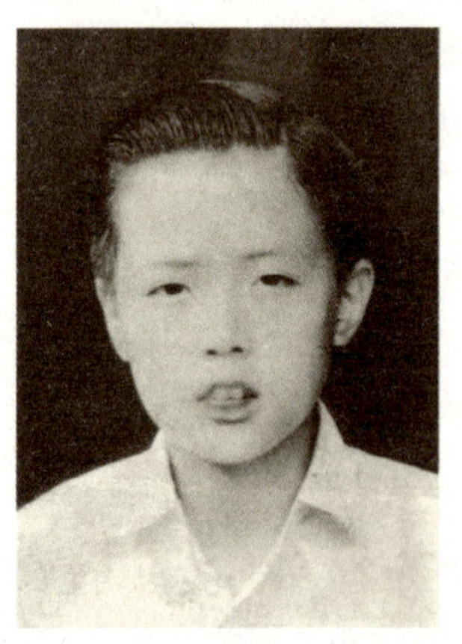

图 2–1　宋家树在重庆
（1942 年，宋家树提供）

国民政府在战争非常时期没有放弃教育，采取了稳定教育的政策。为了减轻战争对教育的破坏，维持教育秩序，确定了“战时要当平时看”的指导方针，并采取了新建学校、扩大学校规模、增加教育投入等一些发展初等教育的措施。1939 年颁布“县各级组织纲要”，大力推行国民教育，“每一保必设一国民学校（即初级小学），每一镇必设一中心国民学校（即高级小学）”，期于短期内“使全国人民普遍受最低限度的国民基础教育”。[②] 据 1939 年统计，重

① 宋家珩访谈，2016 年 7 月 13 日，加拿大。资料存于采集工程数据库。

② 宋家树访谈，2015 年 9 月 19 日，北京。存地同上。

庆市有市立小学 5 所、中心学校 12 所、国民基础学校 25 所、私立小学 53 所，共计 95 所，比 1936 年增加 16 所，平均每年增加 4 所。1939 年，日机对重庆市区进行大轰炸后，中央政府机关及市区人口疏散至歌乐山、青木关与北碚之间，遂定为“迁建区”。该地区小学教育得以较快发展，至 1943 年，迁建区中小学移交重庆市教育局管理，共有小学 12 所，在校学生 3375 名。白鹤场小学便是其中之一。

白鹤场位于歌乐山中的陈家桥附近，是个小山村，树多，白鹤多，故有此名。白鹤场离国民政府行政院内政部总部所在地傅家院子不远，为满足陈家桥附近的学龄儿童特别是内政部职员的子弟上学，同时也是为了推行国民教育的需要，重庆市社会局在白鹤场新建了一所小学，沿用地名，取名白鹤场小学。

白鹤场小学于 1940 年年初开始动工修建，因陋就简，修建了两排简易砖瓦房，两排房子成直角形排列，一排作为教室，一排作为教师办公室及宿舍。当年秋天正式招生开学。当时附近的适龄儿童有的之前已上过几年学，因战乱失学；有的儿童读过私塾，年龄比较大。考虑到这些情况，为满足不同年龄段的儿童上学，学校开学伊始，就按照学制的要求，足额开齐了 6 个年级，其中 1—3 年级为初小，4—6 年级为高小，每个年级 1 个班，共 6 个班。

是年，宋家树 8 岁，妹妹宋家珩 4 岁，由于之前读过私塾，母亲又教了一些知识，底子比较好，母亲决定让宋家树直接从高小（四年级）读起，妹妹上初小一年级。

图 2-2　与母亲陶华、妹妹宋家珩合影（1941 年，宋家树提供）

学校共有 11 名教职员工：校长董瑞岚，教导主任是宋家树的十姑母宋竞欧[①]，教员有史麟华、贾克隆、李仝仁、姜贞、刘咏、张清芳、杨培钟，事务员刘志娟。这些教员基本上都是从沦陷区流亡到重庆，有的以前也是教员，普遍都有比较高的学历，而且是通过公开竞聘，择优录用。国民政府教育部在颁布的《小学课程修订标准》中指出，“注重发展儿童身心，培养国民道德、民族意识及生活所必需之基本知识技能，以期养成修己、善群、爱国之公民为目的”。这样的培养目标，作为战时首都的重庆市各小学校当然是首先贯彻执行，白鹤场小学的方针就是对全国小学教育培养目标的具体化，在其校章草案总则中规定：“本校为实现三民主义之教育，树立新国民之基础，以适应革命建国之需要，特制定方针如下：健全儿童身心；培养固有道德；启发民族意识；增强国家观念；灌输科学知识；训练生活技能；养成劳动习惯；发扬创造精神；增强艺术兴趣。”高小设置的课程有：团体训练、音乐、体育、国语、算术、社会（公民、历史、地理）、自然、劳作、图画等 9 科。为提高各小学的办学水平和教育教学质量，重庆市社会局、教育局采取了多种措施来培养、提高所属各校小学教师的业务水平。第一，利用假期办训练班，调训小学教员。第二，组织国民教育研究会，促进小学教师交流教育教学经验。第三，实行国民教育视导和辅导制度，加强对各小学执行教育教学方针、课程设置、教育教学质量的督促检查和协助。另外，像白鹤场小学这类新建立的迁建区小学，由教育部直接领导，教师待遇优厚，与国立中学教员相同。

学校里的学生大部分是内政部职员的子弟，与宋家树同班的同学如路长宏、廖兆暄等的父母都在内政部工作，大人们都比较熟，经常往来，因此小孩们关系也比较好，上学、放学基本上都结伴而行。学校离家要走将近半小时，都是走乡间小路或是田埂，两边都是稻田。宋家树和同学放学后常在田野里玩，特别是油菜花开花季节，但时有疯狗咬人。

宋家树从小天资聪颖，虽然从四年级开始读书，但功课还是非常好，在班上当班长，在学校自治会也干过一些工作。自小父母尤其是母亲就鼓励宋家树长大后当一名科学家，并有意识地培养他向这方面发展。“记得

---

① 战前在安庆的一所小学当教员，安庆沦陷后，流亡到重庆。

学校里写作文——‘我的志愿’，我就写将来要当一个爱迪生一样的发明家。”[①] 这期间，经父母的介绍，宋家树还看过《水浒传》《西游记》《三国演义》等古典文学名著。因学习成绩好，宋家树经常得到父母、父母的同事、邻居们的夸赞。

宋家树在少年时代，亲眼见到国家和人民被日本帝国主义侵略和欺凌，为寻找安全的生存环境，一家人东躲西藏，四处迁移，这些痛苦的经历给他留下了深刻的印象："我印象里面，有时候敌机在农村、郊区，单架飞机都飞得很低很低，甚至在地面上连驾驶员都能够看见，它有一个仓，单翅膀飞机，还能看见有人从飞机上往地面扔手榴弹，到这种程度，也没有人去打。当时心里很难受，也很无奈，让别人欺负到这种程度，我的感觉就是，国家弱了什么事都不行，国家富强重要，特别是武装很重要。"[②]

科学报国的理想在宋家树幼小的心灵中慢慢萌芽。

1943 年，由于机构臃肿，效率低下，国民政府进行了机构改革，因此父亲被派到河南去当县长，母亲被解雇，家庭经济收入因而不再稳定，生活常陷困境。7 月，宋家树从白鹤场小学顺利毕业，母亲权衡再三，决定让宋家树报考位于重庆青木关镇的国立社会教育学院附属中学（简称社教附中），一是该校教学质量高，已经很有名气；二是读书不用交学费、生活费，基本上是免费上学。8 月，宋家树以优异成绩通过社教附中组织的秋季班招生考试，并被录取。

入读社教附中

社教附中

青木关，位于重庆城西 50 公里处的宝峰山口，是旧时出重庆的最后

---

① 宋家树人事档案 10-1，宋家树在大连工学院思想总结。存于中国工程物理研究院人教部。

② 宋家树访谈，2015 年 9 月 19 日，北京。资料存于采集工程数据库。

图 2-3 青木关关口（1943 年，重庆青木关文化中心提供）

一道关口，系成渝古道必经之路。抗日战争时期，军、警、宪、特都在此设置了盘查哨所，过往车辆及行人必须接受检查盘问。

随着日机的疯狂空袭，使重庆城几乎成为焦土，为避空袭，一大批机关、学校便先后迁到了青木关。一些党政要人、社会名流，也随之落户青木关，纷纷在此设官邸、建别墅。据不完全统计，抗战期间，国民政府教育部、国立中央音乐学院、国立中央大学师范学院附中、童子军师范学校、劳作师范学校等机关、学校陆续迁入青木关。学子弦歌，名流云集，文化气氛浓郁，青木关成为战时陪都屈指可数的几个的文化区之一。

社教附中诞生在抗日战争最艰苦的 1941 年，其诞生的背景主要有三个：一是当时由沦陷区流亡到重庆的青少年越来越多，尽管已有多所国立中学，仍难以满足广大流亡学生的需求，而且当时设在青木关的教育部职工子女也需要有一所就近的中学读书；二是设在四川省璧山县的国立社会教育学院急需一处实习基地；三是由于青木关属璧山、巴县共同管辖，璧山县青木关乡长钟冥阶、巴县青木关乡长徐晴初代表当地乡绅联合向国民政府教育部申请，要求在青木关再办一所普通中学，既收流亡学生，也收本地学生，因此教育部才于 1941 年 1 月决定创建社教附中。

校址设在青木关镇张家湾，与国民政府教育部毗邻，间隔是一段竹篱笆围墙，从缝隙中可见人员走动的身影。南邻国立音乐学院、国立华侨师资讲习所，东邻国立中央大学附属中学青木关分校[①]。

社教附中的学生主要来自四个方面：一是战时儿童教养院和保育院里的孩子，他们大部分是抗日将士的遗孤，以及在战争和逃难中失去父亲或

① 简称中大附中。

母亲的孩子；二是只身或跟随亲戚、朋友从沦陷区逃出来的青少年，由战时青少年失学收容所收养并接受小学教育；三是逃难来重庆的公教人员，包括教育部和社教学院职工的子弟；四是当地的四川籍学生。他们都分别要经过考试录取，方能正式入学。除当地的四川籍学生外，其他学生入学后都享受公费待遇，即不交任何费用。

社教附中建校初期学校规模不大，但在教学和管理上从一开始就从优从严。社教附中第一任校长由国立社会教育学院的王义周教授兼任。王义周早年曾参加辛亥革命，抗日战争前就是湖北省教育界的知名人士，民国初期曾积极推动参与中小学的教育改革，有丰富的教学和管理学校的经验。当时的教导主任是莫国赡，同时兼教初中一、二年级数学，数学的概念讲得特别清楚。总务主任是夏执中，一个忠厚的长者，待人随和，写得一手漂亮的隶书，学校走廊柱子上的隶书就是他写的。1945 年，南国农接任校长。南国农毕业于国立中山大学教育系，接受了陶行知“教育救国论”的思想，崇拜陶行知的教育思想和高尚的道德品质及人格魅力。他满怀理想来到社教附中，随他而来的还有一批年轻优秀的教师。学校聘请的教师都是大学毕业生，其中不乏来自沦陷区的名校教师，因此教学质量高。早期的教师中有德高望重的国文老师徐展骧老先生，音乐老师是音乐学院毕业的梁鹤伦先生，体育老师刘天启是体育方面的多面手，还有蒋廷猷老师，他们都是教育界的精英，知识渊博，讲课深入浅出，待人和蔼可亲，深受学生欢迎。学校生源也比较好，学校的经费也比非国立中学好，学生享受公费待遇高，是当时从沦陷区来的公教人员子女最理想的求学场所，不仅免学费，亦可免食宿费用，因此当时考这所学校可谓是万人争过独木桥，能考上的也算佼佼者。

社教附中最初只有初中两个班，之后逐年扩招，每个年级都设有春、秋季班。到 1943 年，已经发展成一所含有初、高中的完全中学，在校学生逾千人，在青木关地区乃至整个陪都很有名气。

初中生活

1943 年 9 月 16 日，在母亲的陪同下，宋家树到社教附中报到。因陈家桥镇与青木关镇之间没有公路，不通汽车，母子二人走了三个小时的山路才来到青木关镇。

入学报到的程序比较烦琐，宋家树按照《新生入学须知》办理了入学手续，被分配到初中一年级丙班，与小学同学路长宏在同一个班。不久，结识了班上的另一个同学陈于乐，后来成为好朋友，一直保持联系。

这时，社教附中已经有初中三个年级 18 个班，每班约有 30 名学生。学生们虽来自五湖四海，校园里的主流语言却是四川话。学校实行军事化管理，每天嘹亮的起床号划过寂静的长空时，山上山下立即热闹起来，匆匆的脚步声，嬉笑声嚷成一片。接着便是升旗，早操，早自习，朗朗的诵读英语和国文的声音充满校园，生气勃勃的一天开始了。有人依循一天的时光流程做了如下总结性综述[①]：

> 早晨——有时在拂晓，太阳还懒洋洋地睡在山后，田畔边、教室里，早就是朗朗不绝的读书声了，“这在每个学校里似乎是一种风气”。起床号响起后，大家紧张地整理室务，将被子叠成“豆腐干”形的样子才合格，洗漱完毕就参加庄严的升旗仪式。晨操过后，吸足新鲜空气去饭堂早餐。热稀饭煮蚕豆是“恒久不变的方式”，8 人一桌，没有凳子坐，“像一家兄弟，边吃边谈天”，有时在南腔北调的谈话中会哗然大笑起来。上午 4 节课毕，中餐是盛在木桶里的糙米饭，每席一盆青菜或萝卜，每周六中午“打牙祭”，能吃到一点荤菜。下午两节课后是课外活动，喜动的同学在操场上、娱乐室里出现；好静的同学则在图书室或深林竹丛中才可寻到，彼时他们多半是“手不释卷”。傍晚降旗礼后是晚餐。夜自修的时间相当漫长——两节课的时间。学校没有电灯，只好两人共一盏墨烟熏人的桐油灯，大家默默无声地完成各自的作业或自习，以自己的勤劳向学来“化解”因战争带来的苦恼。

战争年代，物质条件艰苦。每逢周六，宋家树穿着草鞋，和同学路长

① 余子侠：抗战时期国立中学的创办及其意义。《近代史研究》，2008 年第 3 期，第 85 页。

宏结伴，疾走数小时的山路回家。母亲心疼正在长身体的孩子，便让宋家树从家里带一小罐有盐的猪油，每天用猪油拌着米饭吃。1944 年，父亲派人到重庆接家人去河南汝南，母亲从堂兄陶序东处得知，路上可能会遇到日机轰炸，不敢贸然前去，中途折返重庆。自此，与父亲暂时失去联系，母亲孤身一人带着宋家树兄妹，生活无着，陷入绝境，情急之下，母亲求助其堂兄陶因。在陶因的帮助下，母亲在社教附中教务处做一名普通教务员，收入微薄，仅够一家三口勉强维持生活。即使如此，宋家树和妹妹仍未中断学习。

> 我家住在校内的教职员宿舍，屋子很小，紧靠着山，出门大约向外跨两步就是山体，门前的山还很高，满山都是竹子，我们经常上山去玩，春天的时候会去挖竹笋，春雨过后，竹笋长得很快，人站在那里就能见到竹笋破土而出。山上还有很多的蘑菇。当时生活虽苦，但大自然给了我们很多的乐趣。树哥在社教附中读初中，吃住都在学校，但因家就在校内，也经常回家。我就读社教附小，也是在院内。树哥喜欢安静，有空就读书。①

尽管校舍简陋，设备缺乏，生活条件艰苦，但这一切都不影响社教附中正常的教学秩序和优异的教学质量。按照《国立中学暂行规程》《国立中学课程纲要》等有关国中建立和发展的重要法令，社教附中把课程分为学科训练、精神训练、体格训练、生产劳作训练及特殊教学与战时后方服务训练等 5 个方面的内容。学科训练集中于每日上午，生产劳作训练及特殊教学与战时后方服务训练安排在下午，精神训练和体格训练则分别于清晨及下午举行。

学校在初中开设公民、国文、算术、历史、地理、自然、英文、音乐、图画、体育及童子军、劳作与生产劳动，除了后 4 门安排在下午，其余均为“上午之教学科目”。教师们都很敬业，特别注重为人师表，不仅

---

① 宋家珩访谈，2016 年 6 月 5 日，加拿大。资料存于采集工程数据库。

授课认真，讲解生动，批改作业也很仔细，批语既有鼓励又指出了缺点。常常是学生们已经熄灯睡觉了，而老师们还在煤油灯下批改作业。宋家树很喜欢国文、公民、地理和图画课。教公民的老师，能把枯燥的课文讲解得很生动，向学生灌输爱国民主思想；教国文的老师，讲起先贤哲人的事迹，声震屋宇，朗读岳飞的《满江红》、文天祥的《绝命诗》，撼人心智；教图画的老师，那个时候已经是一个比较有名的画家，介绍很多西洋油画给学生们看。宋家树从小就对画地图有兴趣，“觉得地图的描画很有意思，有一次在老师房里画了一整天的地图，还被老师推荐去展览，觉得很高兴”①。学校没有物理、化学实验室，学生不能动手做实验，但为了巩固教学效果，达到学以致用的目的，老师们想尽办法在课堂上做一些简单的实验，如讲到燃烧的必要条件——空气时，化学老师当场做了一个小实验，先将煤油灯点着，然后将书本压在灯罩上，灯火立即熄了，这样一个浅显的道理使宋家树懂得了理论联系实际，这对宋家树在以后的人生历程和科学探索中具有重要意义。

学校对学生们要求很严格，刚入学时，老师就告诫学生，学校实行淘汰制，两门主课不及格便留级。老同学也告诉他们，升入初一下学期时，一个年级将有一个班的人要留级，每期的新生班都是如此筛选。考试制度完备，有日常考查、临时试验、学期考试、毕业会考或毕业考试、学科抽考等。各种考试在一定程度上有利于经常对教学进行评估和促使学生勤奋学习。考试纪律也很严格，为了防止作弊，让每个学生都考出自己的真实水平，期中考试和期末考试，都要重编学生座位，当时称为“梅花席”，即前后左右都不是本班的同学，也不在原来的教室。这样安排，学生虽有不被信任之感，但也能理解学校对学生严格要求的良苦用心。

学校学风优良，大部分同学们都珍惜来之不易的学习机会，发愤读书，废寝忘食，特别是早读，有的背英语，有的背国文，书声琅琅，荡漾于山树之间，延绵不绝。

青木关有很多学校，各种思潮激荡，经常闹学潮，集会、罢课、打架

① 宋家树访谈，2015 年 9 月 19 日，北京。资料存于采集工程数据库。

常常发生。在母亲的管教下，宋家树心无旁骛，从不参加各类政治活动。学校的训育主任因管理过严，一天晚上，被其训斥的几个学生朝他屋里扔石头，头被打破。有一次，因为伙食太差，班上同学把管理财务和伙食的人打了，宋家树也没参加。还有一次，先修班流亡学生到社教附中打人，宋家树与陈于乐跑到山上看书而避开了，事后被同学讥笑。“母亲教育我要好好读书，不要多管闲事。”①

母亲的文化素养极高，每天坚持写日记，亦常常与宋家树探讨品析文学作品中的故事情节和人物形象，引导他要多阅读自然科学的书籍。在母亲的影响下，宋家树兴趣广泛，喜好阅读，有时间就如饥似渴地阅读中国古典文学作品，遇美文丽句即大声吟诵，得其意亦得其乐。阅读《西游记》时，他手不释卷，沉醉在丰富生动的故事情节中，并十分钦佩孙悟空这个人物，认为他勇敢而无畏，忠诚而机灵，乐观而诙谐，表现出不同寻常的英雄本色。

在书香的浸润中，宋家树在青木关度过了两年充实的初中生活。

1945 年 8 月 15 日，日本政府宣布无条件投降，历尽艰辛的抗日战争胜利结束。喜讯通过电波迅速传遍祖国的大江南北，传到陪都重庆，传到青木关。全国沸腾了！重庆沸腾了！青木关沸腾了！人们奔走相告，同时自发地走上街头，敲锣打鼓放鞭炮、扭秧歌、游行喊口号以示庆贺。青木关各学校全部放假，同学们全都沉浸在欢乐的浪潮之中，满含热泪相互祝贺，相互拥抱，相互捶胸擂背，然后纷纷跑回宿舍，拿起洗脸盆、饭盒用

图 2-4　重庆市庆祝抗战胜利（1945 年，重庆市档案馆提供）

① 宋家树人事档案 10-1，宋家树在大连工学院思想总结。存于中国工程物理研究院档案馆。

力敲打，校园里“叮叮当当”的敲击声、喜悦的欢呼声、激越的口号声响彻青木关上空。同学们找出曾经用于球赛的旧红布，写上“热烈庆祝抗战胜利”的横幅标语，挂在学校的大门上。连续十几天，青木关镇热闹非凡，政府官员、学校师生、各界人士、平民百姓，数万人纷纷涌上街头，集聚广场，手执标语旗，拉着横幅，敲锣打鼓，划着旱船，舞着龙灯、狮子，跳着秧歌，唱着歌曲，隆重集会，欢庆胜利。全校师生每天都和青木关的数万民众一起，在街头、在广场高唱抗日歌曲，表演节目，兴奋激动的心情难以言喻。

新学期开学后，师生们最关心的是学校和自己的命运。学校是否继续办下去？自己的学业能否继续下去？各种猜测和传闻搅得一些同学心神不定。1945 年 9 月，国民政府教育部在重庆召开全国教育善后复员会议，决议“中等教育仍由地方办理为原则”。[①] 随后拟订了《国立中学复员办法》，原则上要求“依照各校实际情况，分别交由各省（市）教育厅（局）接办，员生则资送返乡在当地就学或从教”。在所有的国立中学中，唯独社教附中保留了国立中学的建制，随国立社会教育学院迁往南京，新校址定在南京具有佛教文化和优美自然景观的栖霞山，将来能在这样具有诗情画意的环境中学习，同学们无不欢欣鼓舞。

然而，母亲却十分迷茫和忧虑，如果随校复员到南京，校舍尚未动土，宋家树兄妹还能不能继续读书？在何处读书？如果返回安徽老家，没有工作，一家三口生活都无着落，何谈读书？

> 抗战胜利了，有人说学校马上就要解散了，要搬家，我们又不能跟着它往江苏搬，生活又没着落了，所以我们必须要到河南找父亲，不然没有生活来源，那时就没考虑学习问题。[②]

不久，父亲派人与母亲取得联系。父亲已从汝南到了罗山，在河南罗山县任县长。于是，母亲决定携带宋家树兄妹投奔父亲。

---

① 国立中等学校复员案，存于中国第二历史档案馆。

② 宋家树访谈，2015 年 9 月 19 日，北京。资料存于采集工程数据库。

插班许昌中学

许昌投亲

抗战胜利后，国民政府要还都南京，庞大的中央政府机构要实施整体搬迁，众多的军队要撤离，近百所学校也要搬迁，大批工商界人士和大批民众要返乡。这一来，堆积如山的物资要运走，几十万人要迁徙。于是，水路、陆路、航空，各种运输方式一齐上阵；火车、汽车、马车、人力板车、大轮船、小火轮、铁驳船、木船，五花八门的交通工具全部用上。重庆所有的车站码头、大街小巷人头攒动，拥挤不堪，交通堵塞。

从四川、重庆等地回迁有水运长江线，陆运川陕线、川黔桂线、川湘线以及空运可供选择。但陆运价格较高，空运非一般人所能企及，而水运价格则明显要低廉得多，所以绝大多数人都选择水运长江线出川。

宋家树一家三口要从重庆到河南投奔父亲，如果走陆路，千里迢迢，不仅路费开销大，而且路途不明、长途颠簸，身体也吃不消。于是母亲决定一家三口从重庆坐船到汉口，再从汉口坐火车经平汉铁路到河南许昌。不过，令母亲没有想到的是，由于急于返乡的人太多，想要买到一张船票非常困难，以及回迁过程中不确定的因素多次出现，致使这次寻亲之旅的艰辛和花费的时日远远超出她的预想。

战后，为提高长江线航运能力，所有长江线水运交通概由交通部长江区航政局负责管理，但由于轮船数量有限且长江各段航道不同，所需马力也有别，因此在航运路线设计上采用分段衔接的方式，即将整个长江线轮运分为渝宜段（重庆至宜昌）、宜汉段（宜昌至汉口）及沪汉段（汉口至上海）三段运行。“凡属马力较大之川轮指定行驶渝宜段，中型轮船及三百吨以下之小轮船，行驶宜汉段，大型江轮行驶汉沪段。”为贯彻执行以上设计方案，航政局特别规定：“除必要修理与特殊任务外，渝宜段之船不得驶过宜昌，宜汉段之船不得驶过汉口，由渝装运复员人员物资到宜昌时，均应下船卸载，转船东下。”

出川的交通工具不够用，买船票很困难。当时在邮电系统工作的三舅[①]伸出了援手，将宋家树一家三口登记为他的亲属，由他们单位统一购买船票。于是，宋家树一家三口去重庆等船，住在上清寺附近的三舅家。由于购买船票的人太多，又赶上中航公司员工罢工、国民党要将大批粮食与军事物资轮运出川等突发事件的出现，即便是三舅单位出面购买船票也一波三折，遥遥无期。到1946年4月，除了少数特别有办法的人能够顺利买到船票外，绝大多数人都只能望江兴叹。见短期买不到船票，母亲在三舅住处附近租了一间很小的房间，供一家三口安身。

在等船的日子里，宋家树兄妹都未上学，待在家里看看书、做些琐事。很巧的是，这个时候正好陈于乐也在重庆等船，就经常来往，常在一起玩。一直到了夏天，才搞到几张统舱船票，宋家树一家终于登上了拥挤的返乡轮船沿长江而下。宋家树回忆说："我们买的是三等舱票，没有床铺位，只能在轮船的甲板上用行李围出睡觉的地方。这是我记忆中第一次乘船顺长江的旅行，新奇又激动，特别是船过三峡的时候，大家都到甲板上观看。两岸群山巍峨，看得见猿猴跳动，风景秀美至极。但在当时，三峡仍是险道，险滩遍布，船速极慢，乘客也都是提心吊胆，等船过了三峡才松了口气。三舅一家要回安徽，继续东下，我们一家在汉口下船上岸。父亲已经派了一名副官来接我们。"[②]

1946年6月，因父亲调任许昌县县长，宋家树一家三口坐火车，沿平汉路北上许昌，与父亲团聚，开始了一年多在许昌的生活。

许昌历史悠久，早在距今一万五千年前的旧石器时代，就有先民在这里捕鱼打猎，繁衍生息。秦统一六国，实行郡县制，置许县。东汉建安元年（公元196年），曹操迎汉献帝刘协于许县县城，扩建城郭，修筑宫殿，遂称"许都"，成为东汉王朝的统治中心。从西晋、南北朝、隋、唐到五代、宋、金、元、明、清，许昌是历朝郡、州、府署衙所在地，是中州腹地的政治、经济、交通和文化中心。

① 母亲的堂兄陶云生，下同。

② 宋家树访谈，2015年9月19日，北京。资料存于采集工程数据库。

中华民国成立后，于 1913 年复许昌县旧名。1928 年，河南省设区分辖各县，许昌为中区第二行政长官驻地。1933 年，许昌改为第五督察专员驻地，是河南的大县，人口多，商业繁荣，特别是烟草工业比较发达。1944 年 5 月 1 日，许昌沦陷，在日军的践踏蹂躏下，加之遭受特大旱灾，继而蝗虫遍地，饿殍遍野。1946 年 7 月，宋家树到达许昌时，所见之处仍是满目疮痍。

插班就读

一家人安顿下来后，新学期即将开学，父母决定让宋家树到许昌县立中学插班读初三。

图 2-5 许昌中学学籍照（1946 年，宋家树提供）

许昌县立中学创办于 1917 年 8 月，先后易名“省立第十四中学”“省立第四中学”。在日伪政权统治期间，实行殖民地奴化教育，学校停办。抗日战争胜利后，国民政府饬令恢复。①

许昌县立中学管理很严格，学生实行住宿制，一般吃住都在学校。由于宋家树听不懂方言，人生地不熟，而且住在县衙，离学校很近，仅隔一条街，约 700 米远，父亲就出面找学校，不让宋家树住校。

当时学校管制很严，但我住在家里，每天只是去上课，上完了马上就回来，所以学校对我的影响比较小，也不认识什么人，与同学来往也很少，没有一个较好的同学。河南话我听不懂，我就说四川话，我说四川话别人又听不懂。只是听听课而已，学的课程比原来在社教

① 孟长根：许昌教育之沿革。《许昌师专学报社会科学版》，1996 年 1 月第 15 卷第 1 期，第 119-126 页。

附中学的要容易，没什么困难，也没有什么压力。①

在许昌期间，母亲没有工作，但父亲是一县之长，一家人的生活还是比较富足安逸。家里只有四个人，就请了专门的厨子、女工，父亲还有几个“勤务”。在抗战时期，父亲跟日本人打过仗，缴获了几匹很高很大的大洋马。宋家树很喜欢策马扬鞭的感觉，很快就学会了骑马。

许昌作为汉魏故都，又是历朝州、郡、府治所在地，留下了丰富的文化瑰宝和许多珍贵的历史遗迹，尤其是三国遗迹为世人所瞩目。在全国500余处三国文化遗迹中，许昌就有80处之多，如关羽夜读《春秋》的春秋楼、关羽挑袍辞曹的灞陵桥、曹氏父子雄踞许昌的曹丞相府、许田围猎的射鹿台等。《三国演义》有172处写到许昌，使许昌名满天下。郭沫若曾感叹说“闻听三国事，每欲到许昌”“三国名胜古迹河南最多，河南中许昌居首”。宋家树自幼熟读《三国演义》，对书里面的人物和故事了如指掌。其中，关羽是宋家树最喜欢、最敬仰的一个英雄，他认为关羽是中国古代英雄人物“忠、义、勇”精神的典型代表。闲暇时，宋家树就骑着大洋马去瞻仰三国古迹，有一次，还特地骑马跑到离县城十几里路远的灞陵桥去凭吊关羽。

父亲很少谈及工作上的事情，偶尔给宋家树兄妹讲他在汝南、罗山带领保安队抗日的故事，如何“问民疾苦”“关心老百姓”的清政事迹。“当时我觉得很佩服父亲的大胆、能干。另外，父亲曾说官场的事十分黑暗，钩心斗角，从小就教育我不要参与政治活动，并且还举例给我听，叫我千万不要搞政治，还是学科学好，这个对我的影响很大，于是更加强了我立志搞科学的意愿。”②

1947年夏，待宋家树完成初三学业后，父亲毅然辞去县长职务，举家回到安庆。

---

① 宋家树在大连工学院思想总结。存于中国工程物理研究院档案馆。

② 同①。

考入安庆高中

安庆高中

安庆市位于安徽省西南部，长江下游北岸，皖河入江处。南宋嘉定十年（1217 年）筑城池，府治移此，是怀宁县、安庆府治所在地。清朝乾隆二十五年（公元 1760 年），安徽布政司从江宁迁到安庆城，至民国 27 年（1938 年）安庆沦陷前，前后 270 年间，为安徽省会。抗战胜利后，安徽省会移至合肥，但安庆的经济、文化仍然比较发达，特别是安庆的教育水平比较高。宋家树的祖籍在舒城，祖父还健在，在舒城肖家巷有大片祖业，而舒城距离安庆有 100 多公里路，之所以选择到安庆，宋家树的母亲有自己的盘算，她想让宋家树到最好的学校学习，她看中的学校就是当时安徽全省著名的中学——省立安庆高级中学（简称安庆高中）。

安庆高中向来以历史悠久、名人荟萃、师资雄厚、教学严格而闻名遐迩。它的前身为清光绪三十二年（1906 年）创办的安徽师范学堂，由近代启蒙思想家严复倡议创办，学堂监督为桐城派后学大师姚永概。后经分合变迁，先后易名安徽省立第一师范学校、安徽省立第一中学、安徽省立第二临时中学（抗日战争时期）、安徽省立安庆高级中学。

学校以“诚毅”为校训，倡导“中西交融、文理并重”的教学方向，提倡“争第一，怀天下”的怀抱与胸襟。名流荟萃，桃李芬芳，知名教育家王星拱①、杨亮功、程演生等先后任过校长，教育家陶行知、学者胡适、高语罕等也曾为师生讲学。

学校坐北朝南，校门前是个临街（龙门口街）的小院，院门上方横亘着曾国藩题写的“为国抡才”四个大字。从院门口到校门不过百步。校门的左边挂着白底黑字的“安徽省立安庆高级中学”的牌子。从大门入内，便有两边对称的二米高，约二十米宽的平台，建有老师的宿舍和饭厅。平

---

① 王星拱（1988–1949），安徽怀宁人，著名教育家、化学家、哲学家。

台围着半圆形的大园林，中贯南北通道，园内古木参天，杂以奇花异草。越过园林向北，是一道宏伟的高墙，墙的正中开有高大的朱漆红门，门的两边有石狮一对，入门后不过数十步，就是横列的三栋两层、木质结构的教学楼，共有二十四间教室，供教学与办公使用。每座楼的南边都有宽大的走廊，两头都有宽大的楼梯，便于上下。三座楼的底层中间贯穿着人行通道，在露天的部分建有长亭，可供大家临时憩息。在三座楼的两旁和后面，建有图书馆、实验室、校医室、大礼堂、学生宿舍、厨房等。在这些建筑群之后，便是露天的篮球场、排球场、跳远沙池、单双杆，余为一片宽大的操场。

1947 年 7 月，宋家树参加安庆高中组织的招生考试。由于安庆高中的名气很大，报名的学生很多，约有 2000 多人，学校实际招收学生 181 人，录取比例为 16∶1[①]，竞争非常激烈。宋家树如愿以偿，以优异的成绩被学校录取。妹妹宋家珩考入高琦小学。

初见祖父

为方便宋家树兄妹上学，父母在安庆市离学校不远的河南会馆租了一套房子。不久，父亲将祖父从舒城接到安庆治病，住在家里，这是宋家树第一次见到颇具传奇色彩的祖父。

1946 年秋，母亲曾带着妹妹宋家珩回舒城探亲，见过祖父。祖父高大魁梧，留着长胡须，既慈祥又威严，在老家舒城威望很高。宋家珩回忆说："老家肖家巷一号地处城郊，地方很大，很有田园风光，房子不是很多，大约有四进，进大门后，第一进住的是长工，佣人；第二进是大伯母一家居住；第三进是祖父和继祖母住地，继祖母信佛，每日念经吃素；最后一进是厨房和杂物间等。房子后面有一个很大的后花园，树木参天，有花草也有菜地，还有一个池塘，养了很多鱼，供改善生活。当时生活还算富裕，平时生活却很节俭，粗茶淡饭，常从后院池塘捞鱼，就算是改善伙食了。"[②]

① 吴昭谦：解放前后的安庆高中。《江淮文史》，2000 年第 3 期，第 68 页。

② 宋家珩访谈，2016 年 6 月 5 日，加拿大。资料存于采集工程数据库。

祖父虽在病中，仍然精神矍铄，气度从容，谈吐不凡，对这位从未谋面的孙子疼爱有加。祖父家中有严格的家规，重视孩子们的家庭教养：诚实、守规矩、懂礼貌、尊老爱幼都是基本的要求。

> 和祖父相聚时，家里规矩很严，平时不能大声喊叫和说话，每晚睡觉前和清晨起床后，大人都要带着他们去向祖父母请安，说一些祝福的话，祖父也会作一些叮嘱。在饭桌上规矩更多，吃饭一定要等祖父和大人们动筷后小孩才能开吃，夹菜只能夹眼前的菜，稍远的菜要由大人给夹，自己绝不能站起来去夹，吃饭时不能说话，也不能弄出声响，祖父离桌后孩子才能离桌，如先于大人吃完，要对长辈们说"慢慢吃"，才能离开。这些规矩都是一定要遵守的，长大了就习惯了。祖父的家规对我们兄妹有长期的影响，我们的孩子虽然在国外工作生活，但他们仍然在接受中国传统文化的影响，家里的许多规矩仍然要遵守，例如，尊老爱幼的传统，吃饭时老人不上桌孩子们是不能开吃的等等。①

文理并重

入校后，宋家树得知，学校依招生考试的成绩将 181 名学生进行分班，其中，一甲班 58 人、一乙班 56 人、一丙班 67 人。宋家树被分在甲班，同学有吴昭谦、吴当时、陈际衡、吴裕良、陈长菁等。

安庆高中名师云集，学风纯朴。校长程勉出身教育世家，曾留学日本，抗战胜利后，程勉积极聘请师德高尚、学识渊博、治学严谨的名师来校任教，如方林辰、葛冰如、沈沅湘、沈兰渠、王羽白、丁星北等。其中，方林辰老师讲授的国文、历史，葛冰如讲授的国文都给宋家树留下了深刻印象。

---

① 宋家珩访谈，2016 年 6 月 5 日，加拿大。资料存于采集工程数据库。

图 2-6 部分安庆高中老同学合影（左起：刘树森、梁东、宋家树、吴当时、吴裕良、马次静，2005 年，宋家树提供）

宋家树高中第一学年，方林辰[①]老师讲授国文，其教学风格卓尔不群，出口成章，旁征博引，深受学生钦佩。

宋家树高中第二学年，方林辰老师改授历史。

> 他教文言文，开始听不懂，就慢慢地学、慢慢适应，这是一个新招，感觉很新颖，当时我们学得很辛苦，也必须学，作文必须用文言文写，虽然写得不好也得写，至少得到训练，因为文言文是中国的古文化，过去的历史大部分是文言文写的，你能看懂的东西很多就能扩展你的知识面，我对历史感兴趣，这一点是受他的影响，他的历史讲得也挺好，满堂均用文言文，讲汉代历史多半援引《史记》原著，极大地激发了学生学习文言文的兴趣，这是以前学校没有的。[②]

---

① 方林辰（1892–1959），桐城派方苞后人。家学深远，七岁入私塾求学，经史之类倒背如流。后入武昌高师学习数学，毕业后因国文同人无出其右，改授国文。

② 宋家树访谈，2015 年 9 月 19 日，北京。资料存于采集工程数据库。

方老师教学严格，严苛有名，外号“方老虎”。吴昭谦回忆说：“第一次命题作文，我只得了 60 分，心中纳闷。因为我在小学、初中时向来作文优秀，怎么到此如此平庸，后来一了解，当时全班竟有一半人不及格！有同学作文，他只评 59.5 分，有问：何不宽大一点？答曰：因作文文中有两个常用的错别字。”[①] 方林辰老师除按高中语文课本教透各篇外，还自费编撰“国学纲要”，从先秦文章入手，溯源沿流，系统地介绍中国古代文学，供学生课外参考阅读，不收一文钱。

第二学年，宋家树的国文课由葛冰如[②] 老师讲授。葛老师授课深入浅出，言语晓畅。她的学生梁东回忆说：“她（葛冰如）在课堂上即使是讲最佶屈聱牙的古文，也能深深打动我们的心。她信手拈来的旁征博引，只是她知识海洋中的数滴水，就已滋润了我们渴望知识的心田。而这种对知识的渴求，也是她用行动影响了我们。我们把听她的课当成一种享受，她使我们跟着她悠游于知识的海洋，并以此为荣。”

图 2–7　葛冰如在抚琴（2005 年，安庆一中提供）

葛冰如老师住在校内，每天登门请教的同学络绎不绝。她不仅传授知识，更将自己归纳总结的“三多主义与五到方法”传授给学生。所谓“三多”：即多读多看多写。熟读唐诗三百首，不会作诗也会吟；看书要能提纲挈领，把握其重点所在；多写即勤加练习之意，练习多了便会写出好文章。所谓“五到方法”，就是要心到、眼到、耳到（细听教师的讲解）、手到（要勤做笔记）、足到（勤跑图书馆，借了别人的藏书要按时归还）。[③] 此外，数学老师徐裕谋、化学老师沈

① 吴昭谦访谈，2017 年 4 月 16 日，安徽合肥。资料存于采集工程数据库。

② 葛冰如（1901–1984），名世洁，笔名凌寒，安徽怀宁人，无锡国学专科学校毕业，师从名家唐文治、钱基博。著有《凌寒阁吟草》。

③ 葛冰如：凌寒独自开。见：周诗长主编,《安庆一中百年文史稿——薪火》。合肥：黄山书社，2006 年，第 66 页。

兰渠、音乐老师王羽白在教学上都有自己独特的风格。

徐裕谋无论是平面几何还是立体几何都教得好。他上课时自带一身诗意，一走进教室，用眼稍稍向左右一扫视，教室里立刻安静下来，然后便开始精彩的讲课了。他板书工整清晰，讲课深入浅出，逻辑性极强，学生极爱听他的课。他为人厚道，脸上总带着微笑。因此，他赢得了众多学生对他的尊敬和爱戴。

训导主任沈兰渠，兼任化学课老师，他自编教材，讲课熟练、生动。他常不顾自己年高，带领学生堂上讨论，堂下实验，用生活实例，深入浅出地说明化学原理。他身材宽大，秃顶浓眉，黑边眼镜，合肥口音，说起话来，诙谐明快，把一个枯燥的化学课，讲得生动活泼，与学生情趣相投打成一片。

音乐老师王羽白，音乐专科学校毕业，擅长制谱，精通乐理，具有丰富的乐理知识，嗓音好，教歌时可以不借助于乐器，完全凭着嗓音教唱。

英文老师教起课来，满口英语“洋味”十足，他对学生说：“读英文，背英文，不背不读永无文。”当时的课本是林语堂编的，另外，他自编一种英语文法来辅导阅读《天方夜谭》《鲁滨逊飘流记》《都德短篇小说》等名著，使学生欣赏外国文学名著的水平有了很大的提高。

地理老师比较年轻，每堂课除了讲授地理知识，还要拿一点时间讲当时的战事、时事，如辽沈战役、平津战役、淮海战役等。

宋家树对于军训、公民课兴趣不高，主要原因是军训要操练，吃不消，而公民课主要讲国民党的三民主义，枯燥无味。除此之外，宋家树学习很全面，不管理科还是文科，门门功课都不错，考试分数也挺高。

> 那时读书很努力，记得曾经想拿到全班第一的成绩而拼命钻书，当时的主要思想就是好好读书，记得有一本日记开始时写到“在这个混乱的日子里……做学生的实在只有埋头于研究学问中”。①

① 宋家树人事档案 10-1，宋家树在大连工学院思想总结。存于中国工程物理研究院档案馆。

安庆高中第一学年至第三学年开设的必修课都是相同的，共有三民主义公民学、国文、英文、数学、历史地理、生理卫生（博物理化）、手工、图画、体育与党童子军、音乐、书法 11 门，第一学年每周授课 33 学时，学分 29 分；第二学年每周授课时数 34 学时，学分 30 分；第三学年每周授课时数 26 学时，学分 26 分。此外，还开设有应用文、国学常识、生物学、商业常识、乡村教育概论等选修课。

为了加强管理，学校严格规定学生必须住校就读。除少数家住本市并有特殊情况，经学校派人查实准予走读外，其余一律不准外住。宋家树第一学期住在学校，因学校离家不远，经申请特批，第二学期开始住在家里，每天步行上学。学校对学生实行军事化管理，校规很严，作息以军号为令，且有三名军事教官看管。每天早晨 7 时或 6 时半，号声一响，无论是走读生还是寄宿生都要一齐涌上大操场，教官和体育教师主持晨操训练，各班主任清点本班人数，训导主任拿着记录册，登记迟到者的姓名。早操结束后，接着吃早饭。寄宿生在大饭厅就餐，吃炒黄豆、稀饭、馒头；走读生在校买早点，或从家中自备，但都必须听号声在一定时间内吃完，大饭厅也按时关门。早餐后，同学们听号声分散早读英文或国文，于是全校花园林木间、大操场以及各处拐角，到处书声琅琅，未有不早读而任意嬉戏者。8 时许，号声一响，同学们全上课了，这时校园除了教师的讲课声外，完全进入宁静状态。学校考试非常严格，若有两门课不及格，就被留级，毫不含糊。教师为了要了解平时的教学效果，同学们为了争取好成绩，除平时注意各种小测验，按时做作业外，而且更注重期中和期末考试。大家总觉得学习紧张，时间不够，晚上便点蜡烛或菜油灯（学校规定 10 时就寝，叫号声熄灯）“开夜车”，但一经发现，军事教官要予以惩处。

课余生活，宋家树的生活圈子比较小，只与同班的吴当时、陈际衡、陈长菁几个同学关系密切，经常在一起做功课、一起玩。陈长菁是陈独秀的侄孙辈，像“三侠五义”等小说看得比较多，善于讲故事。吴当时与陈际衡的古文底子好，写得一手好文章。宋家树与陈际衡都对文学感兴趣，私交也最密切。陈际衡会吹口琴，还教宋家树吹口琴。吴当时回忆说：“我们四个人虽然各有所好，但是都有一个共同点，那就是都愿意讲故事听故事。暑假我们有时也在一起。陈际衡喜欢写点小诗、小文章，向报纸投稿。宋家树也会写文章，我印象里他喜欢写带有议论性的文章，一写就写一大篇，还写得挺快。陈长菁不大写什么东西，但他会讲故事。”①

在课余假日，宋家树喜欢看巴金、茅盾、鲁迅的小说，也喜欢看科学方面的书籍，对美国的科学技术很羡慕。偶尔也和好友到安庆高中旁边的谯楼、安庆东门外的迎江寺、振风塔等名胜古迹游玩，谈古论今。

在安庆的日子起初还比较安定，虽然父母都没有工作，但靠家中的一点积蓄和祖父的接济也可度日，宋家树亦可安心读书。父亲曾多次去南京找工作，均未果。其间，祖父曾来安庆小住。当时祖父已经病重，后由父亲护送返回舒城。此后父亲一直陪护左右，再未返回安庆。

1948 年夏，当时国共内战正酣，时局动荡不安。安庆是沿长江城市，军队众多，且调动频繁，市面上物价飞涨，货币贬值，物资奇缺，常常买不到粮食，人心惶惶，又常有国民党伤兵闹事抢劫，社会一片混乱。宋家珩回忆说：“当时有两件事让母亲恐惧不安，一是传说安庆是沿江的军事重镇，兵家必争之地，在此必有激烈的战事，而且战火临近。二是国民党军队节节败退，听说反动派刘汝民的军队将要到安庆来，他的军队在合肥一带无所不为，连学生都抓去当兵，而树哥已是高中生，随时有可能被抓壮丁。”②

宋家树的校友周文奎就差点被抓去当了壮丁。周文奎回忆说：“1949 年初我亲身遭遇一次国民党军队的胡乱抓人。当时解放军正逼近安庆，对安庆形成围而不攻之势，国民党驻城部队妄图负隅抵抗，在城郊四周加紧修筑工事。城已被围，无法征集到民工，就在城内胡乱抓人。一个星期天我和一位同学上街，竟被国民党军队抓住，带往他们的‘警备司令部’准备集中待用。虽然反复声言我们是在校学生，要回去上课，可当兵的置之不理，正所谓是‘秀才遇到兵有理说不清’。僵持多时，校长程勉闻讯赶来，一番周折，才将我两人领出。并告诫我们‘当前形势复杂，无事不要

① 吴当时访谈，2015 年 11 月 14 日，苏州。资料存于采集工程数据库。

② 宋家珩访谈，2016 年 6 月 5 日，加拿大。存地同上。

上街，上街要小心’。”

当时舒城已经解放，由于父亲在舒城和平解放中做出了贡献，被第三野战军某部定为国民党起义人员。宋家树说：“父亲托人带信给我们，要我们在安庆等待解放，但当时谣言很多，母亲对共产党也不了解，很多亲戚朋友都离开了安庆，在非常恐慌的气氛中，母亲带着我、妹妹，还有亲戚陶琳等一起离开了安庆。”①

① 宋家树人事档案 10-1，宋家树在大连工学院思想总结。存于中国工程物理研究院档案馆。

第三章
大学逐梦

宋家树因个人选择和国家院系调整的原因，先后历经南京、大连、长春三地，分别在国立南京大学、大连工学院、东北人民大学度过大学时光。特别是在东北人民大学，遇见了对他学术研究影响很大的余瑞璜、朱光亚、吴式枢三位老师，激发了他对科学研究的浓厚兴趣，培养了他求真务实的科研精神，形成了其理工兼修的科研风格。

初读国立南京大学

喜迎解放

离开安庆，母亲原打算去求助一位在上海开工厂的唐姓亲戚，到了以后才看到上海也是兵荒马乱、人人自危，根本无人可以求助。就在这走投无路之际，宋家树遇到好友陈于乐，他的哥哥是中共地下党员，力劝宋家树赶快离开上海。于是，母亲与当时住在苏州的九姑母宋竞奇取得联系，一家三口离开上海去苏州，暂时安顿下来。

宋家树的九姑母、姑父都在苏州工作，租住在苏州城中心观前街一条很窄很长的巷子里，两边有高高的围墙，是苏州常见的那种深宅大院。房子不算大，主人一家住楼下，九姑母一家四口租了楼上两间，宋家树和母亲、妹妹去了以后就占用了其中的一间房，七口人住两间屋自然拥挤，但在那兵荒马乱的日子，有个地方安身已然不错了。刚到苏州，宋家树和宋家珩都进了学校，但不久学校就关闭了。苏州的国民党地方政府已名存实亡，城市处于无政府状态，国民党的货币在市面上也已经不用了，流通的是黄金、“袁大头”和铜板。宋家树那时会带着妹妹去大街闲逛或去看电影，有时候街上会突然发生莫名其妙的混乱，如一个人跑，大家就会跟着跑，等到他们满头大汗地跑回家，也不知为什么跑，可见当时的紧张气氛。好在苏州是江南的鱼米之乡，食物还算丰富。南京解放后，国民党军队败退上海，在宁沪沿线已无力抵抗，沿线的城市都未经战火。1949 年 5 月 25 日，远处隆隆的炮声响了一夜，这是解放军在攻打上海。第三天，随着上海的解放，苏州街上已满是解放军，市面很平静，百姓生活如常，宋家树及家人在苏州迎接了解放。①

苏州解放不久，父亲到苏州接宋家树母子去南京，一家人在南京居住下来。

当时，父亲被保送到南京华东革命政治大学学习，而后被分配到江苏扬州中学教语文。不久，母亲也去妇联学习了一个时期，被分配到民政局生产救灾委员会当办事员，搞救灾工作。因解放初，南京下关一带难民比较多，无人管理，民政局为了疏散难民做了一系列安排，如救济、发放盘缠返乡重建家园。母亲后来调到民盟南京市委会组织部工作，同时由卢宝媛等两位女同志介绍加入民盟组织。从此，她干了 15 个年头的统战工作，直至退休。

母亲晚年著有《东鳞西爪 42 篇》，在其中的第二篇记载了在南京的这段生活：“我们一家暂住在玄武门附近的亲戚家，那是一栋有三间小屋的房子，虽不宽敞但周围却有一片空地，我参加工作前，除搞家务外，自己开

① 宋家珩访谈，2016 年 6 月 5 日，加拿大。资料存于采集工程数据库。

垦了荒地，种上了葱、韭菜等。离住处不远，就是玄武湖，因为刚解放，游人不多，湖水清澈，山色迷人。我经常去湖上石坡洗衣服，名曰洗衣，实则是游湖欣赏。星期天，宋家树兄妹上学归来，全家租一叶扁舟，游于湖上，船行荷花丛中采菱采莲，边吃边划，清风徐来，真是神仙中人了，一直玩到夕阳西下才尽兴而归。”①

报考南大

生活安顿好后，母亲又要考虑宋家树兄妹读书的事情了。妹妹宋家珩考进南京市八中并住校。宋家树从小成绩优异，文理各科基本功扎实，母亲建议他去报考国立中央大学。

图 3-1 国立南京大学校门（1949 年，南京大学档案馆提供）

国立中央大学的前身是清末 1902 年筹办的三江师范学堂，因受政治时局等影响，学校迭经变迁。抗日战争期间，学校西迁入川，校址设在重庆沙磁区沙坪坝松林坡，史称“重庆中央大学”。抗战胜利后，吴有训出任校长，着手筹备学校复员东还工作，师生分八批抵达南京，1946 年 11 月 1 日在南京开学，本部在四牌楼，二部在丁家桥。当时全校设文学院、法学院、理学院、农学院、工学院、医学院、师范学院七个学院 38 个系，是全国规模最大、学科最全、学生人数最多的大学，也是当时全国的最高学府。1949 年 5 月 7 日，中国人民解放军南京军事管制委员会派赵卓为军事代表进驻国立中央大学，办理接管事宜。②6 月 10 日，国立中央大学分别在四牌楼

① 陶华：抗战前后湖南长沙。1983 年，未刊稿。资料存于采集工程数据库。

② 校务维持委员会关于军代表已到校就职的通知。存于南京大学档案馆。

本部、丁家桥二部举行正式接管仪式。[①] 由于新政权还未建立，为保证教育上的衔接与过渡，中央对解放区各高校作出“暂维现状，立即开学”的方针，全国绝大多数高校仍沿旧制，实行单独招生考试，招生的计划、条件和办法都由各校自行决定。

图 3-2　宋家树证件照（1950 年，宋家树提供）

宋家树高中没有毕业，按照国立中央大学的投考条件，是没有资格参加报名考试的。但南京刚刚解放，很多学生随大人离开，报名考试的学生不是很多，通过关系宋家树以高中二年级同等学力报上名。

“我想考工学院，但担心报考的人多，考不上，就报考一个不太热门的专业——心理系，等进了大学再转系。”[②] 这一个“曲线救国”的策略的确让他跨进了大学校门，也为以后转系、转学校以及继续读书走出了一条自己的道路。

招生考试结束后，学校第六次校务委员会与招生委员会联席会议对新生录取标准进行了讨论，决定工学院以总平均 35 分为标准，数学零分不录取，每系名额至多 50 名，如每系名额超过时得以参加第二志愿分配；医学院以总平均 40 分为标准，数学零分不录取，以医本科为第一志愿者名额已满时，分配入牙本科，原有本年度牙本科、牙专科新生合为一科；其他学院以总平均 30 分为标准；以甲组为志愿者，数学零分不录取；医学院考生成绩在 30—40 分时，其第二志愿照其他学院标准分配；工学院考生成绩在 30—35 分时，其第二志愿照其他学院标准分配。[③]

---

① 校务维持委员会关于正式接管举行仪式函，存于南京大学档案馆。

② 宋家树访谈，2015 年 9 月 20 日，北京。资料存于采集工程数据库。

③ 招生委员会议决录取新生标准。存地同①。

图 3-3 国立南京大学丁家桥校景（1949 年，南京大学档案馆提供）

学校原计划招生 2000 名，但实际只招收了 1036 名新生，其中文学院 124 名，法学院 66 名，师范学院 80 名，理学院 116 名、农学院 237 名、工学院 287 名、医学院 126 名。宋家树如愿考上理学院心理学系，也确实如他考前所料，心理学系在当时是个冷门专业，是全校录取新生最少的专业，仅有 8 人，他们是汪中、金美煊、张丽霞、贾绣君、张毓璋、程述先、沈钟灵、宋家树。[①] 该系的一大特点是老师比学生多。系主任由校长潘菽[②]兼任，他毕业于北京大学，获哲学学士，后在美国印第安纳大学、芝加哥大学获心理学硕士、博士学位，是我国心理学的奠基人。

国立中央大学从四川复员南京时，规模已是战前的三、四倍，原四牌楼校舍已不能满足使用了，于是决定将国立中央大学分为一部和二部，又称本部和分部。四牌楼为校本部，二部设于丁家桥地区，南自丁家桥，北至筹市口，东至芦营，西至金川河的一条支河，成长方形，面积 1000 多亩，东南部为农学院，西南部为医学院。1947 年 11 月，学生宿舍建成，所有一年级新生迁入，校舍 30 余幢，大都为铁皮顶平房。1949 年 9 月，宋家树入学的时候，也分在丁家桥分部，那里远离市区，十分清静，是读书的好去处。那时中央大学刚改名为国立南京大学[③]，有许多旧学校遗留下来的风气。不少学生的生活也较为散漫，许多人在附近的家庭包饭，平时学生中不乏穿长袍者，宋家树也有一件皮袍，但不大穿。

① 国立南京大学三十八学年度录取一年级新生名册。存于南京大学档案馆。

② 潘菽（1897–1988），江苏宜兴人，中国心理学的奠基人。

③ 1949 年 8 月 8 日，国立中央大学更名为国立南京大学。

国立南京大学心理系的老师大多是留美的，沿用了美国教育体系中通识教育的模式，在人才的培养方面不仅注重专业课程的学习，而且把相关的科目也列入必修或选修的范围。一年级所修科目为：普通心理学、普通物理学、普通动物学、外国语、高等数学、政治、普通心理实验、普通物理学实验、普通动物学实验、普通化学（选修）。[①] 在所修的课程中只有普通心理学一门为专业课，其余的大部分为辅助课程；二年级以上才开始增加专业课的比重。同时，还注重理论与实践相结合。心理学系《选课指导课程说明》就做出如下具体规定：本课程对于理论与实验两方面同时并重，故普通心理、心理测验等科目每星期均有二至四小时之实验，缺实验者不给学分；本系学生于毕业考试前须提出心理研究论文一篇，为毕业考试成绩之一种，其论文不及格者不得毕业。

图 3-4　潘菽（1949 年，南京大学档案馆提供）

大一的基础课程基本上都是几个系的学生在一起上，物理老师讲课有特点，宋家树至今记忆深刻，“他上课用英文讲，开始我们听不懂，感到高深莫测。后来有同学揭露其中奥妙，于是我也去买了一本外国人达夫著的物理书（英文的），原来那位老师是照本宣科，有的几乎一字不差，于是也就不害怕了。这种教课方法对学习物理不一定好，但对我的英文却大有帮助”[②]。期间，宋家树认识了化学系的江乃谦，上的课程差不多，经常在一起复习功课，彼此有好感，来往就比较多些。心理系在校本部四牌楼建有不少实验室，上专业课则要到本部去上。开始宋家树对心理学实验很感

① 理学院心理学系精简课程初步总结报告及课程的比较表。存于南京大学档案馆。

② 宋家树：回忆录片段。2000 年，未刊稿。资料存于采集工程数据库。

兴趣，例如测谎器，觉得十分新奇，还参加过一次科普展览会，充当讲解员，但由于对心理学本身没有多少认识，怀疑它是不是自然科学。

解放初期，百废待兴，国家急需应用型人才，急于建功立业的学生们，在“学好数理化，走遍天下都不怕”等舆论的影响下，以为心理学研究对新中国的建设没有什么用处，都不大安心。潘菽得知后，还把宋家树等几个学生请到家中，苦口婆心地劝导，但作用不大。

南大改革旧式教育制度

对旧教育制度坚决而又审慎的改造，是从南京市军管会接管中央大学之日开始的。南京军管会文教委员会和高教处十分尊重高校教师的意见，多次邀请各校教授座谈，共同分析教育制度的弊端，研究改革的途径和方法，并确定了“维持原有学校，逐步进行改善”的工作方针。在国立南京大学，通过确立新的办学宗旨、政治思想改造、调整课程设置和教学内容等一系列积极、稳妥的改革，确立了社会主义办学方向，也明确了教学和科研相结合的具体方针，以及民主集中制的领导体制。

通过对旧式教育的改造和一系列政治学习教育，宋家树的思想也开始慢慢转变。他在一份思想总结中写道：

> 从小受父亲的影响，我在思想意识里认为官场是腐败的、勾心斗角的，政治是黑暗的，因此拒绝参与各种政治运动，一心想当“纯粹的科学家”。当时从很多事实中看到共产党是好的，现在的政府是替人民办事的，是与国民党完全不同的，但仍不肯放弃自小就培养出的那种“理想”，记得在南京大学时有同学曾问过我要不要入团的问题，我回答说：“我看一个人一生的时间有限，只能来搞一门东西，入团是从政之路，以后是搞组织的，是别人的工作，我没有这方面的兴趣与能力，我搞科学，从这一方面为人民服务。”当时妹妹是青年团员，常常与我谈为什么不入团，我十分轻视地说“你懂得什么？”还认为她盲目。实际上自己抱着个人打算，不敢也不想入团，记得曾与父亲

谈过“假如我是团员就要服从组织安排，就不能转系了”，父母亲也鼓励我不入团。通过政治课，我学到一些新的政治理论，还看过毛主席的著作、新民主主义论、联共党史等。在第二学期有过一个月的集中政治学习，是比较系统的学习社会发展史及批判一些反动的错误的政治观点，并做过自我检查，对清除过去的一些错误政治观点是起了一定的作用。后半期曾与党员刘凡比较接近，受到他的一些影响，并且周围的很多关系较好的同学都入了团，也参加过几次讨论同学入团的会议，对团的看法有了转变，觉得自己也应该入团，可以受到新的教育，曾想入团但未提出，只和刘凡谈过，但并没有认识到团的性质，只是与以前的看法有了一些转变而已。①

宋家树一开始对心理学就没有太大的兴趣，第二学期后半期，宋家树就准备转系，“我起初是想转农业机械系，因为看到它们那里摆了很多美式拖拉机、收割机等，颜色鲜艳，十分吸引人。后来经过考试转系不成，觉得没有面子，大闹情绪，干脆不去上心理系的课，选了工学院的课，到农业机械系去旁听，并且预备高中的课程，准备暑假重考大学，就连南大也不愿读了”②。

1950 年 5 月 26 日，中央人民政府教育部发布了新中国第一份高校招生考试文件《关于高等学校一九五〇年度暑期招考新生的规定》，要求各大行政区教育部“根据该地区的情况，分别在适当地点定期实行全部或局部高等学校联合或统一招生”（次年改为全国统一招考）。意即当年高考仍由全国各大区各自组织，考生可以报考几个大区，每个大区可以选择三所大学，每所学校可以填报三个志愿。宋家树一边复习高中课程，准备再次参加高考，一边也在选择要报考的学校和志愿。

① 宋家树人事档案 10-1，宋家树在大连工学院思想总结。存于中国工程物理研究院档案馆。

② 宋家树：回忆录片段。2000 年，未刊稿。资料存于采集工程数据库。

北上大连工学院

大连工学院

解放初期，东北老解放区的新气象深深吸引了全国各地向往革命、追求进步的青年学生，大家纷纷赴东北学习、工作。一天，宋家树在学校附近的书店看到一本详细介绍大连大学的宣传册，通过宣传册，宋家树了解到大连大学是“中国共产党亲手创办的新型人民的大学”，实行供给制，学费、膳食费和住宿费全免，还免费发校服和生活用品①；大连有多个大工厂、大港口，有全国第一位女火车司机，还有女电车司机，是社会主义工业化城市；而且父亲说将来还有可能到苏联留学，这些对宋家树来说，无疑具有很大吸引力。

1950 年 7 月，为了使宋家树能够有资格参加高考，母亲托人到南京市私立京都中学开了一个肄业证明，宋家树分别报名参加东北区和华北区组织的招生考试，同时被大连大学和北京大学录取，因先拿到大连大学工学院应用物理系的录取通知书，宋家树便欣然前往大连大学报到。

图 3-5　大连工学院建校初期主教学楼（1951 年，大连理工大学档案馆提供）

大连大学是新中国成立前夕，由沈其震同志最早提议建立。沈其震早年留学德国，解放战争时期任新四军卫生部部长、中央军委卫生部

① 姚志健 1986 年 4 月 15 日给大连工学院党委的信函。存于大连理工大学档案馆。

第一副部长，新中国成立前夕被派往香港，在潘汉年同志领导下做知识分子工作。1947 年冬，沈其震回来汇报工作，走海路在大连上岸。在这里，他考察了解到大连有苏军驻守，环境比较安定，已经具备了开办一所正规大学的良好条件，就提出了在大连办大学的建议。①

1948 年秋，东北和全国解放战争取得节节胜利。在此大好形势下，中共旅大地委为适应新中国成立后经济建设和文化建设的需要，落实东北局给予的“要大力培养干部”的指示，向东北局正式提出了在大连开办一所大学的请示报告，提出“旅大现处于战争中相对和平环境，创办大学的物质条件（校舍、图书、实验设备等）是具备的，工厂尤多，尤便实习”；这所大学“以现有之工专、医学院、电专为基础，先开办医工两（学）院，建立正规学制”；“学生来源应大量吸收优秀的工农子弟与进步知识青年。除在本地招收外，并可从邻近之解放区、国统区动员之。”其中同时提到，苏军领导机关对在大连办大学一事态度“甚为坚决”，并“愿从物质、技术、教材等方面积极协助”。随后，旅大地委又向东北局做了补充报告，提出：“大学名称拟为大连大学”，提出了大连大学筹备委员会名单的建议，并“请东北局转请中央帮助解决校长、教授问题”。中共中央东北局于 9 月 1 日、8 日两次及时向中央转报了旅大地委的两个报告。

党中央基于全国解放后迫切需要大批经济建设人才，对东北局的报告极为重视，于 9 月 14 日做了电复：同意创立大连大学，办医、工两院及筹委会名单等各项建议，望努力进行。校长人选正物色中，教授当尽力延聘。该校教育方针计划须报告中央批准。

旅大地委为落实中央的指示，成立了中共大连大学委员会和筹备委员会，立即着手筹备工作：一是在原关东工专、关东电专、关东医学院、俄语专门学校的基础上建立大学的机构。② 以关东工专、关东电专为基础，组成工学院；以关东医学院为基础组成医学院，并接受关东医院作为附属实习医院；以俄语专门学校为基础组成俄语专修科。二是扩充并整修校

---

① 孙懋德：《大连理工大学校史》。大连：大连理工大学出版社，2009 年，第 12–17 页。

② 原大连工专、电专、关东医学院及俄专都是在苏军占领旅大后，为当时战争形势需要和服务而办起来的抗大式的学校。

舍。三是草拟大学的课程计划及各种规章制度。四是招聘教师。五是招收学生。

1949年3月1日，大连大学开学，任命李一氓[①]为大连大学首任校长。4月15日，大连大学在市文化宫隆重举行了创校典礼。10月1日，吕振羽[②]继任大连大学校长后，提出学校的"教学方针、课程内容、学校制度等任何方面，首先要遵循'科学与政治结合''为人民服务''和人民打成一片'的精神"。教学方针是："教与学统一""学与用统一""教的教好，学的学好"；教育制度和教学方法要贯彻"理论与实际一致"的原则。修订了《大连大学暂行校章》，对学校的组织机构、学系、课程、试验与成绩、规则与纪律、经费及资产等，都做了具体的规定。同时，还建立了配套的规章制度，如《教师标准暂行条例》、教师及行政工作人员和学生的《待遇标准条例》《各系课程表》《学生暂行规则》等，使以教育为中心的各项工作有章可循，这样大连大学初步走上正规化道路。

工学院学习

1950年8月初，宋家树由南京乘火车抵达大连站时，看见前来迎接的学长身穿白制服在站台上列队欢迎，心里又新奇又激动。此时，大连大学已一分为三，其工学院、医学院、俄语专修科各自成为独立的院校，独立的大连工学院校舍在大连市中心一二九街。大连工学院最初设有9个系，即应用数学系、应用物理系、电机工程系、电讯工程系、机械工程系、土木工程系、化学工程系、冶金工程系、造船工程系。

时任工学院院长的屈伯川既是老革命又是留德博士，见过大世面，他对如何办好大学有高瞻远瞩的规划。建院伊始，他就鲜明地提出：继承和发扬革命根据地办学的优良传统，吸收国内外办大学的经验，努力把学校

---

① 李一氓（1903–1990），四川省彭县人。新中国成立后，曾任中国驻缅甸大使，国务院外事局副主任，中联部副部长，中央纪委副书记，中顾委常委。

② 吕振羽（1900–1980），名典爱，字行仁，学名振羽，湖南省邵阳人。历史学家，中国科学院学部委员（院士）。

办成新型的正规化的大学，为即将开始的大规模经济建设和文化建设培养又红又专的高级专门人才，并及早在科学技术上做出贡献。为此，他一面大力倡导良好的校风和学风，激励干部、师生自力更生，艰苦创业；一面尊重人才，增聘教师，工作上虚心倾听专家教授的意见。他抓的第一件事就是招募人才。屈伯川院长千方百计从国内外以及海外聘请高水平的专家教授，有如王大珩、钱令希、胡国栋、毕德显等难得的学术带头人，招聘的青年教师有不少是清华、北大、交大、浙大等知名高校的毕业生，素质都很高。第二件事是建立正规的教学秩序。教师们责任心都很强，治学严谨，所有教授都在教学一线给学生上课。没有现成的教材，教师们就夜以继日自编讲义。为了“向苏联学习”，所有教师突击学习俄文，很快就能读懂俄文书，并翻译了大量的俄文教科书。学生上课秩序井然，从不迟到，专心听讲记笔记，及时复习交作业。平时测验很少，但学校领导对期末大考及考前的总复习非常重视。一般规定，每考一门都安排两三天的总复习时间。在大考期间，食堂特意改善伙食犒劳学生，学生心情好，能安心复习，收获很大。考试成绩也不排名次，不设奖励。看起来竞争性差一些，似乎少一些激励，但好处则是减轻学生的心理压力和浮躁。因为大家学习的目的比较明确，是为祖国的建设，都想学到真实本领，具有较强的内在推动力，正是“不用扬鞭自奋蹄”。

图 3-6　在大连工学院参加军训（右二为宋家树，1950 年，宋家树提供）

屈伯川院长任命刚从英国留学归来的王大珩[①]为物理系主任，交给他的任务是要在极短的时间里把物理系筹建起来。国外高等院校培养出来的

① 王大珩（1915-2011），江苏吴县（今苏州市）。光学专家，中国科学院院士、中国工程院院士、“两弹一星”功勋奖章获得者。1936 年毕业于清华大学物理系，1938 年赴英国留学，1948 年回国。

图 3-7　在大连劳动公园留影（左为宋家树，1951 年，宋家树提供）

物理人才中，有很大一部分毕业后都进入了工业企业。由于他们有很深的物理基础，因此在解决生产技术中的问题时，常常要比单纯搞工程技术的人思考得更深一些，解决得更好一些。王大珩在国外工业企业工作过，注意到物理人才在国外大工业的发展过程中起到了极大的作用。因此，他提出了自己的意见：要办就办个应用物理系！理由很简单：既然是为建设新中国培养人才，而建设新中国最急需的是大批应用人才，冠以“应用”二字对新中国的工业建设更有现实意义。① 这一建议得到屈伯川院长的支持。

王大珩创系伊始，没有人员、没有教材、没有实验室，也没有仪器，几乎是一无所有。王大珩赤手空拳办起了应用物理系，首要的问题是必须想办法以最快速度把全校 400 多学生的物理课高质量地开出来，而开出来的前提是要有高素质的教师。他动用所有关系，四处挖掘人才，使系里很快就有了郑建宣、吴式枢、解俊民、何泽庆、陈方培等 30 余名教职工，王大珩亲自审教材、定教案，亲自登台授课，带领全系教职工很快就把应用物理系的课开了起来。开理论课好办，有教师、有教材、有教案就可以。但要开物理实验课可就不那么容易了。首先得有物理实验室，得有很多必需的仪器设备。大连大学工学院的底子是关东工业专科学校，是个中专，只留下了几件中专物理教学用的简单的示教器材，基本用不上。如果买，一来是缺少资金；二来即便有点资金，在刚刚解放的大连也什么都买不到。当时关内战火连天，大连与内地的交通已经完全中断，什么也运不进来，就连做物理实验用的最基本的米尺都无处可买。于是，应用物理

① 马晓丽:《光魂》。北京：解放军出版社，1998 年，第 113-115 页。

系的教师和实验人员就在王大珩的带领下，开始了自己动手、修旧利废、建设实验室的工作。在大连，有一个“西岗破烂市场”（当地人的习惯称呼），是个自发形成的旧货市场，每逢星期天，老百姓就会自动聚集到这里进行各种交易。王大珩一到星期天，就拉着身边的人到市场去转悠，先后淘到秒表、天平、望远镜筒、高级电位差器、光学玻璃等设备。实验室很快就建起来了，在极短的时间内就达到了当时国内大学的先进水平。①

宋家树所在的大学本科一年级八班都是报考应用物理系的同学，有邢修三、陈继勤、王煜明、金汉民、刘运祚、胡海英、曾觉先等。其中，只有胡海英一个女生。胡海英、曾觉先都是由预科上来的，来自革命老区的干部家庭，从小在延安长大，在政治上都有优越感，但理论基础不大好，学习有些困难，宋家树与他们的关系还不错，经常辅导他们功课，他们也经常给宋家树讲革命知识，帮助宋家树提高政治思想觉悟，并积极介绍宋家树加入新民主主义青年团。

与国立南京大学心理系开设的课程相比，大连工学院应用物理系开设的光学实验、普通物理、微积分等课程更能激发宋家树的学习兴趣，这三门课程也是应用物理系非常重要的专业课程，学校把最好的老师安排在了教学第一线，目的是希望学生赶快学好，学好以后为国家服务。

光学实验课是光学专家、系主任王大珩亲自担任，要求非常严，每次做实验之前，他都早早等在实验室门口，学生要先回答他的问题，回答不上就不让学生做实验。陈佳洱回忆王大珩老师的要求十分严格，“他问你做什么实验，为什么做这个实验，怎么做这个实验，都要回答清楚了，你才能进去。做完实验还要把做实验的纪录、测量的数据给他审查，他同意了以后你才能出来，不同意的话还要重做，所以从他那里得 5 分是很难的。”② 正因为得 5 分比较困难，所以谁得了 5 分谁就请同学们吃花生米，便成了班上的“潜规则”。一学期下来，请得最多的还是宋家树和陈佳洱两人。

当时一门功课不仅有讲授课，课后还有习题课、答疑课、辅导课等。

---

① 马晓丽:《光魂》。北京：解放军出版社，1998 年，第 118-121 页。

② 陈佳洱访谈，2015 年 9 月 19 日，北京。资料存于采集工程数据库。

普通物理课的力学部分由解俊民[①]讲授，他刚从美国回来，特点是非常注重“表演实验”，就是在课堂上讲完一个现象以后，要演示给大家看。普通物理的电子学部分由毕德显讲授，他是美国加州理工学院博士，当时是电讯系和电机系系主任，由于教师不够，他亲自给学生上课，有理论水平，但讲课比较深奥难懂。这门课的辅导老师是何泽庆，他是何泽慧[②]的幼弟，1948 年清华大学物理系毕业，是当时应用物理系业务最强的年轻助教，他辅导的时候讲得透彻，通俗易懂。程治老师教实验课，对学生要求非常严格。俄语课则由一位苏军家属达玛娜老师担任。学习指导员陈方培老师，主要任务是掌握学生的学习和思想情况，帮助他们解决思想问题；向任课教师反映学生的学习情况，协调解决学习上的困难和负担过重等问题。[③]政治课辅导员更是深入学生中间，经常晚自习去教室查看晚自习情况，找学生谈心、交流、做思想工作。那时候教师与学生之间的距离很近，关系很密切。除了上课，其他时间也能经常见到他们。期末考试一般安排两周左右的时间集中精力复习，由老师全程陪伴，全天答疑，为学生取得好成绩创造条件。

新中国成立初期提出了向苏联学习的方针。其中学习苏联的教育经验是全国一项重大举措，也是当时高等学校教学改革的主要方向。《大连理工大学校史》中曾写道：“大连工学院在创校初期就积极向苏联学习，改革教学体系、内容和方法，广大教师踊跃学习俄文，翻译苏联教材，成立教研室，积极发挥教师的集体作用……”以一门或相近的几门课程为单位成立教研室（或教研组），每名教师都在一个教研室，就是向苏联学习的一个成果。

当时的校园学习风气浓郁，学习环境好，大家每天都在刻苦学习，坚持课前预习，上课认真听讲、记笔记，课后及时复习、答疑、做作业。由于大学一年级主要开设的是基础课程，宋家树在南京大学学过一些，相对比较容易，但俄文这时已成为第一外国语，宋家树也是第一次接触俄语。

---

① 解俊民（1917–2008），江苏省兴化人。物理学家，教育家。1941 年毕业于浙江大学物理系，1945 年赴美留学，1949 年任大连工学院物理系副教授、教研室主任，1952 年任东北人民大学（吉林大学）物理系副教授、教研室主任。

② 何泽慧（1914–2011），山西灵石人。物理学家，中国科学院院士。

③ 陈方培访谈，2016 年 5 月 30 日，大连。资料存于采集工程数据库。

当时国家全面学习苏联模式，从全国学习俄文和俄语的条件来看，以大连的环境最好。那时大连旅顺还驻有苏军，很多军官都带有家属，大连工学院学生的俄文课大都是聘请苏联军官的家属授课。宋家树觉得学好俄语肯定会有大用处，于是花了更多的时间和精力学习俄文，一有空就啃俄文书籍，阅读了许多俄文原著。大连还住有不少“白俄”①，宋家树和同学星期天去逛街或者去海边游玩，经常能碰到苏联人或者苏联水兵，就主动打招呼与他们交谈，从而提高俄文口语表达能力。书店可以直接从苏联进口书籍，常可买到苏联的大学教材，价格还很便宜。有一次，通过苏联水兵的帮助，宋家树还被允许到旅顺口苏联基地参观，那里的港口、洋房、草坪建设得非常漂亮，给他留下了深刻印象。

第二学期学习任务和其他工作②比第一学期多，为做到学习、工作两不误，宋家树开始注重学习效率的提高，“学的功课是我早已向往的物理、微积分等，因此学习是比较努力的，肯钻研学习，也较踏实，做功课是较快的，采取经常复习的方法，尽量做到每日功课每日做完，有空就看书看笔记看参考书，不是等到考试时一起复习。”翻开当时的日记，可以看到宋家树记的尽是考试怎样、分数多少等。另外，学校有一个优良传统，高年级与低年级开展“对应班”活动，由高年级学生对口帮助、指导低年级学生尽快适应大学的学习生活。因学习成绩优异，二年级时，陈方培老师点名让宋家树去给低年级的学弟学妹传授学习经验。

宋家树在大连期间生活过得比较舒心。食宿条件都比较好，来东北之前，宋家树做好了吃苦的思想准备，但到学校后除了开始一段时间对苞米、窝窝头不习惯以外，其他并无清苦的感觉。虽然伙食标准不高，但由于学校领导很关心学生的健康，尽量使学生能吃饱吃好。当时正好毛主席号召学生“身体好、学习好、工作好”，三好之中健康为先，所以办好伙食也成了厨师们的政治任务，他们很负责任。据说屈伯川院长当初在招募人才时，也留意招来几位烹饪高手，他们在食堂里起主导作用。故那时虽然副食中多素少荤，每天只有一两样菜，但常换花样，味道也不错，逢年

① 白俄，指二十世纪上半叶逃难到中国上海、哈尔滨、大连等地居住的俄罗斯人。

② 宋家树担任班长，负责班级的日常管理工作。

过节或考试期间，菜肴质量更高一筹，有什锦饭、炒杂拌、肉末土豆泥、炸薯饼等。

宋家树在大连工学院的课余生活丰富多彩，学校规定每天下午四点到五点为文体活动时间，学生们放下书本，纷纷到操场上进行文体活动。宋家树还学会了滑冰，每天都滑，考试间歇的时候都要去滑一会儿，再去考试。

> 一到冬天，大连就可以滑冰，至少有一个月的时间，我和宋家树都喜欢滑冰，他滑得比我还要好，他在冰面上滑圆圈、滑“八”字，圆圈滑得非常圆，我也跟着他在冰上学滑“八”字。[①] 文体活动在辅导室老师的指导下，由学生自行组织，有《进步青年》黑板报定期出版，播音室在食堂一日三次广播新闻、通知或好文章，大家虽然看报时间不多，也能知天下事。[②] 那时每个周六学校大礼堂都放映免费的电影，这是我们的又一课堂，好的国产片和苏联电影，不仅艺术性好，而且思想性强，我们看了，就像被打了一剂兴奋剂，热血沸腾要求上进。看苏联小说，如契科夫、托尔斯泰等的作品也有同样作用。[③]

由于有的同学基础差，学习起来非常困难，到了第二学年，学校以宋家树所在的八班为基础，同时在其他班级中挑选了一批对物理有兴趣、成绩较好的学生共 32 人，组成了物理系二年级。陈佳洱与宋家树成了同学，“当时因为我是六班的物理课代表，所以我也被调来物理系学习。这样，我和家树就成为同班同学了。王大珩老师很重视实验，亲自带我们的光学实验。因为我比较爱动手，所以当上了实验课代表。家树则更注重基础理

① 陈佳洱访谈，2015 年 9 月 19 日，北京。资料存于采集工程数据库。

② 高慎琴：我校建校初期学生生活的亲身感受。见：大连理工大学编，《走进老教授追寻大工记忆》。大连：大连理工大学出版社，2013 年，第 216-219 页。

③ 宋家树：回忆录片断，2000 年，未刊稿。存地同①。

论课的学习，他的理论基础打得比我更扎实。”①

在大连工学院，开始两年实行的是供给制，学杂费、伙食费全免，还给发校服以及胶皮鞋（1双）、笔记本（2册）、俄文本（2册）、军袜子（1双）、牙粉（2包）、牙刷（1把）、肥皂（3块）、香皂（1块）、铅笔（3支）、毛巾（1条）等日用品。后来虽伙食要自付，但有助学金可申请，所以家庭困难的同学在这里都能无忧无虑地上完大学。

学校培养的是新中国的建设者，首先必须是革命者，即需具有坚定正确的政治方向、马列主义的世界观和人生观、为人民服务的奋斗目标，所以学校自始至终对学生的政治思想教育抓得很紧，有理论教育也有实践。宋家树入学第一课是“革命人生观的教育”——聆听学校领导、英模代表的报告。其中，教务长范大因讲的是革命队伍中知识分子如何自我思想改造的切身体会，提醒大家要经得起批评和思想斗争，他引用了一句“家鸡打得团团转，野鸡打得满天飞”来激励大家和党要一条心，给同学们印象很深。学校宣传部部长丁仰炎每隔一段时间就给师生做形势报告。充实的材料、生动的语言，联系学生的思想实际进行有针对性的演讲，让人听了特别过瘾，又能解决问题。上甘岭战役的战斗英雄郭忠田讲志愿军是如何不怕苦、不怕死地以劣质武器打退“武装至牙齿”的美军的。进军西藏的解放军代表阿乐讲他们进藏过程中的艰险故事，如有时部队给养供不上，大家就抓田鼠吃，一只竟有几斤重，等等。这些生动形象的报告使学生们不仅深刻理解人民解放军是最可爱的人，而且无形中把自己和国家的命运联系在一起。除了听报告就是学生分组进行讨论，主题是“为什么上大学”，以端正入学动机。还有一项比较特殊的教育——“忠诚老实教育”，对组织要忠诚老实。领导鼓励大家要敢于暴露自己的思想，什么都可以谈。由于当时刚解放，青年人特别是新解放区的学生脑子里的旧思想很强，错误思想不少，如对美国有好感，对苏联存疑虑，对国民党蒋介石本质认不清等，这些问题暴露出来让领导了解，以便逐步解决。

随着大规模经济建设的开展，国家根据高等教育的实际情况，并参照

---

① 陈佳洱：老同学宋家树院士。见：《宋家树院士八十华诞文集》编委会编，《宋家树院士八十华诞文集》。北京：中国原子能出版社，2012年，第33页。

图 3-8 大连工学院物理系全体师生合影（1952 年 8 月，大连理工大学档案馆提供）

苏联教育经验，有计划、有步骤地进行了院系、专业结构和布局的调整，大连工学院应用物理系于 1952 年并入东北人民大学（1958 年 11 月改名吉林大学）物理系。

转入东北人大

国家院系调整

1949—1952 年是新中国对建国前设立的高等院校进行全面接管和改造的重要时期。当时被接管的 205 所高校，普遍存在“规模小，分布不合理，系科庞杂，层次比例不当”等问题，并且这些高校大多以英美大学为样板，在办学理念、系科设置、教学内容、教学方法和教学制度上存在许多弊端，同当时国家建设急需各类专门人才的要求是极不相适应的。周恩来在不同场合曾多次提到我们国家各类人才严重不足的情况以及加快培养专门人才的重要性与紧迫性。他说："人才缺乏，已成为我们各项建设中的一个最困难的问题。不论在经济建设、国防建设，还是在巩固政权方面，我们都需要人才。"①

与此同时，一方面以美国为首的西方国家不承认新中国的主权和地位，在政治、经济、文化等方面展开封锁，迫使新中国实行"一边倒"政策；另一方面，苏联进行社会主义建设已有30多年历史，并且取得了巨大成就，积累了丰富经验。因此，苏联所走过的社会主义道路和模式，自然而然地成为新中国建设可供参照的样板。在改造旧教育、建设社会主义新教育方面，苏联有着丰富的经验，并且形成了一套成熟的理论和制度。因此，借鉴苏联经验被认为是中国建设和发展社会主义教育的重要途径。为了更好地学习苏联教育经验，中国政府在向苏联派遣大批留学生的同时，也聘请了许多苏联教育专家来华指导工作。至1952年年底，最早的一批苏联专家共187人来到中国，其中有98人被聘为大学顾问。

改造旧教育、发展新教育成为这一阶段国家的一项主要任务。第一次全国教育工作会议召开后，国家明确提出要借助苏联经验来建设新中国的教育，其中特别指出："创办人民大学的任务，是接受苏联的先进经验，有计划、有步骤地培养新中国的各种建设干部"，"这将是新中国的完全新式的高等教育的起点。"1950年6月，中央人民政府教育部召开了第一次全国高等教育工作会议，讨论新中国高等教育的建设方向。会议指出，进一步发展高等教育的主要任务是"为经济建设服务"，明确提出要在全国范围内有计划统一地进行院系调整。同时，教育改革要学习苏联的思路也在这次会议上被确定下来。当时的国家领导人和主管高等教育的干部普遍认为，苏联模式的高等教育是为了满足社会主义建设需要而进行的实践教育，高等教育必须适应国民经济发展的需要，为培养各类专门技术人才服务。在这一办学理念的指导下，"我国高等教育形成了以'专才'培养为目标，以专业设置为中心的教学制度和以计划运行机制为主要特征的中央集权管理制。"

① 中央教育科学研究所编：《周恩来教育文选》。北京：教育科学出版社，1984年，第34页。

此后，教育部相继出台了全国高等学校院系调整原则和计划。其方针是："以培养工业建设人才和师资为重点，发展专门学院，整顿和加强综合性大学"，明确主要发展工业学院，尤其是单科性专门学院。调整的方式是：根据苏联的大学模式，取消大学中的学院，调整出工、农、医、师范、政法、财经等科，或新建专门学院，或合并到已有的同类学院中去。调整的原则是：高等学校的内容和形式按大学、专门学院及专科学校三类分别调整充实。当时，国家一旦决定学校哪个系哪个专业合并，实施进度便很快，大家扛起行李就出发，不仅教师马上走，相关专业的学生也一起跟着走，而且限期上课。所以经常出现这样的情况，不少学生都是在西北某大学入学，却在东北某大学毕业。院系调整后，全国共新设高等学校 31 所，其中工业院校 11 所、农业院校 8 所、师范院校 3 所、医药院校 2 所、财经院校 3 所、政法院校 2 所、文科院校 1 所、艺术院校 1 所。从综合性大学独立出来的各种专门学院有 23 所。调整后停办的高校共 49 所，改为中专的 4 所。调整涉及全国四分之三的高校，初步奠定了二十世纪后半叶中国高等教育的基本格局。

东北人大物理系

东北人民大学的前身是东北行政学院，1946 年 10 月创立于哈尔滨，是一所新型的培养革命干部的学校；1949 年 8 月改为"培养与训练行政干部的高等行政学校"；1950 年 3 月 31 日更名为东北人民大学；朝鲜战争爆

图 3-9　东北人民大学（1952 年，宋家树提供）

发后，迁址长春；1950 年 9 月东北人民政府教育部正式批准成为一所财经政法性质的大学。根据《关于全国高等学校 1952 年的调整设置方案》，东北人民大学文科在原有基础上调整为中文、历史、法律、经济、俄文五个系，新建数学、物理、化学三个系，成为全国八所综合性大学之一[①]。

1952 年 8 月之前，东北人民大学 600 多名教师中没有 1 人是学物理专业的，实验仪器、图书资料、实验室一概没有，建立物理系一切从零开始。

图 3–10　东北人民大学图书馆（1952 年，吉林大学档案馆提供）

按照中央的统一部署，教育部直接下令从清华大学、北京大学、大连工学院、东北工学院、燕京大学、中山大学等院校抽调余瑞璜、吴式枢、朱光亚、霍秉权、郑建宣、高墀恩、苟清泉、黄振邦、解俊民等 9 位知名的物理学家，以及 15 名讲师、助教到东北人民大学创建物理系。当时国内物理人才奇缺，为了创建东北人大物理系，中央政府调集这么多国内一流的物理学家，其阵容在当时仅次于北京大学[②]，可见中央政府对创建东北人民大学物理系的重视程度。在物理系的学生组成方面，1952 年在东北、华北、华东、中南、西南五个地区招收一年级新生 111 人；大连工学院应用物理系的一、二年级学生调入物理系，升入二、三年级。

---

① 根据《关于全国高等学校 1952 年的调整设置方案》，调整和整顿的综合大学共有八所，即北京大学、南开大学、复旦大学、南京大学、山东大学、东北人民大学、中山大学、武汉大学。

② 1952 年院系调整后，北京大学物理系物理专业的教授、副教授有 10 名，他们是饶毓泰、赵广增、虞福春、胡宁、黄昆、叶企孙、周培源、王竹溪、褚圣麟、杨立铭。参见沈克琦、赵凯华主编：《北大物理九十年》，2003 年，第 42 页。

从8月末起参加创建物理系的老师从北京、大连、沈阳、广州等地陆续到达长春。由于教师宿舍还没有准备好，有的教授、副教授只好暂住宾馆、旅店，有的青年教师只能住学生宿舍。宋家树他们这个班（原大连工学院应用物理系二年级）原本32人，因曾觉先、胡海英等4人去苏联学习，另有留级、退学、转学3人，9月11日到东北人民大学物理系报到的只有25人①。这里的条件各方面都比大连工学院差了许多，“住宿是25名同学住在一个多年没有住人的大房间，又是大通铺，苍蝇、蚊子、臭虫都很多，当天住进去以后，大家根本睡不着觉，后来校医想了一些办法，但是效果也不是很好。”②物理系所必需的经费和教室、实验室及仪器设备、图书资料等办学基本条件还没有着落，连办学经费预算也是刚刚向教育部申报。

按照中央教育部颁发的“全国高等学校各专业统一的教学计划”，东北人民大学物理系二、三年级应于9月4日开学，一年级9月10日开学。但是直到10月23日教育部才任命余瑞璜③为东北人民大学物理系系主任，10月25日建立起教学组织机构。尽管如此，经过紧张的筹备，11月10日，东北人民大学物理系正式开课，主要是学习理论课。因为物理系刚刚成立，实验室、仪器设备等几乎都没有，实验条件也比大连工

图3-11　宋家树在东北人民大学（1952年，宋家树提供）

---

① 大连工学院应用物理系并入东北人民大学物理系，其一、二年级分别升入二、三年级。三年级学生25人，包括陈继勤、陈佳洱、洪永炎、姜文甫、金汉民、李燮均、刘导恒、刘成武、刘运祚、陆金生、麻昌旺、宋家树、王煜明、吴又麟、吴自勤、夏泰、邢修三、杨恒志、姚希贤、张国录、张宏图、张清泰、庄一安、章学楠、赵炳林。

② 金汉民访谈，2016年5月28日，吉林长春。资料存于采集工程数据库。

③ 余瑞璜（1906–1997），江西宜黄人。著名物理学家，教育家，国际一流的结晶学家，我国金属物理学的奠基人之一，国家有杰出贡献的专家，中国科学院资深院士。

学院差了很多，第一学期下来，只能给学生做几个普通物理的实验。

苏联教育模式的影响

新中国成立后，实行“一边倒”政策，政治、经济、文化、教育等各个领域都学习苏联经验和模式。在高等教育方面，当时认为，苏联高等教育的性质是社会主义的，教育目标明确，理论联系实际，教学内容有高度思想性和科学性，办学有计划性。教育部对高等学校实行集中统一的计划管理，教学计划、课程设置、教学大纲等均由教育部颁发。1952 年秋季起，全国各高等院校广泛、深入地开展了以学习苏联经验为重点的教学改革，主要表现在三个方面：一是按专业培养人才，制定教学计划和教学大纲；二是改革教学内容，翻译和应用苏联教材；三是改革教学方法，建立一整套教学环节。由于“要系统地移植苏联的教育模式”，连学生们作息时间也要试行苏联高等学校的“8150”制，即每天学习 8 小时，体育锻炼 1 小时，每周学习和开会不超过 50 小时，将课堂讲授完全集中在上午，连续上 6 节课，文体活动时间集中在下午，自习时间集中在晚间。

对于东北人民大学物理系的 24 位教师来说，学习苏联模式，无疑面临许多困难。因为他们中不仅没有一人熟悉苏联的教育，也没有人去过苏联，6 位教授全部是从英美留学归国，都没学过俄语。根据高教部规定，凡是有苏联教材的课程，必须采用苏联教材。1952 年 9 月起，学校组织数理化三系教师分批参加俄语速成班的学习（每期 21 天），以使教师能够阅读俄文书籍。当时苏联教材的中文译本较少，教师们一边要学习俄语，一边要翻译教材，编写讲义。1952—1953 学年第一学期物理系开设的 10 门课程中，普通物理等 6 门课程采用苏联教材；理论力学等 4 门课程根据苏联教材编写讲义、提纲。普通物理（力学、热学、电磁学）教材采用的是福里斯、季莫列娃合著的《普通物理学》（共三册）。当时在国内，第一、二册已经有梁宝洪翻译的中译本，第三册还没有中译本，因此东北人民大学物理系承担了第三卷第一分册的翻译任务，由龙志云、王宝琨、吴俊珑等多位教师集体翻译，因宋家树的俄文基础比较好，尽管还是学生，也破例参加了翻译[①]。光学部分于 1953 年 5 月交稿，8 月付印；原子物理部分 8 月交稿，10 月付印，出版后被全国高等学校采用。

在教学环节上，物理系按照苏联模式建立健全了讲授、课堂讨论、习题、答疑、实验、实习、课程设计（论文）、毕业设计（论文）等一整套教学环节来保证学生理解、消化所学知识，并以理论联系实际的教学方法循序渐进，以培养学生独立思考和独立工作的能力。如在实验课的教学上，旧的教学方式是三步：即看讲义、教师讲解、按讲义做实验。这三步在三个小时内完成，教师讲一个小时，实验做两个小时。因为学生对实验事先没有印象，对仪器也生疏，所以在教师一个小时的讲解中，学生记住了后面的内容，忘记了前面的，结果是教师讲得满头大汗，学生却茫然无知。新的教学方式共分五步，即预习、五分钟测验、重点讲解、操作辅导、总结。预习是在实验前一天晚上进行，时间是整一节课，目的是要学生掌握实验重点；五分钟测验目的是要了解学生预习的效果，确定重点讲解的内容和操作辅导的对象；重点讲解，老师根据测验结果发现学生不易掌握的地方，并花少量时间进行讲解，使学生得到帮助；操作辅导，根据测验结果，决定哪些学生是辅导的对象，在实验过程中进行具体辅导；总结，实验结束后，由老师提问，学生做总结，起到了巩固作用。[②]

在教学实践中，教师们逐渐认识到，有些苏联教材与英美等国大学教材相比，并不那么先进，不能全盘照搬苏联教材，必须在掌握苏联教材基本精神的基础上，适当增减、补充，否则学生难以接受。有些教师有看法，却囿于是否向苏联学习是政治态度问题，他们的意见和看法并未公开提出，更未受到应有的重视。

实验课是物理系教学的重要内容，但实验室的建设涉及经费、场地、仪器设备的采购、调拨，安装调试，需要一个过程。在这样短促的时间内建成能容纳上百名学生做实验的普通物理实验室，困难可想而知。1952 年 11 月 20 日吕振羽校长在开学典礼上的报告指出：克服目前物质困难和

① 吉大物理发展概要编写组:《吉大物理发展概要（第一卷）》。长春：吉林大学出版社，2012 年，第 162 页。

② 物理系全学年工作总结（1952–1953）。存于吉林大学档案馆。

教员不够的办法是加强计划性和组织性，把效率提高，把潜力充分发挥出来，更要依靠我们高度的爱国主义精神和革命智慧，一方面提高我们的工作计划性，一方面按照经济核算制的原则精打细算，使一钱一物都要用得其所，发挥更大作用，把最低限度的设备创造性地加以合理地充分利用，使之发挥高度的效能。①

余瑞璜非常重视实验室建设，亲自兼任普通物理实验教研室主任，在承担繁重的组织领导工作的同时，还亲自参加实验室建设。他通过校长申请经费、调拨实验仪器和图书资料的同时，亲自去北京等地采购实验仪器设备，购买图书资料，向国外订购教学和科学研究仪器，还争取到北大、清华和燕京大学支援的少许实验仪器。凭着余瑞璜的执着和热情，中国刚刚进口的两台电子显微镜中的一台就安装在东北人民大学物理系的实验室里。余瑞璜深知办好物理系的条件之一是要有一个小型机械加工车间，以便加工师生们自己设计的仪器，为此专门从北京调来专业人士，为物理系实验室的建设做出了重要贡献。当年在余瑞璜指导下建立金属物理实验室的助教陈佳洱还清楚地记得，余瑞璜先生和他们一起跪在实验台下面安装调试实验仪器的情形。

为了加快实验室的建设进度，余瑞璜还派遣黄振邦、龙志云、王宝琨等多位教师到国内其他地方采购仪器设备。普通物理实验课教师（当时没有实验员或助理员）则夜以继日地安装、调试实验仪器，有时还要花很多时间上街购买工具、仪器配件。有的实验仪器没有到货，只好到兄弟院校去借用，如老教师唐立寅曾把二十多斤重的实验仪器从东北地质学院扛回来。实验室缺少工具，有的教师把铁钉砸扁，自制螺丝刀，用墨水瓶自制酒精灯。实验室缺少实验台，每次上实验课时学生就临时从教室搬来课桌代替实验台。

尽管国家财力困难，仍然对东北人民大学给予大力支持。正如高教部李云扬司长所说：“东北人民大学是东北最高学府之一，也是新中国成立后我党自己建立的第一所综合大学，中央投资东北人民大学和北京大学是并

---

① 东北人大档案 8-9 卷。存于吉林大学档案馆。

列的，甚至有时是比北大还多，因为考虑到她是新型大学，是站在东北经济建设的前线，配合全国的经济建设。东北人民大学是党自己办起来的，如果垮台，就影响党的威信。”[①] 短短两年，物理系的仪器设备就基本配齐了，有的设备甚至是进口的，国内少有。“在 1954 年的时候，我们实验室里已经有德国进口的 X 光机，还有蠕变机、高频炉。这些都是国家花大价钱从国外进口的。”[②]

物理系的创业者发扬老解放区艰苦奋斗的传统作风，以革命的精神办学，以高度的主人翁责任感发挥创造性，克服了重重困难，按照教学计划的规定较好地完成了建系第一个学期的教学任务。在系主任余瑞璜的一份工作总结中写道：“从十几岁的青年练习生到须发斑白的老教授，个个都是精神抖擞、兴高采烈地进行工作；全系每个角落都呈现着劳动竞赛的新气象。”[③]

名师出高徒

宋家树在东北人民大学物理系读大三、大四期间，师从一批学术造诣精深的物理学家，其中余瑞璜讲授金属物理，吴式枢讲授理论力学和量子力学，霍秉权讲授分子物理，苟清泉讲授统计力学，朱光亚讲授普通物理的原子物理学部分、力学与热学，高墀恩讲授热力学与统计物理、电动力学，唐立寅讲授普通物理的光学部分。他们以赤诚的爱国精神，忘我无私的敬业精神，严格要求、一丝不苟、精益求精的治学精神，倾情投入东北人大物理系的组建和教学中，使物理系创建伊始就形成了“教学认真负责，教师严格要求，学生刻苦学习”的优良风气。在东北人大，人人皆知“物理系的学生最用功”。同时，这些教授们立身高处却谦逊平易，学识渊博且德行高洁，尤其是在科学上的远见卓识和旺盛的科研生命力，激发了

---

① 吉大物理发展概要编写组：《吉大物理发展概要（第一卷）》。长春：吉林大学出版社，2012 年。

② 刘运祚访谈，2016 年 5 月 28 日，长春。资料存于采集工程数据库。

③ 东北人大档案 11-108 卷。存于吉林大学档案馆。

宋家树求新知、做学问的热情，使其逐步养成了严谨求实的科研品格。宋家树至今对余瑞璜、朱光亚、吴式枢三位老师印象深刻。

余瑞璜是吴有训的学生，著名的晶体结构专家。在教学方面，余瑞璜顶住当时全面学习苏联教育模式的压力，仍然使用英文教材，教学思想也沿用英国的那一套。同为余瑞璜学生的王煜明回忆，“余先生热情洋溢，干劲十足。备课非常认真，讲课有三分之一（时间）在讲故事，故事讲得很精彩，越讲越兴奋。余先生说：‘科研我不看资料，那些资料都是旧的东西，我做的东西是新的，资料上面没有的，我要创造资料。’这就是英美的教育思想。我做他的研究生时，他说‘英国人带研究生从来没有任何计划，老师给你一根铜丝你就做吧，每年给他汇报一次，你愿意做什么就做什么。’苏联模式培养研究生就恰好相反，老师定一个提纲计划，一步一步，就像他的教材一样非常详细。然后学生就跟着他走，这样的学生创造性就没有了。”①

> 余瑞璜先生很重视实验，专门在东北人民大学办了X射线金属物理专门化，这也是咱们国家第一个金属物理专门化，他的课讲得很好、很活，他的课考试不抽签，出的考试题目比较灵活、很难捉摸，你可以根据自己的理解很简单的回答，也可以尽情地发挥。有一次考试，余瑞璜先生只出了一道题，这道题看似容易回答但又包含了相当深层次的内容。班上不少同学没有看透余老师的深意，没有答出应有的水平，只有我和家树题卷答得最好，得了优秀。②

朱光亚对宋家树影响也很大，在以后从事核武器研制中他们共事了几十年。

1945年7月，朱光亚③于西南联大物理系毕业后留校任教。1946年9

① 王煜明访谈，2016年5月28日，长春。资料存于采集工程数据库。

② 陈佳洱访谈，2015年9月19日，北京。存地同上。

③ 朱光亚（1924–2011），湖北武汉人。著名核物理学家，中国原子弹、氢弹科技攻关组织领导者之一，“两弹一星”功勋奖章获得者，吉林大学物理学科创始人之一，中国科学院、中国工程院院士。

月赴美国密执安大学研究生院从事核物理实验研究，1949 年秋获博士学位。在美国留学期间积极组织各种爱国活动。1950 年 2 月，他毅然放弃国外的优越条件和待遇，告别女友，返回祖国。归国途中，他与 51 名留美同学联名写下了饱含激情的《致全美中国留学生的一封公开信》，信中写道：

> 同学们，是我们回国参加祖国建设工作的时候了。祖国的建设急迫地需要我们！人民政府已经一而再、再而三地大声召唤我们，北京电台也发出了号召同学们回国的呼声。人民政府在欢迎和招待回国的留学生。同学们，祖国的父老们对我们寄托了无限的希望，我们还有什么犹豫呢？还有什么可以迟疑的呢？我们还在这里彷徨什么？同学们，我们都是在中国长大的，我们受了 20 多年的教育，自己不曾种过一粒米，不曾挖过一块煤。我们都是靠千千万万终日劳动的中国工农大众的血汗供养长大的。现在他们渴望我们，我们还不该赶快回去，把自己的一技之长献给祖国的人民吗？是的，我们该赶快回去了。同学们，听吧！祖国在向我们召唤，四万万五千万的父老兄弟在向我们召唤，五千年的光辉在向我们召唤，我们的人民政府在向我们召唤！回去吧！让我们回去把我们的血汗洒在祖国的土地上灌溉出灿烂的花朵。我们中国是要出头的，我们的民族再也不是一个被人侮辱的民族了！我们已经站起来了，回去吧，赶快回去吧！祖国在迫切地等待着我们！

回国后，朱光亚任北京大学物理系副教授。1952 年春任中国人民志愿军朝鲜战场板门店谈判中方代表团翻译。1952 年 10 月回国，投入创建东北人民大学物理系的事业，任教授、普通物理教研室主任、代系主任（副系主任）。他对工作极负责任，物理系的教学计划、总结、报告等多是他亲自起草上报的，吉林大学档案馆中保存的朱光亚教授的手稿有 19 份之多（约 14 万字）。为了保证教学质量，培养青年教师，他每周主持召开一次教材研究会，研讨教学内容和教学方法，并对学生可能遇到的问题、用恰当的实例说明物理概念等进行详尽的研究；他亲自审查、修改青年教师的讲稿；青年教师主讲大课前要试讲，他亲自把关。为了减少开会时间，他写出一万多字的《普通物理教研室一九五三至一九五四年度上学期第一、二学月工作总结》给教师传阅，其中对力学小组、电磁学小组、光学小组教材研究会的作用，教材研究，各章节的教学内容、教学目的性、教学方法等都有详尽的指导。

朱光亚在承担繁重的教学管理工作的同时，还主讲普通物理力学、热学、电磁学、原子物理等多门课程。他对教学一丝不苟、精益求精，亲自讲授习题课，批改作业，为学生辅导答疑时常到深夜。朱光亚讲课思路明晰，条理性强，概念透彻，鞭辟入里，板书工整飘洒。他给宋家树所在的三年级主讲过两门大课：力学与热学，原子物理学。宋家树说："我当时是物理系三年级学生，对朱老师讲授的原子物理课很感兴趣。他不仅讲课，还亲自上习题课、辅导答疑、批改作业、测验考试。他为了给学生做辅导答疑，还印制了'答疑卡片'，学生可以把问题写在卡片上，交由老师做书面回答。许多同学至今保留着当年朱老师给他们的答疑卡片。我还保留有他所做的'质量与能量'的科学报告记录，那是我第一次听到如此深刻而有趣的科学讲演，至今难忘。"[①] "朱光亚老师讲原子物理的时候很有特色，他每上一堂课对我们来说都是一次享受，他不仅把讲义原理、公式推一推，还把提出问题的历史背景都讲出来，提了这个问题以后物理学界有哪些争论，物理大师是怎么解决的。听他的课就像听故事一样，非常精彩。但是他每讲一次课，备课都耗费很多时间，他一个礼拜给我们讲课，可能两个小时或者四个小时，

图 3–12　吴式枢教授讲授量子力学课（1954 年，宋家树提供）

① 宋家树：我最敬重的老师。见：杨树灵编，《战略科学家朱光亚》。北京：原子能出版社，2009 年，第 203 页。

但是他为了这两个小时，要备好几天的课。”①

对宋家树影响最大的老师当属吴式枢。吴式枢②1944年于上海同济大学机械工程系毕业后留校任教。1947年赴美国伊利诺伊大学研究生院攻读博士学位，其间，他将原子核壳模型理论用于处理 μ 介子和光核效应，导出了共振峰的公式，该结果被同行称为“吴模型”，1951年获哲学博士学位。当时，他的父母和一个妹妹在台湾，两个弟弟在美国，他不顾导师的挽留和亲人的劝阻，响应周恩来总理对海外科学家的号召，怀着高度的爱国热情，毅然回国，投入新中国的建设事业之中。1951年9月，经教育部批准被大连工学院聘为教授，是当时国内最年轻的教授之一。

东北人民大学物理系建系初期，吴式枢承担的教学任务之繁重为全校之前列，他治学严谨，诲人不倦，对学生要求严格在全校是出名的。吴式枢教授讲课思路清晰、鞭辟入里，富有启发性；对基本概念和规律分析深刻，理论推导严密，对学生的学习方法和能力提高产生了广泛和深刻的影响。物理系最重要的专业课——量子力学是由吴式枢讲授，用的教材全是原版俄文教材。陈佳洱说：“我是吴式枢教授培养的第一批本科生。吴老师渊博的学识，诲人不倦、一丝不苟的师德给我留下永志难忘的印象。他像一座丰碑照亮了我科研和人生道路。”吴式枢出题考试非常严格，注重考查学生分析、解决实际问题的能力。一般他出三套口试题，每人的考题是由抽签决定的，抽到什么题目就做什么题目。考试题比较难，假如抓不住要点的话，一道题要算很久，规定时间内答不完允许接着答，所以到了吃午饭的时候，把午饭送进考场，一边吃午饭一边答题，经常出现有的同学答一天卷的情况。“另外他有个特点，口试的每一套题里面有一道实验题，当时是5分制，这道题做出来的就是5分，做不出来就是4分，其他题都做出来也不行，也只有4分。最后学年期终口试出了一道题，我们24个人里面只有三个人答出来得了5分，其他人都没答出来，包括陈佳洱都没有答出来，宋家树、我、还有一个同学，就我们三个人答对了，得了5分，

① 陈佳洱访谈，2015年9月19日，北京。资料存于采集工程数据库。

② 吴式枢（1923—2009），祖籍江西宜黄，生于北京，物理学家，教育家，中国科学院院士。

其他人都4分。后来我们教学生我也用这个办法，我也用口试。”①

图3-13 在资料室撰写毕业论文（左一为宋家树，1954年，邵炳珠提供）

大学四年级，因为理论基础好，又喜欢吴式枢的教学风格，宋家树主动要求在吴式枢的指导下做毕业论文，题目是关于铁磁性的理论。吴式枢首先要求宋家树把各种有关铁磁性理论的文章彻底看懂，每一个公式都要从头到尾认真推导出来，然后再提出改进的意见。论文中涉及的一个公式前人已经推导过了，宋家树本打算不再推导了，吴式枢却要求他“一定要再推导一遍！”

就这个问题，吴式枢专门给学生讲了自己的亲身体会：

> 做任何事情，都要有个开始，只去想不去做，就永远不会有一点收获。这就犹如流水拍岸、潮来潮去一样，留不下什么有益的回忆。学习也是如此。学习是一个人从事自己事业的开始，也是继续自己事业的依据之一。但是如何算是“学好”，则是一个至关重要的问题。我在这方面略有一点体会。这点体会可能对许多人来说并不是值得特别提及的事，但对我来说，懂得这一点却是比较晚的。
>
> 我的大学时代是抗战时期渡过的。当时的环境和条件是相当差的，老师对学生也不知不觉地自动放松了要求，许多课是从来不做习题的。学习好坏的标准就是能否在考试中回答老师提出的问题，答得出就是一个好分数。而这一点是很容易做到的。只要按照书上的结论和论据来回答，即使书中还有很多中间过程不会也一样可以得高分。

① 王煜明访谈，2016年5月28日，长春。资料存于采集工程数据库。

这样无形中就形成了一个坏习惯——贪快。在图书馆中看到一本好书，会想尽办法借出来，并且急着读完它。对于数理学科的书，其中有一些推导是相当烦冗的，也是很不容易明了的，需要耐心地一步一步地去推导。但为了图快，就不愿意认真地亲自动手去做，于是很快地读完了书。表面上似乎知道得不少，但会很快地忘记，当要用它去解决问题时，又必须重新开始学，并且必须是一步一步地开始学。这说明，看起来学得很快，但实际上并没有真正学好学懂。

自然，在所接触到的东西中，大量的书籍文献和资料是属于可以浏览的范畴。但是和自己所从事的工作密切相关的东西却必须要认真地按部就班地去学习，切忌贪快，以致使自己的工作如同空中楼阁一样没有根基，随时可能坍塌。特别对数理、化工等方面的内容，一定要用心去体会，用脑去分析，并且要不怕麻烦地亲自动手一步一步地去推导、去演绎。只有这样，才会把知识学会、学懂，才有可能发现问题，提出问题，才能够掌握来龙去脉、解决方法和发展趋势，从而开展自己的创造性工作，沿着科学的阶梯，攀登到新的高峰。

吴式枢这种踏踏实实做学问的方法和训练使宋家树毕生受益。

1994 年 8 月，吴式枢先生执教五十年，宋家树感其教诲，特作一首五绝诗，以示祝贺："玄酒味方淡，大音声正希。桃李华无言，其下自成蹊。"①

① 宋家树：生活随笔，1998 年，未刊稿。资料存于采集工程数据库。

第四章
初露锋芒

宋家树对东北人民大学怀有深厚的感情，这里是他成长的地方，经过四年的学习，他从一个懵懂的大学生成长为科研新星。毕业后，宋家树留校任教，跟随苏联专家攻读研究生，26 岁任金属物理教研室主任，并带领年轻的金属物理教研室团队在国内物理界闯出了一片小天地，科研工作如鱼得水，事业风生水起，在学术界初露锋芒。与此同时，宋家树与王佩璇在共同的学习、工作中渐生情愫，喜结良缘。

留 校 任 教

独立授课

宝剑锋从磨砺出，学业精从勤苦来。宋家树如饥似渴地求新知，加上天资聪颖，所以学习成绩在班上总是名列前茅。这一点从毕业证书编号[①]

① 东北人民大学物理系首届毕业生毕业证书编号按综合成绩排序。

图 4-1 吉林大学办公楼（1959 年，邵炳珠提供）

就可以看得出来，学习成绩排在前五名的依次是王煜明、李燮均、吴又麟、宋家树、陈继勤。因国家建设急需人才，当时很多学校的物理系学生读三年就毕业参加工作。但宋家树他们这个班学满四年，基础知识比较扎实，成绩好。临近毕业时，全国很多单位都到物理系来要人，23 名学生就成了香饽饽，十分抢手。毕业后，陈继勤、王煜明、刘运祚、吴又麟留在本校读研究生，师从余瑞璜；陈佳洱、宋家树、金汉民、杨恒志留校任助教。

早在毕业之前，北京大学就派人到东北人民大学物理系招研究生，当时选中了宋家树和陈佳洱。但余瑞璜早就看上了这两名优秀学生，想把他们留在系里当老师，以实现其“赶超北大”的愿望，他的这一想法与物理系党总支书记温希凡不谋而合。“瑞璜老师正式找我谈话，说系党政已经研究决定把我和家树留校当助教，不准报考北大的研究生。尽管我们很羡慕那些报考的同学，但作为党员[①]，我们俩都只能服从系党政的决定留下来工作。”[②]得知系里的这一决定，宋家树心里也很矛盾，他从小的理想就是当一名科学家，如果读研究生，离自己的理想就更近一步了。心虽有不甘，但作为一名党员，宋家树最终服从了系党政的决定。余瑞璜既不让宋家树、陈佳洱去北京大学读研究生，也不让他们在本校读研究生，因为按当时的规定，一个学校培养的研究生只能留下 50%，另外 50% 要分配到其他单位。余瑞璜不想把这二人培养成研究生后，被分配到其他单位去，哪怕只是其中一人也不行。

① 1953 年 10 月 12 日，宋家树经温希凡、关连弟介绍，加入中国共产党。

② 陈佳洱：老同学宋家树院士。见《宋家树院士八十华诞文集》编委会编《宋家树院士八十华诞文集》。北京：中国原子能出版社，2012 年，第 34 页。

图 4-2　东北人民大学物理系首届毕业生合影（后排右二为宋家树，1954 年 7 月 17 日，宋家树提供）

1954 年 8 月，经学校批准，物理系共设有六个教研室：普通物理教研室承担本系和数学系、化学系普通物理学的讲授和实验课教学任务，主任朱光亚，副主任解俊民；理论物理教研室承担讲授本系理论力学、热力学与统计物理、电动力学、量子力学和数学系的理论力学课程的教学任务，主任高墀恩，副主任吴式枢；机电工艺教研室承担本系的制图学基础、机械学基础、电工学基础、无线电工程基础、真空技术等课程的讲授和实验教学及数学系的制图学、画法几何概要等课程的教学任务，主任黄振邦；X 光与金属物理教研室负责开设金相学、金属物理、金属理论等 3 门专门化课程和筹建专门化实验室，主任郑建宣，副主任苟清泉；磁学教研室负责筹建磁学专门化，主任霍秉权；光学教研室负责筹建光学专门化，副主任唐立寅。

金汉民被分到普通物理教研室，帮助朱光亚辅导学生的原子物理课；陈佳洱被分到 X 光与金属物理教研室，与哈宽富老师一起，筹建国内第一个 X-线金属物理专门化实验室；宋家树被分到理论物理教研室。

金属物理学是研究金属和合金的结构与性能关系的科学。它既相当于金属学在微观领域内的进一步深入，也是以金属和合金为对象的固体物理学的分支。由于动力工业，航空工业，特别是一系列尖端技术（喷气飞机，火箭，原子能反应堆等）飞速发展，越来越迫切地需要大量优质的高温合金。这些合金不仅需要能在几百度高温下工作，而且还要能适应许多特殊的条件，例如突然的温度变化、中子的照射等，就需要知道在高温以及其他外部条件下金属内部进行的物理过程，从而了解耐热强度与材料组织及结构的关系。随着理论物理，特别是量子力学和统计物理学取得新进展，电子显微镜的使用、多种能谱技术、电子的非弹性散射等实验方法的应用，大大促进了耐热物理的发展，一门新兴的热门学科——金属物理学应运而生。

解放以前，我国只有个别科学家进行过一些金属的电子理论和合金的统计物理理论工作。解放初期，中国科学院筹建了金属研究所，其中包括有研究金属物理的部门。1954 年召开的全国金属研究工作报告会指出加强金属物理研究的必要性，1956 年制定的十二年科学技术发展远景规划给金属物理工作指出了明确的方向。新中国成立以前，我国也没有培养金属物理工作者的学校，物理系的毕业生很少从事金属物理方面的工作。随着国家“一五”计划特别是许多大型工业项目的实施，迫切需要有研究金属物理方面的工作者。高等学校经过教学改革后，首先在北京大学、东北人民大学、南京大学等大学的物理系设置了金属物理专门化，在北京钢铁学院设置金属物理专业。

图 4-3　在金相实验室做实验（左为宋家树，1959 年，邵炳珠提供）

东北人民大学金属物理专业（时称金属物理专门化）建立于 1954 年，被中央教育部批准为机要专门化，在此基础上成立的金属物理教研室受到了学校各级领导的高度重视，郑建宣、余瑞璜、苟清泉先后担任教研室主任。

随着学校和物理系的招生数量逐年剧增，教学任务加重，师资队伍不断扩大，新增加了很多年轻教师，他们大多是刚毕业留校或是从外校分配来的，为了让他们尽快转变角色，走上教学岗位，物理系的领导和教授们认识到提高青年教师水平是解决师资不足和提高教学质量的重要环节，因此十分重视对青年教师的培养，并采取了一系列有效的措施。制订了提高青年教师的五年计划；建立了以余瑞璜、霍秉权、郑建宣和高墀恩为核心的专门委员会，负责研究制订课程设计、青年教师的培养进修、学生毕业论文和科学研究活动、研究生培养计划等具体实施办法；全部课程都由教授、副教授、讲师主讲，他们同时都承担了培养青年教师的任务，有的指导二、三名青年教师。培养的第一阶段，助教在教授或副教授的指导下按照计划阅读指定的书籍、参考资料，随学生听课，同时准备以后主讲的某门课程的辅导或指导学生实验；第二阶段，要求精读有关著作，通过研究教学大纲、讨论编写讲稿、试讲等环节，深入研究每一章的重点，明确基本原理与基本观点，为将来开课打下基础。青年辅导教师必须与学生一起听主讲教师的讲授；上习题课之前必须听主讲教师亲自讲授的习题课；上习题课的讲稿要经过主讲教师审查；登上讲台之前必须经过试讲，由系、室领导审查把关。

理论物理教研室除宋家树以外，还有高墀恩、吴式枢、苟清泉三名教授，助教龙志云、朱浩祖。系领导指定吴式枢、苟清泉两名教授指导宋家树，其中，苟清泉主讲物理系三年级[①]的热力学与统计物理，吴式枢主讲物理系四年级[②]的量子力学，宋家树按照两名指导老师的要求，阅读指定的书籍、参考资料，随学生听课，同时承担这两门课的辅导、答疑和习题课，指导学生实验。此外，教研室每周举办一次“教材研究会”，对课程内容的重点、难点，物理概念的引入，教学进度，教材不当之处，学生提出的疑难问题等进行深入研究，这些都为宋家树独立授课打下了基础。

1955 年，陈佳洱调到北京大学工作，但对在东北人民大学留校任教那

① 即物理系 1956 届。

② 即物理系 1955 届。

段经历记忆犹新：

> 在留校任助教后，我和宋家树被分配在同一个房间住。工作上宋家树除要给学生辅导基础课外，还要阅读大量文献著作，写出大量文稿，从事金属物理专门化理论课程建设。他的勤奋好学、悉心钻研的精神给我留下深刻的印象。因为我们俩住在一起，所以每当我遇到不清楚的理论问题，我就向他请教，他总是耐心地给我仔细讲解。反过来，他遇有实验上不清楚的问题，也总来找我讨论。

功夫不负有心人。在吴式枢、苟清泉的悉心指导下，宋家树刻苦学习，很快就具备了独立授课的能力。1955 年 5 月，朱光亚奉命从东北人民大学调往北京，投身我国核武器研制工作。系领导决定苟清泉接替朱光亚担任普通物理教研室主任，他原来负责讲授的《热力学与统计物理》专业课程由宋家树开课。就这样，年仅 23 岁的宋家树在留校的第二年，就独立授课，这在当时是很少见的。

1955 年 9 月，宋家树为 1957 届物理系五个班的学生讲授《热力学与统计物理》，每班每周 3 学时，还有 1 学时的习题课。开始的时候，宋家树并不是很有信心，讲课的时候颇有些紧张。但他善于学习和总结，花了许多时间钻研教材。以前的老师讲授这门课程，使用的是英美的资料。宋家树做了很大的改革，他采用苏联的课本，用苏联的一套方法来教，但又不照搬照抄苏联那一套。他在把握苏联教材基本精神的基础上，结合学生的实际，做出适当的精简和补充。在教学方法和风格上，宋家树传承了朱光亚、吴式枢先生的授课方法和教学风格，以推导为主，尽可能地利用形象教学、表演示范来提高教学效果。他上课的时候不带讲义，所有要讲授的内容都烂熟于心，只写一个提纲发给学生，在黑板上演算，一堂课讲两个小时，基本上参考资料都不看，有时候卖个关子，故意卡住无法推算，目的是调动学生来思考、推导和演算。课余时间，他与学生打成一片，进而了解学生的学习情况，帮助学生掌握学习方法，对学习困难的学生常常利用晚间进行个别辅导与解答。他讲课善于因势利导、思路清晰、概念准确、内容充实、深入浅出，受到学生的欢迎。

1954 年 10 月，高教部发布《高等学校教师教学工作量和工作日暂行办法》。按照该办法的要求，教学工作量包括讲课、实验、课堂讨论、课堂实习（习题课）、指导课程设计或指导毕业论文或毕业设计、指导研究生、考试、考查（测验）、课外答疑（辅导）、检查性听课、领导教学实习及生产实习、参加国家考试委员会工作等。除此之外，工作日以内所应做的工作尚有下列几项：科学研究，领导教研室工作，领导实验室工作及资料室工作，制定教学大纲，检查学生家庭作业，批阅生产实习报告等。政治学习、个人进修是个人学习，而不是工作，备课也不算在工作日以内。高校老师一周为六个工作日，每个工作日平均工作六小时，助教全年要完成 540—600 学时，未达到教学工作量的教师应开展科学研究。

在从事教学工作的同时，宋家树还积极开展科学研究，他在吴式枢的领导下对“物质铁磁性及反铁磁性”进行研究，分析现有反铁磁性分子场理论的缺陷，被学校视为“较重要的科研成果”。[①]

1955 年 5 月，匡亚明[②]接替吕振羽出任东北人民大学党委第一书记兼校长，提出要形成和发扬“四种空气”，即高度的政治空气、高度的学术空气、高度的文明空气、高度的体育文娱空气，成为鼓舞全校师生前进的精神力量。匡亚明坚持教学与科研并重的办学思想，强调“教学工作与科学研究工作必须密切配合，相辅而行”。他积极响应“向科学进军”的号召和贯彻“百花齐放、百家争鸣”的方针，强调科学研究要调动广大师生的积极性，要理论联系实际，为社会主义建设服务。在匡亚明的推动下，学校的教学、科研有了新发展，学术空气日渐活跃。

1955 年 10 月 26 日至 11 月 30 日，东北人民大学邀请北京大学聘请的苏联专家华西列夫帮助物理系进行全面规划工作。华西列夫指出了物理系在发展规划、教学计划、实验室、修配室、图书室建设等建设方面存在的问题，建议专门聘请苏联专家来指导工作，同时为了配合苏联专家的工

---

① 东北人大档案 10-57 卷，存于吉林大学档案馆。

② 匡亚明（1906-1996），江苏丹阳人。1955 年至 1963 年任东北人民大学（后更名为吉林大学）常务书记兼校长。

图4-4 东北人民大学俄文补习班同学合影（右二为宋家树，左五为王佩璇，1956年，邵炳珠提供）

作，学校要培养专业翻译人员。

为了迅速提高教学和科研水平，学校向高教部打报告，拟聘请三名苏联专家来校分别指导数学、物理、化学三系的工作，报告呈上去很快就得到了高教部、国务院的同意批复。当时，大家对苏联专家的期望很高，学校各级领导也十分重视，紧锣密鼓地开展了一系列迎接苏联专家的准备工作。

突击俄语

聘请苏联专家首先要有翻译。学校有俄语系，有精通俄语的教师，然而他们无法翻译内容较深奥的专业演讲或谈话。于是，学校采纳华西列夫的建议：培养专业翻译，最好在研究生或教师中抽选培养。根据专家建议，学校成立短期俄语培训班，从数学、物理、化学三个系中，各抽两名青年教师，脱产突击学习俄语，专门培养专业翻译，为翻译工作队伍打下良好的基础。1955年11月上旬，学校确定了各系抽调的翻译人员，数学系是李岳生、陈家正，物理系是宋家树、王佩璇，化学系是丁莹如、甄开基。为办好这个俄文班，学校尽可能提供优越条件：专门腾出一栋坐落在幽静住宅区的二层小楼，作为教学、办公和学员住宿之用。小楼的环境十分安静，前面是花园，虽无太多修饰，却也花草繁茂，绿树成荫。大门外的马路车辆很少，偶有行人经过，也不破坏其宁静。教室在一楼西头，二楼上每人有一间卧室，另外还有休息室，里面有报纸、一台老式的收音机，这在当时已是不可多得的奢侈品，可供大家周末听听音乐。俄语系的曾聪明老师来教课，金毅夫老师管生活和教会话，还配备了两个打字员。

1956 年的春季学期开学，宋家树开始到俄文班突击学习俄语。

> 俄文班的目标是在大约四个月内，使我们达到各自专业的口译和笔译水平。学习相当紧张。曾聪明老师主讲，有课文，有文法。因为我们在大学已经学过基础文法，所以侧重讲一些句型，一些用法，以及在大学课程所忽视的，如形动词和短语等。和英语相比，俄语的文法更麻烦。用俄语读专业书时还不算难，然而要能说、能写，就必须非常熟练。例如，用一个介词时，后面跟上的名词是什么格，必须顺口就来，容不得片刻犹豫。因此，除了听课，我们必须花很多时间读、记，那时候没有录音机，也没有相关的唱片，全靠苦读。①

曾聪明是一个正直、严肃、十分负责任的老师，他所教的内容没有现成教科书做依据，全凭他认真备课，这些对宋家树快速掌握俄语的听、说，起到了关键的作用。金毅夫老师的俄文说得很地道，但是不大讲文法和道理。他的会话课并不正规，不过时不时和大家聊聊而已。一开始，他就给每人起个俄文名：如王佩璇叫“卡佳 Катя”，宋家树叫“郭里亚 Коля”，丁莹如叫“金娜 Зина”，要求大家在班里互称俄文名。俄文班同学的情况各有不同，但人人都很优秀，趣味相投，彼此关心、相互尊重、和睦相处。俄文班还成立了党支部，李岳生任支部书记。

刚开始宋家树和丁莹如还在系上给学生上课，没做到完全脱产。后来，他们把各自的课教完之后，就全心全意在这里突击俄文。数学系的两位老师比较忙，没有搬过来住，整栋楼除了金毅夫老师在一楼东头有一个大房间外，就是宋家树、王佩璇、丁莹如、甄开基四个人的天下。

暑假过后，俄文班结束，宋家树、王佩璇回到物理系，等待苏联专家的到来。

---

① 宋家树、王佩璇：苏联专家的回忆，2009 年，未刊稿。资料存于采集工程数据库。

师从莫洛佐夫

在职攻读研究生

1956年9月7日，东北人民大学为物理系聘请的苏联专家莫洛佐夫来到学校。莫洛佐夫，当时33岁，来自苏联的罗斯托夫的塔干洛格工学院，是一位学工程的副教授，在苏联卫国战争中从事军事工业研究。来校后，经过了解得知，莫洛佐夫的主要专长是研究金属物理学和高温合金，来华前准备的课题主要是开展金属强度及耐热性、工具钢、摩擦磨损等方面的研究，据此，物理系确定了专家的工作计划：培养金属物理方面的研究生及进修教师；指导物理系金属物理教研室的科学研究工作并与有关单位合作建立研究中心；帮助建立新专业和有关的实验室以及其他有关方面工作等。同时，莫洛佐夫还担任校长顾问、系主任顾问和长春市苏联专家集体的组长。

宋家树成为莫洛佐夫的研究生其实是比较意外的。因为按照原计划，莫洛佐夫负责为物理系金属物理专业培养王煜明和陈继勤两名研究生。宋家树、王佩璇当时只是作为莫洛佐夫的工作翻译人员。但接触不久，莫洛佐夫就发现宋家树、王佩璇的专业知识非常扎实，他向学校提出，宋家树、王佩璇不仅作为他的工作翻译，更希望两人成为他的研究生。听到这样的建议，学校及物理系领导欣

图4-5　与苏联专家莫洛佐夫交谈（左起：陈继勤、王佩璇、王煜明、宋家树、莫洛佐夫，1958年，宋家树提供）

然允诺。按照苏联研究生培养模式，1957年3月12日，由副校长唐敖庆、系主任余瑞璜、苏联专家莫洛佐夫组成的考试委员会对王煜明、陈继勤，宋家树、王佩璇进行了候补博士考试，四人都顺利通过了考试并成为莫洛佐夫的研究生。在考试委员会的评定中，认为宋家树掌握了“金属合金的顺磁性”“金属合金的铁磁性”的基本知识和文献知识，并能够运用这些知识到实际研究中，决定给予“优等”评分。鉴于宋家树、王佩璇专业基础扎实，可直接随莫洛佐夫开展课题研究，被确定为两年制后期在职研究生，由此可见莫洛佐夫对宋家树、王佩璇两人专业知识的认可。

图 4-6　莫洛佐夫辅导宋家树（右为宋家树，1958 年，宋家树提供）

在莫洛佐夫的推动下，东北人民大学举办了两次比较重要的学术会议，一次是东北人民大学第一次科学讨论会，另一次是有全国各地专家参加的耐热性物理研究会，两次会议都取得了很好的效果，同行评价很高。莫洛佐夫发挥了重要作用，宋家树作为翻译自然也做了很多工作。1957年8月，东北人民大学自然科学委员会专门召开扩大会议对第一次科学讨论会进行总结，吴式枢在讲话中指出，“专家对论文审查得很细致，每篇文章都看得很仔细，会前宋家树住在莫洛佐夫家里，每天搞到夜里12点”。此外，莫洛佐夫还经常外出参加各种会议，带领宋家树与许多同行建立了密切联系。

研究高温合金系统

1956年9月至1958年7月，在苏联专家莫洛佐夫的帮助下，金属物理教研室在国内声誉鹊起。莫洛佐夫为金属物理专业的发展作出了重要贡献，具体表现在三个方面：一是培养了质量较高的研究生 4 人（按苏联的研究生标准，并进行了论文答辩），直接指导了 5 名教师的教学及研究工作。二是亲自帮助金属物理教研室订出较完善的教学计划、教学大纲，指导编写讲义，指导学生毕业论文，帮助和领导生产实习，对怎样做教研室工作也常指导，使金属教研室的教学工作水平从根本上得到提高。三是根据我国资源特点，帮助金属物理教研室确定了“铁－钨－硅”高温合金系统及耐热性物理研究的新方向，并进行了较为系统的研究工作。

国际上公认，高温合金非有镍、铬、钴不可，或者只有奥氏体组织才适合做高温合金，但是我国已发掘的镍、铬、钴却不多，国外对中国实行禁运政策，使得中国在发展高温合金及高合金钢等关键材料方面十分艰难。我国钨的储藏量占世界第一位，钨是所有金属中熔点最高的（3410℃），其强度比钢大三倍至五倍。此外，钨还具有导热性高、热膨胀系数小等优点，另外也有一些缺点，最主要的有：比重大、高温时易氧化，工艺性能不好等。许多学者被这些困难所吓倒，宣称钨不可能用为耐热合金。针对这种情况，如何根据我国自己的资源情况，建立起许多新的耐热材料系统是一个十分迫切的任务。这是一个新课题，经验不多，仅有

图 4-7　宋家树在做科研实验（1960 年，邵炳珠提供）

的经验也不能完全搬用，必须建立与我国自然资源特点相适应的高温合金系统。别人研究过或公认有希望的方向要研究，别人未认真研究或认为前途渺茫的方向也要研究，因为其中可能包含着难以意料的可能性。根据这样的精神，莫洛佐夫冲破传统理论，创立了适合我国资源特点的“铁－钨－硅”新的高温合金系统，因为：第一，我国钨的储量极多，占世界第一位；第二，钨有许多宝贵的性质，有根据认为是能在最高温度工作的金属；第三，含钨的铁基合金可能代替目前应用（工作温度在1000℃以下）的镍铬奥氏体钢、镍基合金、钴基合金。

由于当时的金属物理教研室基础薄弱，尚无明确的研究方向，莫洛佐夫就带领宋家树、王佩璇到全国各地的工厂、企业和研究机构了解我国金属物理的发展现状，并结合我国实际确立了铁－钨－硅高温合金系统的研究方向，在当时极具前瞻性。由于铁、钨、硅高温合金系统的研究内容极其丰富，宋家树在攻读莫洛佐夫研究生的两年时间里对含钨耐热合金进行了研究。宋家树的实验工作则主要是自制加热炉，对样品进行热处理，用金相显微镜和微硬度计观察其微观结构和各相的微硬度。

在莫洛佐夫的指导下，宋家树先后开展了合金耐热性、高速钢及合金物理性质的研究，创建了放射性同位素实验室、金属及合金物理性能实验室，先后在东北人民大学自然科学学报上发表了《找寻无铬高速钢之可能性》《金属蠕变的机构》《合金奥氏体的转变》《金属强度及耐热性—关于K状态的理论》《钨与硅对铁的抗氧化性之影响》《铸造高速钢的结构及性能》等数篇有价值的研究论文。

1958年夏天，在吉林大学[①]举行的全国耐热性物理科学报告会上，与会者肯定了“铁－钨－硅”耐热合金系统这个方向的正确，从此“铁－钨－硅”耐热合金系统开始跳出探索阶段，但是要制造出“铁－钨－硅”的新产品，并且应用到实际中去还是一个艰巨的任务。

莫洛佐夫回国后，学校对金属物理教研室的领导进行了调整：苟清泉兼任教研室主任，宋家树、吴颐任副主任。因苟清泉是磁学教研室主

① 1958年8月10日东北人民大学更名为吉林大学。

任，主要精力放在了磁学教研室的教学与科研工作上。实际上，研究生刚毕业，年仅 26 岁的宋家树便全面主持金属物理教研室的各项工作。当时教研室有余瑞璜、哈宽富、吴颐、宋家树、陈继勤、王佩璇、王煜明等 15 人，大多数都是助教。

金属物理教研室是吉林大学的一面旗帜，在全国都有一定名气，学校有些领导、专家产生了怀疑："金属物理教研室的研究方向是如此艰巨，工作是如此繁重，剩下的又全是后生晚辈，能够坚持下去吗？"[①] 在给莫洛佐夫当翻译的时候，宋家树经常能够接触到匡亚明校长，匡亚明对宋家树的能力是了解的，加上莫洛佐夫的力荐，匡亚明力排众议，让宋家树领导金属物理教研室。

莫洛佐夫对宋家树的指导十分具体，包括论文选题和实验方法。在宋家树做实验时，他常常在后面观看。等专注于实验的宋家树一转身，这才发现导师已站立在自己身后很久了。他还特别关注培养宋家树敢做敢想的独创精神，十分重视宋家树的意见，即使是错误的，他也能耐心地听取，一再教导宋家树要有自己的看法。莫洛佐夫对宋家树的身体也十分关心，在宋家树正紧张地撰写毕业论文的时候，他怕宋家树不注意身体健康，就亲自为他订了一个作息时间表，而且经常和宋家树一起打球锻炼身体。

莫洛佐夫忘我工作的精神以及俭朴的生活态度也给宋家树留下了深刻印象。"为了赶写讲稿或论文，为了准备一个意见往往工作到深夜一两点，而第二天一早，却照常到校工作。又如他每次出差时总是要坐硬席车，他说这样可以为中国的建设节省一些钱。"

研究生毕业

宋家树和王佩璇学习、工作非常紧张，一方面要给莫洛佐夫当翻译，并经常陪他出差，另一方面要做实验写论文。没有翻译任务时，宋家树、王佩璇就整天埋头做实验、埋头读书、埋头写论文。物理系里对他俩也很照顾，

① 一个攀登世界科学高峰的青年集体——记物理系金属教研室的先进事迹。《吉林大学》（校刊），1960 年 4 月 12 日。

专门指派青年教师和实验员协助他们完成部分实验工作。1958 年夏天，宋家树基本上完成了毕业论文——《含钨耐热合金的研究》。

图 4-8 研究生论文答辩（1958 年，邵炳珠提供）

东北人民大学物理系特别是金属物理教研室在莫洛佐夫的指导下，提高了在校内外学术界的影响，在全国都颇有名气，宋家树等人的论文答辩会搞得非常隆重，规模和影响力也很大。首先，请当时国内一流的金属物理学家作为研究生论文答辩评阅人。宋家树的论文评阅人是中国科学院沈阳金属研究所的张沛霖、北京钢铁学院的柯俊、第二机械工业部第六研究所的荣科（候补）。答辩委员会委员由吴式枢、莫洛佐夫、师昌绪、张兴钤、高墀恩、解俊民、钱临照等在金属物理界颇有名气的 17 名专家组成。答辩当天，除了本校数学、物理、化学系老师、学生主动到场观摩，还有长春仪器厂、长春农学院、长春汽车拖拉机学院、哈尔滨军事工程学院、武汉大学、西安交通大学、人民大学、长春机电所、北京钢铁学院等单位的学生慕名而来。“这在当年的东北人民大学可算是头一份，因此名闻全校，备受赞誉和钦羡。无怪乎在‘文化大革命’时期，当我们已离开学校五六年之后，仍被学校的造反派称为‘四大金刚’‘修正主义苗子’等加以批判。多年后，师昌绪先生每见到我们时还会提及此事。”①

东北人民大学物理系对研究生毕业论文的要求是：掌握本门科学，尤其是所研究领域中的基本知识；掌握现代的研究方法，完成有实际意义的研究工作；完成有理论价值的研究工作。这些要求很高，相当于苏联副博士学位论文的要求。宋家树等人的论文水平得到与会专家的高度评价，顺利通过答辩，按当时苏联的学制应授以副博士学位，但莫洛佐夫认为宋家树的毕业论文水平高，应该破格授予博士学位。但中国当时尚未实行学位制，校方无法答应莫洛佐夫的要求。为此，莫洛佐夫专门到北京向教育部反映，要求授予

① 宋家树：自述。1996 年，未刊稿。资料存于采集工程数据库。

宋家树博士学位。教育部也感到很无奈，只好对莫洛佐夫解释说，发给研究生毕业证书就是中国的博士学位证书。因为莫洛佐夫不懂中文，一场小“风波”才得以平息。

图 4-9 送别苏联专家莫洛佐夫（左一为莫洛佐夫，左二为宋家树，1958 年 7 月，邵炳珠提供）

1958 年 7 月 14 日，莫洛佐夫携妻女按计划启程回国，东北人民大学举行了隆重的欢送仪式，并以教育部部长名义对莫洛佐夫颁发感谢状。

在和莫洛佐夫相处的两年里，宋家树一方面向他学习了不少知识，特别是金属学方面的以及与生产实际相关的知识；而另一方面，作为物理专业出身，宋家树在论文研究中总想有些更深入的成果。例如，宋家树在高电阻合金中钻研了“K 状态”的形成、变化规律及其机制，这些都超出莫洛佐夫的估计，并引起他的重视。同时，作为莫洛佐夫的翻译，比起另外两位研究生，宋家树、王佩璇和莫洛佐夫的关系显得更加密切，经常到专家招待所吃饭、游玩，还常常到那里看放映的苏联电影。莫洛佐夫对宋家树也十分器重，除了学位问题，还经常在匡亚明面前夸赞宋家树的组织能力、学术水平，一度还想张罗宋家树研究生毕业后的工作安排问题。

事业爱情双丰收

倾心教学

金属物理教研室的教学任务十分繁重。教研室对 1958 届学生开设了固体理论、X 光金属学、金属物理、金属学、范性形变等专业课，X 光、金相热处理、金属力学、内耗等实验课；对1960届学生开设金属学、固体理论、冶金学及其物理基础、压力加工与范性形变、热处理与固态相变、专题报告等专业课；X光、电子显微镜、金属力学、金相、同位素、金属物理性能、粉末冶金、金属制备与相图、防护与腐蚀等实验课，作为教研室负责人，宋家树要制订教学计划，合理安排教师的教学任务，指导教学方法，组织老师编写教材、讲义等。

毕业文凭

研究生宋家樹係　　人，现年27岁，於一九五六年九月　日入本校　　系　　教研室学习　　专业，在学术导师　　指导下业已修毕全部课程，并於1958年7月14日通过了研究生毕业论文答辩，准予毕业。

此证

东北人民大学

校长匡亚明

一九五[illegible]年四月七日

证书登记号第15号

图4-10　研究生毕业文凭（1959年，宋家树提供）

正当宋家树准备甩开膀子大干一场的时候，学校在“整风反右”基础上掀起了大办工厂、农场、勤俭办学、勤俭生产、勤工俭学和教育大革命的高潮，在培养目标、课程设置、教材建设、教学方法上都提出了一些“左”的不适当的要求和做法。如在教材编制上，要求“多快好省”地编写教材，在破除迷信的口号下，要求学生甚至一、二年级学生也参加编写教材；在教学方法上，有些课程搞四段教学法，有的搞三段教学法，有的搞单科独进，过分夸大课堂讲授中的问题，搞了一些违反教育规律的教学方法，降低了教学质量；动辄停课，劳动时间过多，教学秩序受到严重冲击，如此之类等。明知这些做法不对，又无力改变，宋家树也感到很无奈。“有些做法现在想起来很可笑，学生编讲义，学生还没学呢，就要学生编讲义。实际上还不是教师编，反正就是折腾。”①

1959年1月20日，中央教育工作会议召开，对教育大革命中的错误做法进行了纠正，匡亚明提出新学期的任务，并概括为“三抓、两高潮”。“三抓”是抓教学科研，抓生产劳动，抓生活；“两高潮”是掀起教学高潮

① 宋家树访谈，2015年9月22日，北京。资料存于采集工程数据库。

和生产劳动高潮。宋家树根据学校部署，对教研室工作进行调整。一是重新修订教学计划，恢复正常的教学秩序；二是控制劳动时间，改变过去随意听课，教学服从劳动的不正常局面，把寒暑假、劳动与上课时间比例确定为1∶2∶9；三是重新审编教材，教育大革命时学生突击编写的教材，进行全面修改，由老师编写讲义或大纲；四是改变违背教育规律的教学方法，废除“单科独进”的教学方法，对分段教学法有的废止，有的作了改进。

作为教师，宋家树主要承担了物理系四年级“合金材料与金属强度”的教学任务，以及指导金属物理专业1960届15名学生的毕业论文。宋家树作为主要负责人同另外两名教师、两名学生完成了教材《冶金学及物理基础》《物理金属学》《金属强度》等的编写。

潜心科研

金属物理教研室不仅承担了金属物理专业的教学任务，在科学研究方面，围绕“铁－钨－硅”高温合金系统及耐热性物理研究才刚刚起步，有数十项课题需要深入研究，其中，有十几项是国家及部委的重要课题，另外还有元旦、建国十周年等多项献礼工程。

作为金属物理教研室主任，宋家树的另一个重要任务就是负责组织教研室的科研工作，主要内容之一是要研制出满足需要的各种高温合金材料。整个研究工作分为两个部分：一部分是研究耐热性物理的一般性问题，另一部分是研究铁－钨－硅合金系统。通过对前者的研究能使教研室的科研团队更好地掌握现有耐热物理方面的理论及经验，以便找寻具体的耐热合金。宋家树确定了以难熔金属为基的合金的研究（钨基高温用合金的研究）、铁基合金的研究（原铁－钨－硅系统的发展，着重在于耐热合金的研究）、原子堆结构材料的研究为方向。同时安排金属物理教研室绝大部分成员围绕这一方向进行分工合作，还与苏联莫斯科固体物理教研室、托木斯克大学以及国内其他单位（如科学院机械研究所等）取得密切联系和协作。

“铁－钨－硅”高温合金系统以前没有人做过、文献中找不到相关资料，在这种情况下，开展科学研究会遇到许多难以想象的困难。没有设备就用自己的双手设计和制造了蠕变机、弛豫机等一系列研究高温合金的土设备，还建立了放射性同位素、耐热强度、物理方法等五个实验室。教研室当时只有十四个青年教师，人手不足，宋家树根据学校党委的指示，调动 15 名毕业生参加“铁 – 钨 – 硅”的战斗，既解决了人手不足的问题，又解决了学生毕业论文的题目问题。针对青年教师水平不高、经验不足的情况，宋家树组织成立了有教师、教辅人员、学生参加的“三结合”的讨论班，讨论科学研究、生产劳动中的关键问题和自己的研究成果，取长补短，共同提高。

金属物理教研室打破公认的铁作为基体比镍、钴差，以及高温合金一定要有奥氏体结构的看法，进行了大量的研究，解决了很多高温技术难关。在研究“铁 – 钨 – 硅系统”铁角时，为了提高耐热性，在铁中加入钨以提高铁素体的原子键强度，加入硅提高其化学稳定性，形成无相变的铁素体钢。还对铁 – 钨 – 硅合金原子键强度、合金的组织变化及时效硬化动力过程、合金的物理性质、合金的耐热强度、合金氧化性能、防护层作用等进行了研究。

1959 年以后，宋家树带领金属物理教研室的师生又开展了金属陶瓷以及稀土元素等方面的研究。就这样，在不到两年时间里，金属物理教研室先后在《物理学报》和《吉林大学自然科学学报》等杂志上发表了四十几篇论文，他们结合新合金材料的研究，开辟了耐热性物理与强度物理理论的新方向；提出了蠕变机构以及原子电子统一的观点解决金属强度途径；在摩擦磨损方面，提出了磨损试验的新方法，发现了电流磨损现象，开辟了摩擦磨损物理新方向；其他还在平衡图与结构分析、范性形变与 X– 光分析、高速钢、金属强度的基本问题等方面进行了研究。

金属物理教研室的科研成就，不论是数量和质量都超过了前几年的总和。结合着几次献礼项目，制造出“铁 – 钨 – 硅”耐热钢、不锈钢、高速钢等十几种新产品，如 1959 年元旦献礼重大科学研究项目“铁 – 钨 – 硅合金的工业应用”“稀有元素在合金中的应用”；建国十周年献礼的科研项目，金属物理教研室承担了七项：钨基高温合金、燃气轮机用的耐热合金、抗氧化合金、新型不锈钢、新型高速钢、无缺陷的超高强度合金、超重巨型汽车用耐热钢。

由于金属物理教研室这个青年集体在高温合金方面的卓越贡献，被树为吉林省的一面红旗，其产品还送到北京“教育与生产劳动相结合展览会”的综合馆展出。国家对金属物理教研室所取得的成就给以很高的评价，在科学院主编的《十年来的中国科学——物理学》一书中曾提道：“吉林大学金属物理教研室研究了 Fe-W-Si 合金系统作为耐热材料的可能性，他们集中力量分别在这个系统的相平衡图、耐热强度、氧化及防护，合金元素的扩散、蠕变以及耐磨性等方面展开了深入的研究。这种集中力量分头工作来解决一个问题的方法是很好的。”①

1959 年在北京召开的“全国固体物理学术会议”上，金属物理教研室代表在会上报告的论文，占金属组的五分之一，受到各地代表一致的赞扬。全国各地来访者络绎不绝，教研室应接不暇，特地成立了“参观接待组”负责接待事宜。

其间，宋家树主笔完成了《研究耐热合金的一个新方向》②《稀土元素对铁的组织性能的影响》《用 W — 185 研究粉末的混合过程》《稀土元素在金属合金中的作用》等多篇论文；指导毕业生完成了《金属合金的扩散及自扩散》《合金电子缺陷及物理性能》《合金高温强度》《放射性同位素的应用》等质量颇高的论文。

领导金属物理教研室使得宋家树的组织能力、领导能力、学术水平得到了充分展现，也得到了学校领导甚至国内同行的认可。1959 年 5 月，吉林大学校务委员会全体会议决定，作为助教的宋家树与唐敖庆、王湘浩、吴式枢、苟清泉、高墀恩、黄振邦、高鼎三等教授一起成为校自然科学委员会委员。吉林大学还计划选派宋家树赴莫斯科大学深造金属物理专业，但因父亲曾在国民政府任职，政审不过关而未能成行。

---

① 中国科学院编译出版委员会:《十年来的中国科学——物理学》。北京：科学出版社，1962 年，第 8 页。

② 见《物理学报》1959 年第二期。署名为吉林大学物理系金属物理教研室，实际由宋家树执笔。

1960 年 3 月，吉林大学表彰社会主义建设先进单位和先进工作者。金属物理教研室被评为吉林大学社会主义建设先进单位，宋家树被评为吉林大学社会主义建设先进工作者。宋家树的评选事迹较全面地概况了他在这一阶段的工作：

> 在各项运动中表现一贯积极，对新鲜事物敏感，有共产主义风格，敢想敢干，工作有创造性。担任教研室副主任工作在党的领导下发挥了主动性、创造性，工作开展得快，成绩较大，如在教育革命和大搞科学研究时，创造性地提出了新方法新建议，积极发动群众来完成提出的任务，使教研室的工作很有起色。在工作繁忙的情况下，仍能努力钻研业务，不断提高科学水平，业务提高很快，几年来写出 8 篇学术论文，在技术革命运动中，大搞群众运动，并注意贯彻“三结合”的精神，成绩比较显著。①

收获爱情

宋家树的爱人王佩璇出生于 1934 年，福建厦门人。父母早亡，在祖母的支持下，完成了中学学业，并于 1951 年考入大连工学院化工系，不久转入应用物理系。

图 4-11　宋家树与王佩璇结婚照（1958 年，宋家树提供）

1951 年 9 月，宋家树升入大连工学院

① 1960 年吉林大学社会主义建设先进工作者事迹。存于吉林大学档案馆。

二年级，开学不久，指导老师陈方培安排宋家树给当年入学的一年级新生介绍学习经验和方法。在应用物理系，女生特别少，宋家树所在的班大一期间还有一个女生，后来成了名副其实的“和尚班”。比他低一级的女生也很少，王佩璇班上只有三个女生。当时的王佩璇亭亭玉立，落落大方，梳着两条长长的大辫子，性格开朗，是学校的文艺骨干，成绩亦很优秀，十分引人注目，自然给宋家树留下了深刻印象。但此后，二人各自忙于学习，虽然彼此认识，但没有接触了解的机会。

王佩璇大学四年级的量子力学课由吴式枢主讲，宋家树负责辅导、答疑和习题课。这时的王佩璇是物理系学生会主席，既爱唱歌、演话剧，又办报，在系里很有名，很多男生主动接近她、追求她。

宋家树从第一次看到王佩璇，就打心眼里喜欢上了她。王佩璇回忆说：“有一次，我去向他请教问题，他的语调不由自主地变得非常温柔。还有一次，余瑞璜给我们班上课，讲了一些关于铁磁性问题的最新科学成就，有些内容我没听懂，就去向宋家树请教，因为宋家树毕业论文做的是关于铁磁性方面的。我就到教师宿舍里去找他。他当时跟陈佳洱住在一个屋。后来我看到他在日记中说，我对她有点感觉，其实，那时候我对他还没什么感觉。宋家树的自尊心很强，不轻易表露感情，他不像别的男同学主动接近我，甚至要是我们两人碰了面，打个招呼都羞答答的。”①

1955 年，王佩璇大学毕业留校，宋家树非常希望王佩璇能分配到理论物理教研室，余瑞璜却坚持让王佩璇跟他做实验，宋家树觉得很失望。好在不久后，王佩璇向物理系教师党支部递交了入党申请书，系党总支书记温希凡早就看出宋家树的心思，有意成全这对年轻人，于是决定让宋家树作为王佩璇的入党介绍人。这样，王佩璇与宋家树的接触开始多了起来，对宋家树的才华、人品越来越了解，对宋家树渐生情愫。

王佩璇谈及为什么会选择宋家树时说：“宋家树心胸比较宽，正派、大气、宽容、对人尊重，领导和同事们都喜欢他。我们那时候的女孩子择偶标准，第一印象当然还是外表。但是，没有坏印象的男同学多得很，不讨

① 王佩璇访谈，2015 年 9 月 21 日，北京。资料存于采集工程数据库。

厌的男孩子也多得很。那我为什么选了他呢？第一，我是个比较要强，学习好的女孩子，一定不会找一个学习上我看不起的同学，这个我不明说，但心里是有这个标准的，一定要有才，而且才要高过我。第二，就是为人，他这个人这点也很好。当时党支部对我的意见比较大的就是个人英雄主义，爱面子，有些事丢了面子以后就过不去。有些党员，一来就对我进行批评、扣帽子，上纲上线，跟这样的党员接触不太舒服。宋家树不一样，他不批评我，也不把他的意见强加给我，而是引导我、开导我，按我的个性往好的方向引导，让我严格要求自己，不要在乎别人怎么看、怎么说，这点对我影响很大，觉得跟他可以像朋友一样谈。”①

后来在俄语学习班的时候，宋家树与王佩璇朝夕相处，为了练习俄语口语，课余时间两人就在一起用俄语交流，彼此的感情拉得更近了。学习班结束的时候，两人确定了恋爱关系。

图 4–12　宋家树一家四口合影（左起：宋晓晖、宋家树、王佩璇、宋一桥，1980 年，北京。宋家树提供）

在做研究生的时候，匡亚明、莫洛佐夫都看出了两人的关系，但大家都不挑明，莫洛佐夫不希望两人因为谈恋爱或者早早结了婚，影响到学习。“每次吃饭，他（莫洛佐夫）就叫我坐桌角，俄国人的风俗是坐桌角的人结婚晚，意思就是不希望我过早结婚而影响学习。”② 但莫洛佐夫对两人的关系也不反对，偶尔拿两人开玩笑。“有一次宋家树给我写信说，他陪莫洛佐夫到北京出差，在逛礼品店的时候，莫洛佐夫说给你未婚妻买个什么礼物，他回答说没有未婚妻。我就笑，对他（莫洛佐夫）也不坦白。”③

---

① 王佩璇访谈，2015 年 9 月 21 日，北京。资料存于采集工程数据库。

② 同①。

③ 同①。

由于学习、工作非常忙，宋家树与王佩璇虽然经常在一起，但谈情说爱的时间很少。在三年多的相处中，两人志趣相投、彼此理解、相互支持，从相识到相知，由暗生情愫到相互爱慕，进而擦出爱的火花，用两人的话说“一切都是水到渠成”。

1958 年 10 月 1 日，宋家树与王佩璇在吉林大学教工宿舍举行了简朴的婚礼。

张乾二院士曾感慨地说:“科学家必须热爱他的工作。如果一个科学家不为探求真理，只为求名求利，在科学方面就不会有什么成就。所以真正的大科学家首先必须是一个纯粹的人，纯粹为科研兴趣，或纯粹为国家需要。做到前面一种并不难，因为课题可以主动选择；做到后面一种比较难，因为方向不由本人决定。”

宋家树是后面一种。正当他收获事业和爱情，前途一片光明的时候，出于国家的需要，1960 年 3 月，一纸调令，28 岁的宋家树改行了，他放弃在吉林大学的研究成果和方向，投身一个全新的领域。

第五章
初涉核武

1960 年至 1964 年，宋家树在北京第九研究所带领一支年轻的科研团队，参与我国第一颗原子弹核心部件的技术攻关。他们从基本的原理入手，采用最原始的方法，确定了核材料部件成型的工艺路线，取得了大量的工艺数据，为核心部件的制造奠定了坚实的科学基础。

急 调 入 京

国家决策

核工业的创建与发展是新中国成立以来最大和最有影响的成就之一。

二十世纪五十年代初，中国经济基础极其薄弱，研究、技术、生产条件十分落后，面对旧中国遗留下来的烂摊子，百废待兴。

核工业不同于一般工业，是融科研、设计、制造、建设、生产为一体的高科技工业体系，是从资源、原材料、转化加工到最终制成核武器，各个环节紧密相扣的产业链。核武器包括原子弹、氢弹，是当代高新技术的集成。铀资源、核材料、专业人才是发展核工业和研制核武器的先决条件和技术物质基础。在当时中国科学技术和工业基础都还十分薄弱的条件下，要在10年时间内搞出原子弹、氢弹，可谓困难如山。尽管如此，毛泽东、周恩来等老一辈无产阶级革命家高瞻远瞩，审时度势，把握时代的制高点，毅然做出了发展核工业的战略决策。

在苏联的帮助下，中国的核武器研制工作在和平利用原子能的帷幕下逐步展开了。

1955年1月17日苏联政府发表声明说，为在促进和平利用原子能方面给予其他国家以科学技术和工业上的帮助，苏联将向中国和几个东欧国家提供广泛的帮助，其中包括进行实验性反应堆和加速器的设计，供给相关设备及必要数量的可分裂物质。① 此后两年，苏联的核援助进一步扩大。

为了加强对原子能事业的领导，1955年7月，中共中央指定陈云、聂荣臻和薄一波组成三人小组，负责指导原子能事业发展的工作。随着原子能事业的发展，1956年7月28日，周恩来向毛泽东、党中央报告，建议成立原子能事业部。同年11月16日，第一届全国人民代表大会常务委员会第五十一次会议通过决议，设立中华人民共和国第三机械工业部（下称三机部）。1958年1月8日，三机部党组决定设立第九局，具体组织领导我国核工业的建设和发展工作，李觉任局长，吴际霖、郭英会任副局长。同年2月11日，第一届全国人民代表大会第五次会议决定将三机部改为二机部，九局也相应调整为二机部管辖。

尽管和平利用原子能可以成为研制核武器的技术基础，但要实现这一步跨越绝非易事。这不仅需要各种特殊的设施、设备和仪器，更需要掌握从铀分离、铀提纯到核爆炸的一系列专业技术和工艺。美国和苏联跨越这一步用了5—7年，以中国当时的工业基础和工艺技术水平，以及当时西方对中国进行经济技术封锁的冷战环境，要在同等时间里试制出原子弹，唯一可争取的就是从苏联引进技术。

① 苏联的声明见《新华月报》1955年2月28日，第53页。中国对此的热烈反应见《人民日报》1955年1月28日、2月1日。

1957年6月，苏共中央党内斗争激化，赫鲁晓夫为了换取中国共产党的支持，放宽了在核援助方面对中国的限制，苏联帮助中国研制核武器方针出现突破性转变。10月15日，中苏正式签署了《关于生产新式武器和军事技术装备以及在中国建立综合性原子能工业的协定》（简称《国防新技术协定》）。根据协议，苏联将帮助中国发展原子能工业以及相关配套工业。

在1957年年底和整个1958年，苏联对中国原子弹研制方面的援助还是正常和顺利的。1958年5月31日，中共中央书记处总书记邓小平批准二机部上报的“五厂三矿”选点方案，随后，以此为骨干的核工业30个项目全面开工。这样，核材料生产和核武器研制基地及配套工程逐渐开工建设。6月，苏联援助的实验性重水反应堆和回旋加速器建造成功，从而显著改善了中国核物理研究的技术装备和条件。同时，在建造过程中培养的人才，以及在使用过程中获得的数据和经验，不仅为中国进一步和平利用原子能事业提供了前提，也间接地为中国的核武器研制和发展奠定了基础。得到消息后，毛泽东在6月21日中央军委扩大会议上充满信心地指出：“原子弹就是这么大的东西，没有那东西，有人就说你不算数。那么好吧，我们就搞一点吧。搞一点原子弹、氢弹、洲际导弹，我看有十年功夫完全可能。”①

在此基础上，中国开始了“消化资料、研究设计和试制工作”②。1958年8月，二机部党组在呈送中共中央的《关于发展原子能事业的方针和规划的意见》中明确提出了“军事利用为主，和平利用为辅”的方针，并得到周恩来和中共中央的首肯。③

在原子弹研制方面，苏联不仅提供设备、图纸和技术资料，而且派遣大批专家来到中国。从工厂的选址、设计，到设备安装、调试，特别是在帮助中国技术人员理解文献和资料，培训中国技术工人掌握操作技能等方面，苏联专家都发挥了重要作用。原二机部副部长袁成隆回忆说：“当年，

---

① 王菁珩：中国核武器基地揭秘。《炎黄春秋》，2010年第1期，第24页。

② 聂荣臻：《聂荣臻回忆录》。北京：解放军出版社，1986年，第813-814页。

③ 杨连堂：周恩来与中国核工业。《中共党史研究》，1998年第1期，第6页。

在我国决心发展核工业，研制生产原子弹的初期，苏联对我们是支持的，先后派到二机部工作的苏联专家有上千名之多。”[①] 就原子弹的制作程序而言，共有 6 类厂（场），在苏联专家的帮助下，这些企业或基地于 1957 年底陆续进入设计（苏联专家负责初步设计和主工艺设计，中方负责施工和辅助设计）和施工阶段，标志着中国核武器研制工作全面铺开。同年 9 月，苏联援建的 7000 千瓦重水反应堆和直径 1.2 米的回旋加速器移交中国，标志着中国正在“向原子能时代跃进”。

正当中国核武器研制工作全面推进之时，中苏领导人在“长波电台”“联合舰队问题”“炮轰金门”等问题上产生分歧，促使苏联领导人决定延缓以致最后停止向中国进一步提供有关核武器的技术和设备，特别是原子弹的样品。尽管原子弹技术已经不是秘密，但赫鲁晓夫认为中国人自己研制还需要很长时间，苏联是否继续提供援助，要看中苏关系的变化，如果情况没有好转，“那他们掌握原子能技术还是越晚越好”。[②] 按照赫鲁晓夫的意图，苏方以种种借口拖延根据《国防新技术协定》应向中国提供的原子弹教学模型和图纸资料。

正当中国组织好代表团，准备就上述问题启程赴苏进行谈判时，1959 年 6 月 20 日，苏共中央致信[③] 中共中央，提出“为不影响苏、美、英首脑关于禁止核武器试验条约日内瓦会议的谈判，缓和国际紧张局势，暂缓向中国提供核武器样品和技术资料”，因为“西方国家获悉苏联将核武器的样品和设计的技术资料交给中国”“有可能严重地破坏社会主义国家为争取和平和缓和国际紧张局势所做的努力”，待两年后，“彻底澄清西方国家对于禁止试验核武器问题以及缓和国际紧张局势的态度”后，再决定这一问题。苏联认为，这样做不会影响中国的研制进展，因为“中国生产出裂变物质至少还要两年，到时才需要核武器的技术资料。”

1960 年，苏共领导把中苏两党关系的恶化，扩大到国家关系上。7 月

① 袁成隆：忆中国原子弹的初制。《炎黄春秋》，2002 年第 1 期，第 25 页。

② 谢·赫鲁晓夫:《导弹与危机——儿子眼中的赫鲁晓夫》。郭家申等译，中央编译出版社，2000 年，第 266-268 页。

③ 简称“596”来信。

16日，苏联政府在不与中国协商的情况下，单方面决定撤回全部在华专家。8月23日，在中国核工业系统工作的233名苏联专家，全部撤走回国，并带走了重要的图纸资料，中止了对我国原子能研究所需设备和材料的供应，这给我国刚刚起步的核事业造成了很大的困难。有些项目因中方未掌握设备调试技术而推迟了正式投产的时间，有些项目因设备材料供应不上而影响了整个建设进度，有些项目则因设计尚未完成而不得不从头做起。① 据统计，"在苏联援建的30个工程项目中，苏方只完成16项设计任务，有9项被迫停工。重要设备的供应方面，仅核燃料循环后段工厂和核武器研究中心几个工程，约有776项12828台设备没有供货，其中主要是我国尚不能制造的专用设备、仪器仪表和特殊材料。"②

毛泽东、周恩来等党和国家领导人利用苏联党内斗争的激化，不失时机地一步一步争取和扩大引进苏联技术的范围和内容，这对我国核工业发展能在比较高的起点上起步，并在经验不足的情况下迅速全面展开，无疑是起到了重要作用。并且，我国从一开始就坚持了"自力更生为主，争取外援为辅"的方针，选择了有利于争取时间，代价最小，速度最快的技术路线。在大力争取引进苏联先进技术和建设经验的同时，特别重视建立自己的科研基地和工业体系，独立自主地开展科研工作和培训专业人才，把命运紧紧地掌握在自己的手中。

赫鲁晓夫违反《国防新技术协定》的做法令中国人民感到十分气愤，并且更加激发了中国人独立研制核武器的决心。后来，中国将首枚原子弹研制工作定名为"596"工程，第一颗原子弹又叫"争气弹"，都充分反映了国家领导人和广大科技人员对苏联的"义愤之情"。③

对于苏联的援助，党和国家领导人始终保持清醒的认识。周恩来一开始就代表党中央指示我国科学工作者："既不能无限期地依赖苏联专家，更不能放松对苏联和其他国家先进的科学技术进行最有效的学习。"根据这

---

① 《当代中国》丛书编辑部：《当代中国的核工业》。北京：中国社会科学出版社，1987年，第33–34页。

② 汤兆云：周恩来催生中国第一朵蘑菇云。《世纪》，2004年第4期，第6页。

③ 刘柏罗：《从手榴弹到原子弹——我的军工生涯》。北京：国防工业出版社，1999年，第11页。

一指示，我国在创建原子能事业的初期，就非常注重自力更生，充分发挥我国科技人员的积极性、主动性，培养自己的设计和设备制造能力，自己动手制造有关的精密设备和仪器。

在 1959 年 7 月的庐山会议上，周恩来向宋任穷、刘杰传达了中共中央的决策“自己动手，从头摸起，准备用八年时间搞出原子弹。”① 周恩来还提出了“独立自主、自力更生、立足国内”的方针，要求二机部缩短战线，集中力量解决最急需的问题，并决定调动各地区、各部门的力量支持原子能事业。为此，中央采取四项措施：一是加强核工业的技术力量和领导力量；二是加强核工业所需设备、仪器的生产、试制和配套；三是加强工业卫生和防护医疗；四是将核工业系统的物资运输一律列为军运。二机部提出了“三年突破，五年掌握，八年适当储备”的奋斗目标。②

面对苏联单方面撕毁《国防新技术协定》，中断援助，毛泽东更加坚定了自力更生造原子弹的决心，他非常乐观地说：“要下决心搞尖端技术。赫鲁晓夫不给我们尖端技术，极好。如果给了，这个账是很难还的。”

因此，当苏联毁约停援后，我国核工业建设不但没有停顿或陷于混乱，相反，在经过必要的调整后，我国核工业迅速实现了由苏联援助到全面自力更生的重大转变。

一纸调令

五十年代末，我国核武器研制基地即二二一基地尚在施工建设，不具备开展科研工作的条件。1958 年 7 月 13 日，二机部决定在北京建立核武器研究所，成立了八个研究室、六个科、一个车间，先行开展原子弹的研究、设计工作。为了保密，对外称北京第九研究所，李觉兼任所长，吴际霖和郭英会兼任副所长。其主要任务是接收和消化苏联拟提供的原子弹模

① 宋任穷：春蚕到死丝方尽。见：《我们的周总理》编辑组编，《我们的周总理》。北京：中央文献出版社，1990 年，第 69 页。

② 金冲及主编：《周恩来传（1898–1949）》，北京：人民出版社，1989 年，第 1743–1744 页。

型、图纸和有关技术资料，以及调集、培训技术人员。

按照中苏两国签订的《国防新技术协定》，苏联政府应在 1958 年 11 月向中国提供原子弹教学模型和图纸资料。为了接收苏方的资料，北京第九研究所全体人员全力以赴参加了“抢建工程”的劳动，用了不到 3 个月的时间，就完成了办公楼、教学模型和图纸资料贮存室等建筑的修建。“596”来信后，二机部遵照中央确定的方针，决心依靠我国自己的力量，完成原子弹的研制任务。

1959 年 7 月，朱光亚①由原子能所调北京第九研究所工作，协助钱三强副部长和李觉所长制定规划，筹备设施，组建机构，调集人员。

李觉、吴际霖、郭英会和朱光亚等人，根据我国当时的条件，经过全面考虑，决定改变原来的部署，制订了科学的研究工作计划，明确规定核武器研制工作要完全建立在自己科学研究的基础上，自己研究、自己设计、

图 5–1　与朱光亚合影（2005 年，宋家树提供）

① 1960 年 3 月 30 日，朱光亚被任命为第二机械工业部（以下简称二机部）北京第九研究所副所长。

自己试验、自己装备。1960年春，北京第九研究所的任务改为原子弹科学技术的研究与探索。

为了适应全面自力更生研制原子弹的需要，3月10日，经邓小平批准，二机部从全国选调程开甲、龙文光、宋家树等106名[①]高、中级科技骨干参加原子弹的研制攻关工作。其中，包括从全国十六所高等学校抽调的17名高级教学人员，他们是：北京大学金属物理讲师陈宏毅，北京大学数学讲师周毓麟，北京地质学院物理讲师陈常宜，清华大学自动控制、电子计算机讲师金兰，复旦大学实验物理讲师赖祖武，南京工学院电真空讲师陈俊美，浙江大学理论物理讲师汪永江，天津大学有机化工系主任汪德熙，吉林大学实验金属物理助教宋家树，长春地质学院物探讲师经福谦，哈尔滨工业大学电子计算机助教吴忠明，中山大学理论物理教授彭旭虎，西北大学统计物理讲师徐锡申，西安交通大学理论数学讲师李德元，四川大学物理讲师杨庸。

随后，著名科学家王淦昌、彭桓武和郭永怀先后调任北京第九研究所副所长。他们和先期调来的邓稼先、陈能宽等，形成了我国核武器研制的骨干力量。

吉林大学接到宋家树的选调通知后，校领导不愿意放行，时任校长匡亚明为此专门找到宋家树谈话，希望他能够留下来。但中共吉林大学委员会还是按照程序要求对宋家树调入二机部工作进行政治审查，审查意见的第四项是这样描述的：[②]

> 宋家树在1957年鸣放和反右斗争中表现较好，1959年“大跃进”以来对大炼钢铁教育革命等群众活动能积极参加。但在这次整风运动中谈出对“三大法宝”有一定右倾情绪，特别暴露出一些“党内专家”思想。本人对此已做了初步审查，态度比较诚恳，认识在逐渐提高……因此，经我们审查认为：宋家树同志不符合中央通知中所规定

---

① 实到105名。

② 宋家树人事档案。存于中国工程物理研究院人事教育部。

的政治条件，不宜调往机要部门工作。①

尽管审查认为“不宜调往机要部门工作”，但是，朱光亚对其昔日弟子的科研水平和能力颇为欣赏，在他的力荐下，又以中央组织部的名义调人，吉林大学虽不愿意，但最终不得不同意宋家树调往北京第九研究所工作。

对于这次工作调动的过程，宋家树也是事后才知道事情的原委。

> 1960 年初，学校突然通知我要调到北京二机部，而且要很快去报到。只是说参加重要的研究工作，详细情况一概不知道。我事后知道这中间很复杂，中组部要来调我，学校不太愿意放。大伙交涉，最后还是不行，还是得放。②

虽然还不知道到二机部具体做什么工作，但是宋家树的心情仍然很激动。“当时我才 28 岁，专业改变了，这算不了什么，只要能对国家做贡献就是我们的专业，什么都觉得新鲜，什么都想去干一下。”③

4 月初，宋家树带上简单行李前往北京报到。当时，宋家树的女儿不到 1 岁，爱人王佩璇因产后身体没有休养好，一直生病卧床。但为了国家需要，在爱人的支持下他义无反顾踏上了去北京的征程。

宋家树抵达北京后，二机部干部局专门派人到车站来接他，到部里报到时也没有说太多情况，就安排他住在地安门招待所，条件不是很好，一个房间住十几个人。宋家树与孙维昌等人住在一起，休息了几天后，由部里组织参观北京的名胜古迹。孙维昌回忆说：

> 我记得参观到最后一天时，二机部干部局、九局领导在颐和园鹂

---

① 根据中组部（79）组通字 51 号规定，上述内容作废。

② 宋家树：回忆录片段，2000 年，未刊稿。资料存于采集工程数据库。

③ 宋家树：读“毛主席的旗帜指引着我们攀登国防科技高峰”有感，1977 年 9 月 6 日，未刊稿。存地同上。

鸪馆设宴招待我们这些才调来的科技人员，当时大家心情激动。同桌就餐的有郭英会副局长以及张宏钧、宋家树等同志。1960 年 4 月 12 日晚 9 点多钟，宋任穷部长等领导同志看望了我们。宋部长坐在宿舍的床上和大家亲切交谈，他说，他刚从苏联回来，由于中苏关系比较紧张，我们必须自力更生发展原子能事业。他看到我们住处的条件比较差，亲自给中组部安子文部长打电话联系新的住处。①

图 5-2　北京第九研究所办公楼——“灰楼”（1963 年，宋家树提供）

不久，阔别多年的恩师朱光亚很神秘地向宋家树等人简单交了底，直到这个时候，宋家树才知道自己到北京工作的内容：研制中国的第一颗原子弹。

听到此消息后，大家都很兴奋，同时也感到肩上责任的重大。②那一夜，宋家树辗转难眠，既倍感兴奋、心怀憧憬，又感受到沉沉的使命感和责任感。③

宋家树被分配到北京第九研究所，这里保密工作极其严格，没有挂单位的门牌，门口有军人站岗，不允许人随意进出。宋家树入所后第一件事就是接受保密教育。

保密规定主要有三项：一是对外（包括亲友）不能告诉工作单位的性质和工作内容，不能把单位名称、单位地址和信箱连在一起告诉

① 二二一厂志，1987 年，内部资料。

② 宋家树：求学与工作。见：中国科学院编，《科学的道路（下卷）》。上海：上海教育出版社，2005 年，第 1620-1622 页。

③ 张敏：家国情永隽生命树长青。见《宋家树院士八十华诞文集》编委会编《宋家树院士八十华诞文集》。北京：中国原子能出版社，2012 年，第 15 页。

任何人；二是对内，不该看的、不该知道的、不该讲的事情，要做到不看、不问、不说；三是个人的工作记录本、工作资料要放进保密包，保密包在下班时要送进保密室保管，不得把涉密资料带到工作室以外的地方去。①

第一项保密规定给那些异地谈恋爱的年轻人带来了很大的麻烦，同样也给类似于宋家树这样两地分居的夫妻造成困扰。宋家树与妻子王佩璇唯一的联系方式就是通过一个信箱——北京市 2101 信箱。王佩璇曾回忆：

虽然不知道他去干什么，但觉得是重要的事，他能够到重要单位去还是挺好。……我们两之间有一个小故事。有一次他写信跟我说，他做梦梦见自己在做焊接车间的什么物件。接到信后，我回信说："那你比我做的那个梦好多了，我梦见你做仓库的主任。"②

第二件事就是思想政治理论学习，重点是学习毛主席的著作，包括《矛盾论》《实践论》。北京第九研究所特别重视加强新调来科技人员的思想政治教育，激发大家的爱国主义热情、社会主义觉悟、强烈的事业心和责任感；培养和造就为国争光，为民争气，特别能战斗，特别能吃苦的豪迈气概和优良作风。当时苏联以各种理由拖延原子弹模型和资料的交付时间，中国政府已经预见到苏联会撕毁《国防新技术协定》，并做了一些应对的准备。宋任穷部长到北京第九研究所视察工作，向科研人员传达了这一消息，全体职工无不义愤填膺。他号召科研人员树雄心，立壮志，把这种气愤转化为力量，发奋图强，自力更生，潜心研制我们自己的原子弹。刘杰副部长就工作任务、指导思想和工作方法等一系列问题做了全面部署，要求全体职工在思想上、组织上和行动上迅速适应变化了的情况，抛弃一切依赖思想，以百折不挠的意志去克服困难。中央为北京第九研究所专门发了一个文件，叫《为彻底自力更生而斗争》，突出了"彻底"和

① 樊洪业:《亲历者说"原子弹摇篮"》。长沙：湖南教育出版社，2014 年，第 33 页。

② 王佩璇访谈，2015 年 9 月 23 日，北京。资料存于采集工程数据库。

“斗争”。广大科研人员牢牢地记住了“1959年6月”这个刻骨铭心的日子。他们把“发奋图强”的“奋”改成了“愤怒”的“愤”。有职工还写下了“用牙咬，用手抠，也要造出中国人的争气弹”的决心书。

宋家树在一篇手稿中，描述了当时的心情：

> 1960年7月份，苏联撤走专家，部里正式向我们传达了中央的精神：要抓紧进行，不能放松，决不下马！我们大家都说，我们一定要搞出来。
>
> 赫鲁晓夫说：“有些人要自己搞，我看不仅得不到原子弹，到头来连裤子都穿不上”，有的专家在撤走前说：“我们走了，二十年你们也搞不出来。”听了这些话，我们这些技术干部义愤填膺，每个人都发自内心的宣誓：一定要为中国人民争这口气，从这时起，改变了组织形式，一切工作大踏步地开动起来。
>
> 撤走吧！我们干得更痛快了，反正科学的基本原理你不能垄断。毛主席说：外国有的，我们要有，外国没有的，我们也要有，我们就是依靠基本科学原理加上努力的实验，不相信中国人就做不出自己的来。①

研制原子弹是一个崭新的课题，初期的探索工作大致是按理论设计、爆轰物理、中子物理和放射化学、引爆控制系统、结构设计等几个方面进行，设立了理论部、实验部、设计部、生产准备部，下设13个研究室。

理论部和实验部当时在一起，主任是邓稼先，副主任是陈能宽。陈宏毅②、杨庸③、宋家树三人分在理论部下属的金属物理组，负责核材料研究，这个组是宋家树等人调来后新成立的，只有他们三个人，工作室是只够摆三张桌子的小房间。工作初期，宋家树既参加理论部的学习、讨论，也参

① 宋家树：读“毛主席的旗帜指引着我们攀登国防科技高峰”有感，1977年9月6日，未刊稿。资料存于采集工程数据库。

② 陈宏毅（1925-　），1948年毕业于上海交通大学，先后在上海交通大学、清华大学、北京大学物理系任助教、讲师、金属物理教研室副主任。1960年以后调入北京第九研究所，历任四室主任、二二一厂实验部副主任、厂副总工程师。

③ 原四川大学金属物理教研室副主任。

加实验部的打炮，朱光亚让他先在这里“了解一些情况”。[①]

那时条件很艰苦，但大家热情很高，工作氛围也很好。

> 要做计算，有的用尺子，有的用手摇计算机，那时，一台电动计算机就是高级的工具了。有一次邓稼先在讲一个问题，精力很集中，有一个顽皮的同志把一支粉笔装在它的烟盒里，他一面讲一面拿烟，结果把这支粉笔含在嘴里而不知道，引起哄堂大笑。在讨论问题时，像程开甲这样的老科学家和我们这样的年轻人，往往也争得面红耳赤，因为大家都是“新兵”，王淦昌、邓稼先、彭桓武都是辩论中的参加者。[②]

宋家树也经常参加理论部状态方程组的一些活动，这个组的组长是胡思得，组员有很多是刚毕业的大学生，英文水平不是很好，而很多参考文献都是英文的，因为宋家树精通英文，所以他们就请宋家树帮助他们翻译英文文献，并给大家讲解。胡思得说：“他当时只是给我们讲文献调研的事，但是相处得非常融洽。我们晚上一般要工作到 12 点多，他也跟着我们一块加班，第二天又给我们讲外文文献应该怎么看、怎么翻译、怎么理解。”[③]

这段短暂经历获得的经验使宋家树在以后的工作中受益良多。

> 我当时在理论部待过一段时间，跟邓稼先、胡思得、朱建士都很熟，而且经常参加他们的一些讨论，我大概知道他们在想什么，给我带来的好处是，我搞材料的时候，不是就材料论材料，而是材料跟理论要求结合起来，理论有什么要求，我用什么材料来满足。反过来，材料的性能有要求，我也让搞理论的人知道，不是一个完全单向的。

---

① 宋家树访谈，2015 年 9 月 21 日，北京。资料存于采集工程数据库。

② 宋家树：读“毛主席的旗帜指引着我们攀登国防科技高峰”有感，1977 年 9 月 6 日，未刊稿。存地同上。

③ 胡思得访谈，2015 年 9 月 26 日，北京。存地同上。

搞理论设计的同志，一般对材料工艺上的一些细节并不了解，我要给他讲清楚，你的设计要照顾到材料方面的要求。①

这是一个双向互动的过程，材料研究的科技人员和理论设计的人员之间应该是一种良性的互相反馈的关系。宋家树还举了一个简单的例子：

“一个材料贮存起来非常困难，容易变质，所以理论设计最好不用，不然产品寿命会大幅缩短。他们理论设计的时候，往往认为某材料就是百分之百的纯金属，但是研究材料的都知道，金属里面有大量的杂质，哪些杂质是好的，哪些杂质是不好的，我都给理论设计的人说清楚，你设计的时候要清楚。”这都是宋家树要和理论设计的同志讲明白的，以便未来理论设计少走弯路。

1960 年 6 月，吴学义等 5 名清华大学工程物理系核材料专业的毕业生分配到金属物理组，陈宏毅任组长，杨庸、宋家树任副组长，宋家树把新来的大学生组成攻关小组，经常学习和讨论有关金属铀的精炼、铸造和成型加工等资料。吴学义回忆说：“宋家树详细地给我们讲解，并提出对工艺研究的设想方案。虽然我们在学校学过一些金属铀的理论知识，但在具体实践中，却是第一次见到这种新奇金属。所以我们都认真听讲，仔细记录。因此，这段时间我们从理论设想发展到工艺应用，是一个质的飞跃。”②

担任组长

苏联的核援助从一开始就是有限度的，最主要的是尽量不提供军事应用方面的援助。苏联提供的资料有一个特点：越接近武器设计的资料就越少。苏联专家讲授的内容也是有严格规定的，必须围绕苏联 1951 年试验成功的那颗原子弹的制造过程讲述自己负责的内容，“苏联领导人不允许把比这更先进的设计方案告诉中国人”。

---

① 宋家树访谈，2015 年 9 月 21 日，北京。资料存于采集工程数据库。

② 吴学义：记忆中的宋家树院士。见：《宋家树院士八十华诞文集》编委会编，《宋家树院士八十华诞文集》。北京：中国原子能出版社，2012 年，第 78 页。

在原子弹的研究与探索过程中，核材料生产在二机部其他单位也有一定的基础，唯独核武器部件的研究尚未开始。因为苏联未履约提供原子弹模型及其相关技术资料，北京第九研究所包括搞理论设计的科研人员都不知道原子弹是什么样子，不知道原子弹由哪些部件构成，不知道原子弹对材料有哪些要求。苏联提供的资料主要是为基建施工用的，在核武器研制基地的规划中也没有核部件的研制、研究部门，而只有一个102子项。大家经过分析、讨论，认为这种状况正好说明核部件研制的重要性，而且102子项（青海二二一厂102车间）就是研制、加工、装配核部件的核心车间。

为了集中力量突破原子弹技术的若干重要环节，1960年10月，北京第九研究所决定将原4个部13个研究室改编为：理论物理、爆轰物理、中子物理和放射化学、金属物理、自动控制和弹体弹道6个研究室，简称一室、二室、三室、四室、五室、六室，按照六大系统配备技术力量开展研究工作。

新的机构组建完毕，宋家树的工作面临两个选择。大学期间，宋家树学的是理论物理，读研究生期间学的是金属物理，从事过高温合金材料的研究。从专业角度出发，宋家树既可以到一室，主要从事原子弹理论物理研究，也可以到四室，从事第一颗原子弹从中心到惰层各部件制造工艺的研究，为二二一厂102车间做组织上、科学技术上、工程装备上的准备，更重要的是在攻关中培养技术骨干与工人骨干。

朱光亚意识到核材料的重要性，他综合分析后对宋家树说，搞理论物理研究的人比较多，尤其是有很强的专家。“当时我隐隐约约感觉到，他有点想让我搞材料。所以我说没事，两个都可以。因为我对材料也有兴趣。”①

宋家树选择到四室工作，虽说与原来所学专业有所不同，但多年以后宋家树在回忆这次转行时说道：“转行是丢掉了很多东西，但是在某种意义上，它也提供了一些新的可能”②。

朱光亚把陈宏毅、何文钊、杨庸、宋家树等人组成四室，室主任是陈宏毅，副主任是何文钊、杨庸。四室一成立就有六七十人，成员包括刘成

① 宋家树访谈，2015年9月21日，北京。资料存于采集工程数据库。

② 宋家树访谈，2015年9月21日，北京。存地同上。

发、杨福先、马德顺、朱日彰、秦有钧、庞仲清等原102车间筹备工作组人员，更多的是从全国高校选拔出来刚毕业的优秀大学生。朱光亚告诉大家一定要把现有的资料认真搞清楚，并交代了未来的任务，使四室的工作有了明确的方向。

根据工作分工，四室组建了五个专业组①。一组主要负责铀冶金，组长宋家树；二组是分析组，组长苏桂余；三组是压力加工组，组长程敏；四组是物理检验组，组长朱日彰；五组是机械加工组，组长刘成发。

一组成立的时候只有六个人，除宋家树外，还有刚从清华大学毕业的孔祥顺、郭信章、王明室、董凤年，以及北京钢铁学院毕业的许纪忠。

攻关核部件

接受任务

苏联毁约停援后，我国核工业系统大批在建的“半拉子”工程如何继续完成？ 许多不完整、不齐全的设备仪器如何配套补齐？已经安装起来的机器怎么调试启动？还有许多工程设计没有完成，或者已经做了，但文件资料不全，技术存疑，图纸差错，这些又怎么做全、查清、纠正？在这样的情况下，我国第一颗原子弹怎么研制？既定的战略目标又如何实现？

制造原子弹的关键材料——铀是一种天然存在的放射性元素。在天然铀矿中，铀-234、铀-235、铀-238三种同位素同时存在，其中主要成分为铀-238，丰度为99.284%，铀-235的丰度为0.712%，铀-234的丰度为0.0054%。铀为易裂变核素，吸收外来中子后发生核裂变，链式反应后生成新的元素并能释放出能量。1kg铀完全裂变所释放的能量，相当于2500吨标准煤产生的热量。用铀做原子弹装料的，称为铀弹。

① 1963年成立六组、七组，六组负责剂量防护，组长刁会昌；七组为4号部件组，组长朱世铨。

原子弹爆炸的原理是在爆炸前，将核原料（铀或钚 −239）装在弹体内分成几小块，每块质量都小于临界质量。这里的所谓临界质量是指裂变物质能实行自持链式反应所需的裂变物质的最少质量。爆炸时，控制机构首先引爆普通烈性炸药，产生高温高压，使二块或几小块铀（或钚）燃料迅速聚合而超过临界质量，形成不可控制的裂变链式反应，产生巨大的能量，从而引起猛烈爆炸，以其强大的光辐射和冲击波，杀伤人员，破坏房屋结构和各种军事设施。

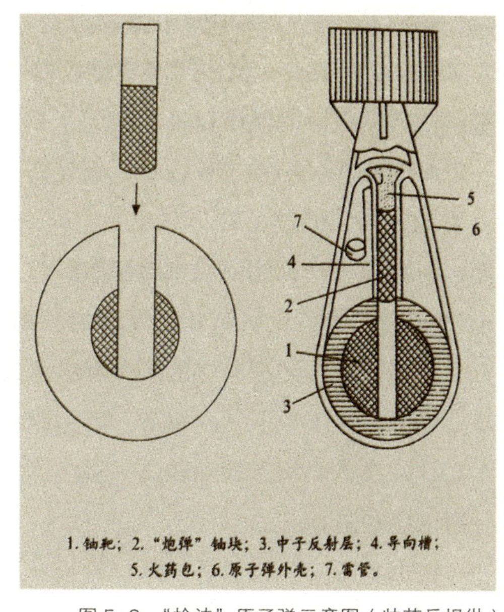

图 5-3 “枪法”原子弹示意图（帅茂兵提供）

用作原子弹的核材料，既可以是铀 −235（浓缩铀），也可以是钚 −239。根据起爆装置的不同，原子弹可以分成两种类型：一种是“枪法”，又称“压拢型”；另一种是“内爆法”，又称“压紧型”。“枪法”原子弹，结构比较简单，技术容易掌握；缺点是爆炸效率低，使用核材料多，而且不能用钚 −239。“内爆法”原子弹，技术先进，爆炸效率高，消耗核材料少，铀和钚都可以用，而且可在它的基础上研制出威力更大的氢弹。但是，结构比较复杂，技术难度大。

二机部党组认真分析形势，研究对策，认为要从战略全局上突出重点，必须明确两个急需解决的关键问题，才能把全局带动起来。

第一是如何尽快把浓缩铀生产出来。天然铀中，铀 −235 的丰度极低，要符合原子弹的要求，必须进行浓缩，浓缩铀的工艺非常烦琐、复杂，需要经历探矿、开采、化学转化、同位素分离与提纯等多种工艺工序。在苏联的帮助下，当时二机部下属的相关单位已开展相关工作，并有一定基础。

第二是如何尽快把原子弹的理论设计搞出来。按照《国防新技术协定》，苏联曾派来 3 名核武器专家，在二机部高层领导和技术专家的极小范围内，从教学的角度讲过一次原子弹的原理和大体结构。但这毕竟只是一种教学概念，不是工程设计，而且有的数据不准确。科技人员用了两年左右的时间，经过反复计算才完全弄清楚。特别是苏联专家讲的是钚弹，而当时我国生产钚的反应堆还没有建起来，没有钚材料。我国的原子弹理论设计怎么搞？北京第九研究所的科研人员经过深入地分析、比较和研究，从当时我国还没有钚的国情和技术发展方向考虑，决定既不采取“枪法”铀弹，也不采取“内爆法”钚弹路线，而是采取了“内爆法”铀弹方案。这一技术决策，起点较高并适应国情，使我国第一颗原子弹的理论设计得以顺利进行。

根据我国第一颗原子弹的结构设计，浓缩铀部件是最关键的部件，需要从理论上计算出裂变物质——铀实现核爆炸的“临界质量”，也就是实现链式裂变反应所需的最小质量。这是因为原子核很小，中子通过原子时有可能击中原子核而发生裂变，也有可能被某些原子吸收或者逃逸到空中，所以只有铀达到一定的质量——临界质量，新一代引起核裂变的中子比老一代中子还多，链式裂变反应才能持续进行并引发原子弹爆炸。临界质量的大小与铀的密度、纯度、形状、结构等多种因素有关。那么，我国第一颗原子弹需要的浓缩铀部件，它的密度是多少、纯度是多少、形状如何、怎样加工……宋家树带领的铀冶金组主要解决浓缩铀部件的精炼、铸造成型、加工等工艺问题，其重要性不言而喻。这对包括宋家树在内的所有组员来说都是一个陌生的领域，而且具体的研制工作还不明确。

彼时宋家树年仅 28 岁，在组内是年龄最大的年轻人，但要带领一支更年轻的科研团队，承担我国第一颗原子弹最核心部件的研制，这项研究工作对他们来说极具挑战性。

艰难起步

宋家树带队攻关浓缩铀部件时，正值我国国内形势极为严峻。“大跃进”的重大失误和严重的自然灾害，使农业生产遭受到极大破坏，国民经济进入严重困难时期，加上偿还苏联贷款，更是雪上加霜。

原子弹研究是大规模的科学技术研究，要有成千上万人的协作，组织是十分庞大的。在国家困难时期，关于我国原子弹研究项目是“上马”还是“下马”的争论越来越激烈，甚至在中央高层意见也不统一。

1961 年夏天，国防工业委员会工作会议在北戴河召开，“全国人民的吃饭都成了问题，原子弹是不是要搞下去”引起了不小的争议。反对者的意见是暂时下马，等国家经济好转后再上，这在当时为多数人所赞同。但反对停止原子弹研制的人认为应该从国家安全战略上看问题，值得为之多投入，否则只会使已经建立的基础废弃，队伍一旦解散就得从头再来。争议相当激烈，周恩来以及聂荣臻、陈毅、彭德怀、林彪、叶剑英等老帅的态度非常坚决，表示要搞下去。他们认为只有尽快拥有原子弹，才能早日确立我国在国际上的大国地位，中国说话才能有分量，也才能从根本上冲破以美国为首的西方国家对中国实行的封锁制裁及核威慑。1961 年 8 月 28 日，陈毅副总理在张爱萍、刘杰陪同下视察北京第九研究所，勉励大家说：“你们搞出原子弹，我这个外交部部长的腰板就硬了。”

原子弹研究项目“上马”派与“下马”派争论不休，谁也说服不了谁。于是，刘少奇提议国防科委派人去相关单位、学校、企业调研，了解我国原子弹研究项目遇到的困难和研制进度，再来决定“上马”还是“下马”的问题。1961 年 10 月 9 日至 11 月 2 日，张爱萍受聂荣臻委托，与刘西尧、刘杰一起深入一线，进行了近两个月的调研考察，向中央提交了《关于原子能工业建设的基本情况和急待解决的几个问题》的调查报告，报告明确提出，只要进一步加强组织协调，集中全国有关部门协同攻关，预计能够在 1964 年成功实现原子弹爆炸。正是这个报告，统一了思想，平息了争论，进一步坚定了中央研制原子弹的决心。

在宋任穷部长的亲自协调下，宋家树等人从地安门招待所搬到位于万寿路的中组部招待所，那里的居住、生活条件好多了。宋家树先后与张宏钧、吴中鸣住过两人一间的宿舍。在食品供应方面，国家也尽可能对他们这批科研人员给予最大的照顾，经常有肉吃，尽管对于十人一桌的午餐来说，肉的数量太少了一些，但从1960年冬天开始，食品供应也和北京市民一样，每月28斤定量。由于油水少，对于像宋家树这样年轻的科研人员来说还是稍显不够。

宋家树回忆说："记得有一天晚上，由于晚饭在所里没吃饱，我和张宏钧加班回去得比较晚，肚子实在是饿了，就想到街上去吃碗面条，找了很久，都没找到有卖的，结果只有在快到家时才找到一个小店，还有一点豆腐、酱油和有点面味的片汤，也就很满意了。"① 在困难时期，北京第九研究所的"半数工作人员因营养不良而出现浮肿"。②

尽管如此，只要有任务、有活干，生活上的困难对于宋家树他们而言均等闲视之。正如李觉后来回忆说："那个时候我国的科技专家也好，工程技术人员也好，谁都没研究过原子弹，一切从头做起，那是很艰苦的、很困难的。这就确确实实反映了一种革命精神，为了国家、为了人民的利益，没有什么条件可讲。只要是党交给的任务，就认为这是党的信任和嘱托，再苦也要克服困难完成。"③

宋家树在大学虽然从事的是金属物理研究，但从未接触过铀，以前的研究经验很多都用不上，他得重头学起。首先，他要详尽地了解铀的物理特性，重点是结构及其变化的机理。其次，他要弄清楚理论设计原理，弄清楚浓缩铀部件在整个体系中要达到的要求和所应发挥的作用。最后，还要从理论要求出发，设计出能够制成合格产品的生产工艺。如果加工达不到设计要求，是改设计方案，还是提高加工工艺？如果必须提高加工工艺水平，又要从哪几个方面去考虑解决难题的方案？千头万绪的问题纠结在一起，摆在宋家树的面前。核材料天生就有一副坏脾气，不愿受到任何束缚，就算是在外形上受到控制，也还会发出看不见的射线，破坏人的健康机体。在对于核材料的性质不够了解的情况下，寻求出一整套核材料成型、加工工艺谈何容易。要做好这项工作，除了要尊重科学，还要具有大

---

① 宋家树：读"毛主席的旗帜指引着我们攀登国防科技高峰"有感，1977年9月6日，未刊稿。资料存于采集工程数据库。

② 孙清和：在最初研究原子弹的日子里。《文史精华》，1998年第7期，第52页。

③ 李觉：制度优势大力协同——原子弹决策和研制的宝贵经验。《中共党史研究》，2012年第3期，第63页。

无畏的牺牲精神。

在关系国家安危的科研任务面前，困难无法阻挡创业者前进的脚步！这支年轻的队伍在宋家树的带领下，本着敢于牺牲的精神，以饱满的热情集体攻关。

作为组长，宋家树借鉴其他材料性质的研究办法，从最基础的事情做起——学习调研资料。

> 我们去的时候条件艰苦，办公室就这么几本书。但是宋总[①]学东西比较快，接受能力比较强。虽然他比我们只早去几个月，但是好多东西我们去了以后，他心里已经有谱了，只是没有经过实践。我们刚毕业的大学生去了都是小萝卜头。但是宋总告诉我们，你们在这个新的领域，一开始可能是没有接触过，那咱们就从头来，从头开始。也没什么害怕的，外国人能搞，我们也能搞。只不过外国可能比我们先走一步，中国人也不笨，也会搞出来的。在宋总的指导下我们就开始做调研，难度也比较大，当时国内没有这方面的资料，国外当时只有美国原子能机构有点报道，看起来也比较困难。因为我们在学校里学的是俄文，可资料都是英文，怎么办？宋总就叫我们多看，宋总也是多看，基本的语法还是知道的。我们就根据宋总这个思路开始摸索，原子部分的内容有很多，开始就像大海捞针一样去捞。宋总一旦有了一个思维方法，就先告诉我们是怎么回事，让我们去办，自己去摸索，摸索了以后过一段时间他再把他的想法毫无保留地告诉我们，这个过程对我们的能力提高很快。一开始我不知道拿什么资料，瞎找。他一指点我们就比较清楚了。针对资料调研，他告诉我们，一般你先翻翻看一看，大概了解怎么回事，然后进一步把你想要的东西摘录下来，摘录下来以后，还得去琢磨。因为资料上讲的有时候是对的，有时候是不对的，得靠自己去鉴别，第一年基本上都是调研学习资料。[②]

---

① 指宋家树。

② 许纪忠访谈，2015 年 11 月 22 日，上海。资料存于采集工程数据库。

宋家树利用自己精通俄语、英语的优势，进行了广泛的调研，查找、搜集、整理、翻译国内外有关铀及其他材料的资料，先后形成了10多本共计1000余页调研笔记，笔记中记录了最基础的冶金理论、真空冶金过程、铀的真空熔化以及金属中去除杂质元素等方面的资料，记录了冶金学、核物理学、同位素物理学等方面英文、俄文、中文文献的学习笔记，并进行了比较分析。他还与四室的学术秘书郭善正[①]一起把美国考夫曼、福特所著的《核燃料冶金学》翻译整理成中文供大家学习，1965年5月，该书的中文版由中国工业出版社出版，出于保密需要，宋家树化名宋垣。

在学习调研过程中，宋家树非常关心年轻科技人员的成长。1961年分配到一组的郑坎均说："我在学校所学专业是稀有金属冶炼，九局（所）四室一组有金属铀的真空精炼专题，却分配我到坩埚研制专题。我接受了这种分配，但对能否胜任属于粉末冶金——陶瓷专业范畴的工作，心里却没有底。宋家树同志似乎看出了我的心思，与我谈心，介绍了坩埚研制的情况，把许多资料和有关书籍给我学习、参考。在他的关心和指导下，我学习了粉末冶金、陶瓷专业方面的基础知识，扩大了知识面，为完成坩埚研制任务和热核材料成型工艺研究打下了基础。"[②]

宋家树充分发扬学术民主，与组内科研人员深入讨论，广泛听取各方面意见，努力营造以能者为师，相互取长补短的良好学习、工作氛围。

据曾经在四室二组工作，后来分配在一组工作过的权忠舆[③]回忆说：

> 在一组首先感觉到的变化是一组的称谓与二组很不相同：二组对组长们要称作"苏工程师"等，其他同志则连名带姓地称呼。可是一组无论什么职务、职称，一律叫"老宋""老杜"（其实他们也都才在三十岁上下）等。我们几个刚来的小年轻轮不上称"老"，可直呼其名。从称呼可以看到一组独有的平等融洽的氛围，这位宋组长为人品

① 郭善正（1930－ ），江苏省工程技术翻译院高级工程师。

② 郑坎均：与宋家树院士一起工作的日子。见《宋家树院士八十华诞文集》编委会编《宋家树院士八十华诞文集》。北京：中国原子能出版社，2012年，第78页。

③ 权忠舆，原二机部九所四室、二二一厂102车间技术员，后调至石油部中国石油天然气管道研究院任副院长、总工程师。

性可见端倪。[①]

小组成员的精神面貌也非常好，无论学习还是工作都铆足了劲，都是以“自力更生，发奋图强”来要求自己。工作时间也相当长，一般从早上8点一直到晚上12点，几乎没有节假日，即使有，大家也会主动放弃休假要求加班。大家每天晚上12点以前基本都在办公室里，有看书的，有讨论的，有学习的，制订方案的制订方案。三年困难时期，李觉局长和所领导担心大家长时间加班，把身体累垮了，晚上到十点就催着大家下班。但有的人仍然坚持学习，最后采取一个办法——收保密包，因为那时候保密很严格，每人都有保密包，所有的纸张、资料、保密本都装在保密包里，每天下班必须交保密包。保密包收走后，什么资料都没有了，只好回宿舍休息。

这种好风气跟宋家树的引领带动有很大的关系。许纪忠说：“宋总一般都学习到很晚，他学习的时候有个特点非常好，那就是边看书边记笔记，还写评语，提出自己的想法，偶尔也跟我们讨论，这点现在想想是对的，因为书本上的东西不一定对。”[②]

在宋家树的带领和帮助下，攻关团队成员从铀的物理、化学性能的基本知识学起，对铀的基本特性和相关工艺性都有所了解，这些工作为后期开展铀的冶炼做好了思想和技术的准备。

实验求证

浓缩铀部件对材料有严格的要求，丰度要大于90%，但又不能是纯铀。浓缩铀里有多种杂质，有的杂质是合理的，允许存在，有的杂质会影响中子增值，进而影响裂变材料的链式反应，必须去除。

在余瑞璜、吴式枢、朱光亚、莫洛佐夫等名师的言传身教下，宋家树的

---

① 权忠舆：和宋家树同志相处的时光。见：《宋家树院士八十华诞文集》编委会编《宋家树院士八十华诞文集》。北京：中国原子能出版社，2012年，第63页。

② 许纪忠访谈，2015年11月22日，上海。资料存于采集工程数据库。

理论基础非常扎实，并在高温合金材料工艺研究方面取得了不错的成绩，他理工并重、求真务实的特点在浓缩铀部件攻关过程中发挥了重要作用。

> 铀部件的杂质中主要涉及裂变过程中中子的增值问题，因为裂变要产生链式反应，中子少了，链式反应要断，材质当中吸收中子截面大的材料对它是有影响的，这项工作应该是由一室搞理论的来做。后来一室为何委托老宋（宋家树）来做呢？因为一室搞理论的人不懂工艺，不懂材料，所以在铀部件整个成型过程中，到底杂质怎么控制，理论计算是老宋完成的。这就是老宋把工艺与核物理技术有机结合起来，类似的事情还有很多。①

在学习调研的同时，宋家树用自己深厚的理论基础和核材料已有的理论，对铀的中子本底进行了计算，确定了首要研究方向——铀的杂质成分控制，但到底哪些杂质可以保留，哪些杂质必须去除，宋家树主张通过实验即铀的冶炼来分析、检验，这一想法得到了室领导的支持。

“当时最大的困难是没有实验条件，一是没有场地，二是没有设备。”②

为尽快开展铀的冶炼，首先要解决场地和设备问题。场地好解决，室领导跟所里交涉，找到办公室对面一间破旧仓库改建成了一个简易实验室。设备问题比较难，因为铀的活性大，容易氧化，同时又具有放射性，要保持密封。所以材料的冶炼对设备的功能有特定的需求，需要一台真空感应电炉，当时国内还没有生产成套标准真空感应电炉的厂家，国外进口或找国内厂家按要求生产都要等很长一段时间。

宋家树决定“不等不靠，自力更生，没有设备自己做。”他结合当时搭建设备所需的仪器、材料的实际情况，提出自制高真空钼片炉的设想方案，包括加热系统、高真空系统、冷却系统。宋家树在吉林大学曾筹建过同位素实验室，很多实验设备也是自己动手做，所以做炉子对他来说有一定的经验，比较复杂的是加热系统和高真空系统。

---

① 武胜访谈，2016 年 5 月 9 日，四川江油。资料存于采集工程数据库。

② 许纪忠访谈，2015 年 11 月 22 日，上海。存地同上。

当时有两种加热系统：一是感应加热，二是电阻加热。宋家树选择组装电阻加热系统，他认为感应加热需要的发电机，不好找，比较麻烦。电阻加热比较简单，电阻丝通上电，一发热热量就有了，要把热量控制在局部范围，在里面再加装隔热层、反射层。许纪忠说：

宋总的构思很好，为什么不选钨丝，因为当时不容易搞到。钼片我们在库房就能找到，他根据我们当时的实际情况就选择了钼作为发热元件。①

因为铀材料很容易氧化，所以要熔炼必须在 10^{-4}Pa 以上的高真空环境中进行，否则材料会氧化，达不到要求。怎么达到高真空呢？宋家树设计了两级泵，先用机械泵，后用扩散泵。

根据这个思路，宋家树把高真空钼片炉画了一个示意图，让许纪忠等人按设计图纸，领仪器、跑材料，落实零组件加工。不久，就在简易实验室里组装起一台高真空钼片炉。这台设备虽然简陋，但很实用，对了解铀的性能、掌握铀的熔炼技术和培养人才等都起到了重要作用。

由于实验设备相对简陋，铀等核材料比较奇缺，而且实验所需要的经费更是远远不够。宋家树充分利用“方法论”，先从概念入手，从理性分析出发，用相对简单、安全的实验代替复杂的、危险的实验。当时浓缩铀尚未生产出来，宋家树决定用天然铀来做模拟试验。1961 年年底，协作单位第一次为北京第九研究所提供 10 公斤天然铀，当时，吴学义负责验收和押运。因为天然铀含有铀 −235 和铀 −238 同位素，其物理性质与铀 −235 几乎是一样的。

铀具有放射性，对人的身体有危害，宋家树采取了特殊仔细的安全措施以保证工作场所及环境的安全，要求操作人员自觉地严格遵守放射性工作的要求，确保了“在近三年的工作中没有发生安全事故”。

许纪忠说：

---

① 许纪忠访谈，2015 年 11 月 22 日，上海。资料存于采集工程数据库。

通过大量的实验，我们分析出铀里面有20多种杂质及每种杂质的含量，而且还发现，铀里面的杂质含量随着温度的变化而变化，有些杂质在铀里面比重比较轻，就浮上去了，实际上把该去掉的就去掉了，然后达到需要的水平。核材料对密度和中子本底的杂质含量有很高要求，宋总根据实际情况和理论计算，提出了一些成分的控制准则，被理论部[①]采纳，为第一颗原子弹核部件提供了理论依据。本来核材料的成分控制应该由理论部提出来，宋总可以不管这个事情的。那时候胡思得经常到四室来跟宋总探讨这个问题。这项工作开展起来还有一个作用，就是把四室其他组的工作也带动起来了。[②]

为了达到培养人、锻炼人的目的，宋家树以任务带动科研，放手让年轻人干，并告诉他们要边学边干，在学中干，在干中学。据郑坎均回忆，“铀中的杂质含量控制问题是宋家树首先提出来的，并进行了初步研究。但为了培养年轻科技人员，让更多的年轻人了解和参与这项工作，他把这个课题交给许纪忠。许纪忠是北京钢铁学院1960年铸造专业毕业生，对这个课题相关领域的知识知之不多。宋家树向许纪忠详细介绍了该研究的内容、意义和具体计算方法，以及如何编写技术总结报告等。许纪忠在他的指导下写出了技术总结，完成了这个课题，并为核裂变材料杂质控制提供了技术依据。”[③]

不仅如此，宋家树通过自制的高真空钼片炉研究了核材料杂质含量的要求问题，提出“杂质对核材料中子本底的影响”“同位素成分对中子本底影响的计算”“杂质对铀密度的影响”等内部报告，二机部将其作为正式文件发给其他核材料生产、加工单位做参考。同时，自制的高真空钼片炉对国内相关厂家具有重要的借鉴意义，他们成功研制出真空感应电炉，为核材料的生产、加工提供了必需的技术装备。

① 指北京第九研究所一室。

② 许纪忠访谈，2015年11月22日，上海。资料存于采集工程数据库。

③ 郑坎均：与宋家树院士一起工作的日子。见：《宋家树院士八十华诞文集》编委会编，《宋家树院士八十华诞文集》。北京：中国原子能出版社，2012年，第78页。

在搞清楚了原子弹所需的铀 -235 中杂质控制的原则和具体的成分要求，以及通过真空冶炼可以满足这些要求后，1963 年 9 月，宋家树带领小组成员完成冶金工艺攻关，提供了完整的冶金工艺资料和数据，接着开展核部件成型工艺研究。

四室决定从两路进行探索：一路是宋家树负责铸造成型工艺研究，另一路是程敏、马德顺等人负责锻压成型工艺研究。经过反复实验论证、对比分析，从工艺技术和产品质量考虑，决定采用铸造成型工艺路线，也就是把金属铀提纯，铸造成毛坯后进行机械加工，最后做成原子弹所需的部件。

宋家树带领大家“摸着石头过河”，开展了大量的先期研究，做了大量的试验，取得了许多关键工艺数据，为铸造出合格的毛坯部件提供了完整可靠的工艺技术资料，为核部件生产厂研制浓缩铀部件提供了坚实的技术支撑。

攻关成功

在宋家树组织浓缩铀部件成型工艺研究过程中，国内经济形势开始好转，中央领导十分关心原子弹的研制工作。1962 年 8 月召开的北戴河中央工作会议期间，中央领导热切地希望能够早日拿出原子弹来增强我国的军事力量和国际政治地位。会后，二机部领导分析了工作形势，根据各项工作进展情况，认为我国核工业建设和核武器研制已经到了从量变到质变的关键时刻，提出争取在 1964 年，最迟在 1965 年上半年爆炸我国第一颗原子弹的规划设想。为了对规模庞大、系统复杂的原子能工业实施有效的组织和领导，10 月 30 日，总参谋长罗瑞卿专门向中央呈送了一份报告，建议成立中共中央专门委员会，从更高的层次加强对尖端事业的领导。11 月 3 日，毛主席批示：“很好，照办。要大力协同做好这件工作。”

二机部领导的报告无异于向中央立下了军令状，而毛主席的批示如同一道总动员令，动员全党、全军、全国人民齐心协力，为实现 1964 年爆炸我国第一颗原子弹而努力奋斗。

11 月 17 日，刘少奇主持召开了政治局会议，宣布成立“中央专门委员会”（简称中央专委），周恩来任主任。从此，我国核工业建设和核武器研制工作在周恩来总理主持的“中央专委”的指挥领导下，各项工作进度大大加快了。

按照二机部的分工，第一颗原子弹的关键部件——浓缩铀部件由核部件生产厂加工，由于生产加工的厂房建设进度慢，加工工艺研究的科研力量也很薄弱，为了早日拿出合格的浓缩铀部件，1963 年 4 月，在四室一组核部件成型攻关的中后期，二机部决定把核部件生产厂的相关技术人员和工人师傅派到四室一组来实习，参加攻关试验，集中力量进行浓缩铀部件的精炼、铸造等工艺研究，形成浓缩铀部件的成型加工工艺技术资料，并为核部件生产厂培训技术人才和操作人员。

核部件生产厂先后到四室一组参加攻关试验的科技人员有祝麟芳、于贵山、高庆昌、张同星、王清辉、何绍元、毕清华、刘明、张文祥、匡炳兴、李传祚、郭福庆、张树璋、马玉珍、罗宝琛、刘乃丰、王道刚等。

在宋家树的示范和带动下，大家勤奋学习，认真工作，刻苦钻研技术，经常开展学术交流活动，宋家树还经常为大家做学术报告，创造了浓厚的学术氛围。

原子弹试验部件对材料的要求非常高，在探索核部件铸造成型工艺时，宋家树发现铸出来的毛坯件内部有缺陷，存在疏松、气孔等问题，根据工艺要求，必须解决。经过系列试验和对比分析，发现这些问题是因为有杂质。因此，宋家树又充分发扬民主，组织全组人员研讨，鼓励大家各自提出不同的试验方案，想想哪些办法可以去掉杂质，哪个参数最为合适，然后定出试验计划，进行试验。做完试验，他们马上分析结果，并与理论部的相关资料论点、数据进行比较分析，确定最终的参数。

要解决这些试验研究中的问题，对设备的技术要求非常高，自制的设备已经无法满足工作需要。为了找到合适的设备，宋家树四处打听，后来想到了一个办法——查进出口设备记录，看国内哪个单位或科研机构有这些高精尖的设备。几经辗转，打听到三机部（航空工业部）某研究院刚从国外进口了一台真空感应电炉。怎么把这台设备弄到手，又成为摆在宋家树面前的难题。后来张爱萍将军知情后，帮助他解决了这个难题。宋家树说："张爱萍副总长知道这件事后下令：'马上从兄弟单位把炉子要回来使用！' 这下我为难了。兄弟单位的所长荣科是我国著名的材料专家，又是我毕业论文写作和答辩的评阅老师，一直保持着良好的师生之谊，现在要'横刀夺爱'，太不近人情了。荣科先生知道这件事后，亲自给我打电话，说：'你可把我害苦了，这炉子我们刚买来，一回都没用。你让我们先炼几炉，过一个礼拜再拿去行不行？' 面对恩师的恳求，我也只好违抗张爱萍将军的军令，让荣先生他们先使用了一个礼拜。" ①

随着高真空感应炉的到来，四室一组的研究条件得到大幅度改善，宋家树带领联合攻关组通过大量实验，不断深化铀的精炼和铸造工艺研究，逐步掌握了铀中杂质元素在精炼过程中的变化规律，对铀的铸造工艺研究也有了新的认识。在铀的铸造方面，宋家树等人确定了利用顺序定向凝固的方法控制气泡及缺陷，并进行了多次示范性的铸造实验。

经过紧张的攻关，到 1963 年年底，浓缩铀部件的精炼、铸造成型、加工等工艺研究圆满完成，浓缩铀部件的加工工作转到核部件生产厂，他们按照四室一组确定的工艺、参数，应用于真材料而获得圆满成功。后来，国内外很多公开报道把我国第一颗原子弹浓缩铀部件的制造加工功劳都记在了祝麟芳、张同星、原公甫等人身上，鲜有提及宋家树等人在浓缩铀部件研制攻关过程中的重要贡献和作用。

谢建源 ② 说："人们都熟知核部件生产厂有位'原一刀' ③ 师傅的先进事迹，却很少有人知道原师傅加工的工件的技术攻关负责人宋家树的大名。" ④

曾参与第一颗原子弹技术联合攻关的王清辉说："由于有了在攻关过程中积累的技术贮备，我们制造出了优质的浓缩铀部件，保证了我国首次核爆试验的成功。宋家树院士在攻关中所起的骨干作用功不可没。" ⑤

---

① 林儒生：江东子弟竞风流。《兵器知识》，2013 年第 9 期，第 79-81 页。

② 宋家树：回忆录片段，2000 年，未刊稿。资料存于采集工程数据库。

③ 原公甫，我国第一颗原子弹高浓铀部件最后工序的加工者。

④ 谢建源访谈，2017 年 4 月 6 日，北京。资料存于采集工程数据库。

⑤ 王清辉：在宋家树院士麾下工作的一段往事。见《宋家树院士八十华诞文集》编委会编，《宋家树院士八十华诞文集》。北京：中国原子能出版社，2012 年，第 110 页。

1987年出版的《当代中国丛书——中国的核工业》是这样评价的：在宋家树等人的组织领导下，通过反复试验研究，确定了浓缩铀的铸造成型工艺，并取得精炼、铸造、坩埚及真空取卡和切削加工等工业数据，建立了分析检验方法，明确了控制杂质含量的原则，这些成果为制造浓缩铀部件打下了技术基础。

宋家树认为，“北京攻关的这一阶段，对核武器事业的发展至关重要。在这一时期，理论设计与核材料方面工作的人有很多机会共同讨论问题，这种‘交流’使我们在核材料研究方向上体会到必须结合武器设计要求来考虑问题，从而明确了我们工作的中心是各种特殊材料、部件的制造、加工工艺，其他各方面的研究都应围绕这一中心进行。”“通过在北京四年的工作，我们终于弄清楚了它的结构——至少是可行的结构。不仅如此，我们还首次弄清材料的要求，真刀真枪地制造它。”① 此项工作在填写中国核武器生产研制多项空白的同时，还有一个令宋家树经常回味的重要成果，那就是在研制攻关过程中锻炼并打造了一支团结协作、能打硬仗的技术队伍。多年后回忆往事时，宋家树感慨道：“成立四室是一个非常重要的决策，它不仅在三年多的时间内开展了许多基础研究，更重要的是为以后特种材料、核部件的研制培养了一支技术骨干队伍，这支队伍也为特种材料和核部件的研制生产做出了重要的贡献。”②

北京的研制任务结束后，宋家树奔赴青海二二一基地，开始新的部件攻关。

---

① 宋家树：关于第一颗原子弹的回忆——纪念第一颗原子弹爆炸成功二十周年。1984年，未刊稿。资料存于中国工程物理研究院。

② 宋家树访谈，2015年9月21日，北京。资料存于采集工程数据库。

第六章
草原会战

1964 年至 1968 年，宋家树在青海二二一厂参加了在我国两弹研制生产历史上具有重大意义的“草原大会战”。他组织并参与了我国第一颗原子弹核部件的加工和装配，在第一颗氢弹研制攻关中，解决了核部件的成型工艺、机械加工和防潮涂层三大难题，掌握了整套工艺技术，制造出合格的热核材料部件。

奔赴草原

金银滩的“春风”

宋家树在北京组织参加第一颗原子弹浓缩铀部件工艺攻关的同时，我国核武器研制基地——青海二二一厂也在紧锣密鼓地建设之中。

按照《国防新技术协定》，苏联帮助中国设计和建设研究原子弹结构的设计院，即二二一厂。1957 年 10 月下旬，二二一厂由三机部[①]设计院与苏

① 1958 年改为二机部。

图 6-1　二二一厂建设工地（六十年代，中国工程物理研究院档案馆提供）

联列宁格勒设计院进行初步设计。随后，由李觉、吴际霖、郭英会等 11 名中方人员和 5 名苏联专家组成的选厂委员会先后在四川、甘肃、青海三省为我国第一个核武器研制基地选址。

金银滩草原地处湟水源头海晏盆地，北靠祁连山，南临青海湖，东接西宁市，西邻柴达木，距青海湖 30 多公里。这里地形特殊，东、西、北都有高山屏障，便于隐蔽，保密性极强，东南为草原延缓地带，地势平坦，特别是周边的一些丘陵，适合爆轰试验，是建设核武器研制基地难得的理想场所。但这里自然条件恶劣。厂区平均海拔约为 3200 米，空气稀薄，含氧量低，由于气压低，水加热不到 80℃，馒头、米饭等也煮不熟。气候严寒，年平均气温 −0.4℃，冬天温度达到 −30℃，昼夜温差达 20℃，一年里有七八个月需要穿棉袄。

按照二机部和有关单位统一安排，建筑施工队伍从 1958 年 12 月至 1959 年 6 月陆续进厂。施工队伍来自河南省支边青年、复员转业军人、兰州建筑工程局第三建筑工程公司和其他省市调入的，连同北京第九研究所前来负责筹建工作的人员，初期总人数达到 12000 多人，这些

图 6-2　二二一厂早期职工住房（六十年代，中国工程物理研究院档案馆提供）

人成为工程建设的主力军。

到 1962 年年底，自备小电厂、机修厂、爆轰试验场、炸药加工的部分工号以及少量生活设施先后建成。

按照“两年规划”的安排和科研进展要求，二二一厂必须在 21 个月内基本建成。而这里无霜期短，室外施工全年只有几个月。整个厂区占地 1170 平方千米，包括 20 多个工程项目，规模宏大、技术复杂；安装的设备种类繁多，数量巨大，技术要求高、难度大。科研所需的诸如中子物理、放射化学等重要工程项目尚未开工。连同其他项目，尚需增加建筑面积 10 万平方米，任务十分艰巨。为加快工程建设进度，1962 年 12 月，中央专委办公室邀请建工部、交通部、水电部、邮电部、工程兵、铁道兵等部门召开会议，研究抢建二二一厂问题。会议之后，中央专委调集 13 个部门、17000 多人的施工队伍，携带 500 多台设备，300 多辆汽车进入青海高原，与先期在基地的建筑安装队伍会合，现场施工队伍猛增至近 30000 人。

与此同时，为加强基本建设和科研生产管理，二二一厂生产与基建从机构到业务职能全部正式分开，各司其职。

基建方面，组建施工现场指挥部，由李觉任总指挥，统一领导工程建设，全力突击抢建。1963 年 3 月开始施工准备，5 月工程全面展开。基建职工和官兵以为国家开创新兴尖端事业为荣，不顾天寒地冻、朔风刺骨，加紧施工。至 1963 年年底基地主要工程和水、电、暖、路全部建成。接着抢建配套工程和福利设施，到 1964 年 6 月基本竣工。只用了 13 个月的时间，完成包括 13 万平方米建筑的抢建工程和设备安装任务。至此，国家投资 3 个亿兴建的二二一厂基本建成投产，为我国第一颗原子弹的研制提供了必备条件。

在科研生产的组织机构方面，1963 年 2 月，经二机部党组同意，北京第九研究所成立四大部，各部负责人分别是：理论部，主任邓稼先；实验部，主任陈能宽；设计部，主任龙文光；生产部分为第一生产部，主任宋光洲；第二生产部，主任钱晋。宋家树所在的四室划入第一生产部。二二一厂也成立了相应的实验部和第一生产部，组建了一厂区筹备组，对 101、102、103 等三个工号开始进行设备安装调试验收和投产前的生产技术准备。

1963年3月7日，理论部完成第一颗试验性原子弹的物理设计方案，为了验证这一方案，北京第九研究所负责生产和实验的部门陆续迁往二二一厂，着手设备安装试车和有关爆轰试验。当时二二一厂的住房还不足，李觉、吴际霖、王志刚、李信等领导干部让出楼房迁往帐篷居住，二二一厂几乎所有的楼房都优先保证科技人员的需要，使科技工作者深受鼓舞。理论部和宋家树所在的原四室则继续留在北京开展研究工作。

1964年年初，第九研究所在北京的研究工作基本完成，为了实现“两年规划”中“1964年爆炸第一颗原子弹”的总目标，除理论部外，其余部门和科研人员需尽快转移到青海二二一厂，参加第一颗原子弹大会战，又称“草原会战”。但个别科研人员对去青海草原有顾虑，原因主要有两个：一是高寒缺氧，冬天寒冷，气候难以适应；二是二二一厂物资匮乏，加之自然灾害严重，饭都吃不饱，去那里之后生活上就更苦了。有的同志还找来古代诗词吟诵，以证明那里是多么艰苦。为此，二机部决定召开动员大会，刘杰部长专门找到张爱萍将军，请他参加并做动员讲话。

2月18日，二机部九局在铁道部干部学校礼堂举行在京职工动员大会，张爱萍做了一个很有风趣的动员讲话，论了唐朝“三王”的诗①，要大家不要怕“春风不度玉门关”“西出阳关无故人”，而要“不破楼兰终不还”。

张爱萍的讲话简短而又精彩，富有感染力，使在场的科研人员深受感动，精神振奋，最后也跟着张爱萍一起吟诵“黄沙百战穿金甲，不破楼兰终不还”，表达自己的出征誓言。

宋家树对张爱萍的讲话至今记忆犹新：“张爱萍将军的讲话语重而心长，其实，当时不要什么动员，都争先恐后地要去，佩璇因为走不成甚至都哭了几次。”② 原二二一厂科技人员郝树深也说：“去草原是一件很光荣的事情，大家的口号是：去草原参加会战没有任何理由，不去草原才需要理由。但政治审查要求非常严格。四室六组有个女同志因为有海外关系，

① 唐朝诗人王维的《送元二使安西》、王之涣的《凉州词》、王昌龄的《从军行》。

② 宋家树：读“毛主席的旗帜指引了我们攀登科技高峰”有感，1977年9月6日，未刊稿。资料存于采集工程数据库。

怎样哀求都没有去成，只能留守‘后方’。”① 当时大家把去青海叫“上前方”“大会战”。

车间副主任

1964年2月25日，二机部党组决定，九局、北京第九研究所机构撤销，总院名称定为“二机部第九研究设计院”，简称九院，李觉任院长、代理党委书记，刁筠寿任第二书记，吴际霖任第一副院长、副书记，郭英会、朱光亚、乔献捷、王淦昌、彭非、郭永怀、彭桓武、马祥、程开甲任副院长。下设“二二一厂研究设计分院”，掩护名称为“国营综合机械厂”，刁筠寿任党委书记，李信任分院院长。分院下设理论部、实验部、设计部、生产部（包括第一、二、三生产部），理论部留在北京。

四室解散后，绝大部分科研人员同仪器设备一起迁往二二一厂，其中一部分人到第一生产部102车间，宋家树便是其中之一；一部分人到技术处107室，还有少数人调到实验部工作。

宋家树做科研有一套方法，做思想政治工作也很有一套。权忠舆、谢建源是一组第一批迁往二二一厂的“先头部队”，权忠舆至今仍对宋家树给他及家人做思想工作的情景历历在目：

> 1963年我大学毕业与同班学友谢建源一起分配到四室一组，老宋第一次告诉我们在这个“神秘”单位里将要从事的业务工作，交代了近期要做的事，时时不忘关照指点我们应做的事。不久，他安排我们去放射化学专家杨承宗领导的二机部六所十四室实习，为将来核材料回收的化学处理做前期准备。在那里实习不到三个月，老宋紧急调我们回所，让我们做好准备，作为四室第一批“上前方”的先头部队。我们刚进入角色，完全没有思想准备，但也别无选择，只能是服从工作需要和领导安排。老宋把工作做到了家，除了和我们谈事业的

① 郝树深访谈，2015年9月22日，北京。资料存于采集工程数据库。

需要，还亲自到我家里走访。那天，我家屋里很冷，他裹着厚厚的大衣，瑟瑟地坐了许久，诚恳、谦和地向我母亲解释，让我和我的家人欣然接受了这个突如其来的调动。农历正月十五那一天，我和四室十几位同志踏上了奔赴青海的西行火车。老宋虽没有和我们同行，却亲自到北京站为我们送行。①

宋家树本应随四室“先头部队”前往二二一厂组织开展工作，但妻子王佩璇即将分娩，组织上决定让他等到孩子出生以后再去草原。因为二二一厂的生活条件差，考虑到小孩子的适应能力，组织上予以特别的关爱，凡有小孩在身边的女职工不允许上草原。妻子王佩璇只能留守“后方”。朱光亚把她安排到二机部的情报室工作，任专业情报组组长，主要任务是针对各个单位提出来的专业问题开展调研。

1964 年 3 月下旬，宋家树依依不舍地离开了正在坐月子的妻子和尚在襁褓中的儿子宋一桥，登上了西行的列车。临行前，单位统一配备了防寒“四大件”——棉大衣、棉皮鞋、棉帽、棉手套。

一到草原，宋家树便被任命为第一生产部 102 车间副主任，主任由第一生产部副主任何文钊兼任，副主任还有刘成发、赵家业。

因宋家树学物理专业，偏重于研究工作，主要负责核材料铸造、物理检验以及材料安全和技术安全工作。

我担任核材料车间的副主任，主管核武器材料、部件的应用研究及工艺技术研究。工作涉及高浓铀、钚合金及热核材料，这些材料过去不仅没有研究过，连看也没有看见过。以前搞研究的经验很多都不适用了，只好边学边干。②

102 车间担负着原子弹整个内球组件各个部件的最后加工及装配，以

---

① 权忠舆：和宋家树同志相处的时光。见《宋家树院士八十华诞文集》编委会编《宋家树院士八十华诞文集》。北京：中国原子能出版社，第 62 页。

② 宋家树：回忆录片段，2000 年，未刊稿。资料存于采集工程数据库。

及核材料的研究、中子源的制备等任务。因此，102车间在第一颗原子弹、第一颗氢弹以及其他许多核试验装置任务中，都担负着极其重要的科研生产工作，是二二一厂最重要的车间之一。保卫部门的口头禅是“核心中的核心、要害中的要害”。车间下设：一工艺组（机械加工），组长张家厚；一大组（加工工人组），组长张洪年；二工艺组（4号部件），组长朱世铨、武胜；四工艺组（部件组），组长孔祥顺；分析、检验组，组长姜尚国；设计组，组长杨福先；产品、管理组，组长谢建源。车间骨干成员大多都是原来北京第九研究所四室的成员，还有一部分是新分来的大学生。

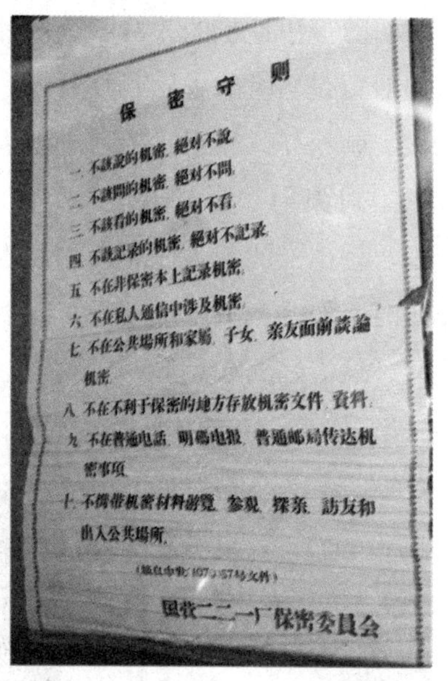

图6-3　二二一厂职工保密守则（六十年代，中国工程物理研究院档案馆提供）

二二一厂分为甲乙两区，乙区是生活区，甲区是科研生产中心，因为有十八个单位，又被称为“十八甲区”。为了保密，厂区之间被设计得相距甚远，很多人上班需要乘专用车辆，有的甚至离家几十公里远。

每个来到二二一厂的人，第一项任务都是接受保密教育，宋家树也不例外。所有人员被分为高中低三个保密级别，主要由保卫部门逐个谈话，总的精神就是“不该说的不说，不该问的不问，不该看的不看”。因此在二二一厂流传着这样一句话：“穿一样衫，吃一样饭，知道你姓啥，却不知你干啥。”

为了保证国家秘密的绝对安全，警卫科制定了全厂保卫、保密和警卫措施，首先是对重要科研人员的保卫，特别是科学家和科技骨干的人身安全和他们掌握的国家秘密安全。按照科学家的知密范围，划定了一、二、三级警卫对象，一级警卫对象为著名科学家和分管科研生产的总厂厂级领导干部，如王淦昌、钱三强、彭桓武、邓稼先、郭永怀、朱光亚、周光召、陈能宽、钱晋、李觉、吴际霖、李信等，均配有专职警卫员随身保卫。除保卫他们的人身安全以外，还兼职做些日常生活服务工作。二级警卫对象是当时的中层科技骨干，如胡仁宇、张兴钤、龙文光、俞大光、于敏、疏松桂、赖祖武等六十多人，出差时要指定陪同人员一同前往。三级警卫对象为知密范围较广的技术骨干，如一、二生产部和实验部、设计部、理论部的室主任一级的技术骨干等，宋家树就属于三级警卫对象，出差时一般需两人以上同行，以便互相照顾，互相关心，更重要的是互相提醒，保管好国家秘密。

图 6-4　二二一厂 102 车间（1987 年，谢建源提供）

此外，对几个重要分厂、车间和实验部、设计部、理论部的重点科研室也制定了安全警卫和保密措施。如在这些单位的人员出入口处，除分别设立武装警卫站岗外，还根据他们的涉密程度，制定了五十多种证件限制出入，并用“团结紧张，严肃活泼，自力更生，奋发图强，战胜困难，为人民服务”二十五个单字为符号，刻成小图章印在工作证或加盖在临时出入证上，凭证进出上述单位，非持本单位符号证件的人员，一律不准进入。各分厂、各车间、各部门、各科研室，甚至各工段都不能互相来往。如因工作需要必须进出这些单位时，必须到总厂警卫科办理手续或在证件上加盖允许进出的符号，否则一律不准进入。

每天上班，宋家树都要到保密室先领取自己的保密包，在确保保密包铅封完好无损后拿到办公室打开，将一天的科研生产活动记在保密本上。保密本上的内容不能随意修改，更不能缺页。每天下班，要把保密包送到保密室，并盖铅封。

当时，102 车间很多科研生产条件还不具备。郝树深回忆说：“实验室可谓‘缺胳膊短腿’，比如金相实验室的建设要求很高，我去的时候连个木板都没铺，墙壁还没刷油漆呢。”[①] 为了集中力量打歼灭战，保证和加速第一颗原子弹试验装置的完成，宋家树等车间领导带领职工一边清扫整理厂房，安装、调试设备，一边做好各项科研生产的准备工作，还组织新分来大学生的学习培训，满腔热情地投入到紧张而有序的第一颗原子弹攻关的“大会战”中。

4 号部件攻关

在我国第一颗原子弹的理论设计中，有一个 4 号部件，是由两种材料按一定比例混合加热熔化后浇铸而成。

早在 1963 年，北京第九研究所四室七组便开始研制 4 号部件，开展了原材料及不同配比的性能研究，选定了两种材料的最佳配比，于 1964 年初进行了 1 : 2 成型实验，通过大气和真空中浇注实验，发现 4 号部件的铸造是一个很复杂的技术问题，需要对它进行系统的实验研究。其中有两个主要的技术问题尽管做了不少工作，但在北京攻关时一直没有解决：一是如何消除铸件内部出现的裂纹、气孔、缩孔、偏析等缺陷；二是如何解决铸件表面局部变形、流痕、表面粗糙等问题，以及研究模具预热温度、浇铸温度、冷却方式和原材料等对铸件质量的影响。

一到草原，宋家树就接过四室七组未研制成功的 4 号部件的研制任务。102 车间尚未交工，宋家树带领武胜、朱世铨、徐庆智、刘庆禹等人在十厂区临时借用实验室开展研制攻关工作。

该材料部件所采用的复合材料比重差别大，互不相容，而且设计要求的尺寸精度高、非常薄，加工非常困难。

参加攻关的武胜回忆说：“浇铸过程当中如果冷却温度不均匀就容易变形。开始的时候大家想得比较复杂，浇铸完以后，用八个冷却水泵对其四面八方进行冷却。但是做得很不理想，因为即使这样也不能保证均匀冷却。宋家树观察了一段时间以后，就让同事把汽油桶搬进来，切一半，灌

---

① 郝树深访谈，2015 年 9 月 22 日，北京。资料存于采集工程数据库。

入水。浇完以后，宋家树说，把产品抬到水槽里。水槽的温度是均匀的，一下就成了。”[①]

这个办法看似简单，但没有扎实的理论基础和长期细致的观察，是很难提出来的。武胜非常感慨：“宋家树同志不论在开会讨论时，还是在研究具体技术问题的时候，思维敏捷，思路开阔，大多数时候都能提出意想不到的解决方案。”[②]

浇铸成型后，宋家树等人采用十分简陋的设备，甚至铝锅铝勺都派上了用场，开始了 1∶1 成型试验，以确立毛坯生产工艺参数，防止内部缺陷的产生。

宋家树领导的攻关小组通过 4 号部件成型实验，证实模具预热温度是成型的主要因素，浇口处易开裂，是由于局部过热时应力超过了抗拉强度的结果，铸件出现的分层，完全是由于在凝固时，中间高温区被拉断所致，要避免分层，必须降低模温及浇注温度，只有那样，密度均匀性才能达到提出的要求。

宋家树组织了壳体成型的精密铸造实验，当时还考虑到 4 号部件毛坯切削加工的难度会更大，甚至认为不可能进行切削加工，故又决定探索直接由精密铸造成型的方法，而精密铸造必须解决精确控制尺寸的问题，主要是壁厚、直径与椭圆度的精确控制，所以还必须进行整形试验。整形采用了两种方案实验，实验的结果，中心浇注法和侧浇注法消除了流痕，保证了表面质量，也无内部缺陷，还创造了阳模上浇应用螺旋管浇道及高温模侧浇、静水急冷法，摸索了铸件的收缩规律，尺寸厚度由模具尺寸来控制，内外径尺寸、椭圆度又通过整形来获得解决。

宋家树精心组织了数百次成型试验，终于掌握了这一独特的工艺，不仅可做出毛坯，而且可铸出成品，不需加工即可使用。当时，张爱萍和其他许多领导同志都饶有兴趣地观看了铸造这个部件的情景。

4 号部件到底在第一颗原子弹中发挥什么样的作用，当时大家并不清楚。对它的重视是基于对某些“信息”的相信，而不是原理上的必需，后

---

① 武胜访谈，2016 年 5 月 9 日，四川江油。资料存于采集工程数据库。

② 同①。

来的试验证明，这一部件并不是必需的，因此，在以后的产品中不再采用，但宋家树认为，通过此次攻关进一步培养、锻炼了研制队伍，对“材料工作者来说乃是一个有意义的实践”。①

解决铀切屑燃烧问题

正当宋家树在紧张组织 4 号部件攻关的时候，102 车间第一大组在加工贫铀结构件时，发生铀切屑燃烧，工号受到污染，被迫停工，直接影响到我国第一颗原子弹的研制生产进度，宋家树临危受命，解决这一难题。

贫铀结构件是原子弹的重要部件，在北京第九研究所时，宋家树、刘成发分别带领四室一组、五组协同攻关，通过大量的小型实验，摸索出了该部件的加工工艺。到二二一厂后，102 车间要在协作单位生产的毛坯基础上，按照设计图纸加工出正式部件。

由于毛坯余量大，在切削加工中产生了大量的铀屑，冷却后就把铀屑放在不锈钢桶里，用灭火剂浸泡着。有一天，铀屑在倾倒过程中，相互摩擦，产生火花引燃切屑，造成燃烧事故。

在现场的技术员王菁珩回忆了当时的经过：

> 1964 年 6 月 13 日下午 5 时许，24 号加工大厅仅剩下我们一个机组人员擦拭完设备正准备下班。当听到“失火啦！失火啦！”的呼叫声时，我们急忙奔向大厅北门，熊熊燃烧的大火窜出两米多高，把整个大门紧紧封死。我们急速绕到四号大厅，打破消防窗玻璃爬了出去，赶到现场救火。火场已经聚集了二十多人，正在用滑石粉等扑救，火势得到控制，院、部、车间领导和消防车也赶到现场用沙石很快将大火扑灭，大火烧掉了约 60 公斤铀切屑。领导们仔细察看了现场，要求参加救火的人员前往医院工卫科住院检查是否受辐射伤害，

① 《创业之路——中物院发展历程回忆史料（第一辑）》。1998 年，内部资料。

车间工号受放射性污染，正在加工的第一颗原子弹的结构件被迫停了下来。①

由于原子弹的研制生产已进入倒计时，如果不能按期拿出合格的结构件，将影响到二机部制定的“两年规划”，总院、分院主要领导意识到问题的严重性，都亲自过问此事。

幸好污染不是很严重，除了两人尿液超标外，其余的人都是轻微的中毒。经过短暂休整后，车间立即组织人员对工号及设备进行去污清理，房建处的工人负责墙壁清理，其他任务由一大组和一工艺组完成。车间通风管道放射性剂量大，但大家热情很高，争先恐后投入去污清理工作。有的登上梯子卸下管道，有的钻进管道内一段一段地去污清理。有的系上安全带登上房梁，一步一步清理直到剂量人员检查合格为止。②

事发后，朱光亚到现场询问切屑燃烧的原因，大家答不上来。“朱光亚亲自查阅资料并翻译了两篇文献资料，从文献调研中知晓，在国外切屑燃烧也是个大问题，切屑燃烧往往难以预料和控制。”③

这次事故对宋家树的触动很大，虽然他不分管机械加工，但对铀屑储存的知识大概知道一点，却没有事先对加工过程中的安全问题进行充分论证，他觉得自己有一定的责任。吃一堑，长一智。宋家树也从这次事故中汲取到了经验：一是安全在核材料加工中的重要性，生产安全也成为他日后工作中优先考虑的事项；二是重视文献资料的作用，在开展科学研究前要先进行文献调研。

国外文献资料只介绍了切屑燃烧问题，至于怎样才能保证切屑不燃烧

① 王菁珩：金银滩往事——在我国第一个核武器研制基地的日子。北京：原子能出版社，2009 年，第 47 页。

② 同①。

③ 谢建源访谈，2017 年 4 月 6 日，北京。资料存于采集工程数据库。

却没有提及，但是必须想办法避免类似事故再次发生。

宋家树建议车间成立安全组，专门研究、解决科研生产中的安全问题。这一建议得到了朱光亚和车间领导的支持。

在一大组对工号、设备去污清理的同时，宋家树把在兄弟单位学习核材料回收的谢建源、权忠舆紧急召回车间，并从其他组抽调吴东周、刘述昆等人组成安全组，谢建源任组长，集中力量研究切屑燃烧这一重大课题。宋家树在综合分析的基础上，给谢建源的安全组提出了两个研究任务：一是切屑为什么会自燃，二是怎么保证切屑安全地回收。

随着第一颗原子弹生产加工任务的完成期限迫近，找到切屑燃烧的原因，保证车间生产安全成了车间至关重要的一环。宋家树尊重科学，相信科学，他坚持“唯数据说话”“用实验证明”的科学原则，为了掌握切屑燃烧的原因，宋家树带着权忠舆到北京听取朱光亚的指示后，又去毛坯生产单位调研学习，联系送去“回收”事宜。回到二二一厂后，宋家树指导安全组几个刚毕业的大学生从铀的特性、燃烧的概念、条件和影响因素等最基本的知识和原理入手，在没有设备、没有试验场地的情况下，白手起家、以土代洋、因陋就简，采取各种办法做了大量的试验，大家对铀的属性有了更加深刻的认识，终于找到了造成切屑燃烧的原因。

在此基础上，宋家树提出了防止铀切屑燃烧、灭火、储存和运输的方案，他还专门把朱光亚请到现场，观看安全组的实验，让院领导放心。

经过一个月奋战，工号去污清理完毕，由于采取了防止切屑燃烧的措施，结构件的生产加工得以继续。为了不影响整个原子弹研制生产任务按时完成，车间召开职工大会，车间主任何文钊对科研生产安全与质量工作提出了更高的标准和要求，提出：“特材车间、工号和实验室，实行文明生产，要像医院手术室那样整洁、卫生，严格保证产品质量。不要带问题进工号、实验室。每加工一刀，每测试一个数据都要对党和人民负责。”同时，动员广大职工以更加高昂的热情投入到工作中，把损失的时间补回来。为牢记这次教训，车间决定每年 6 月 13 日为车间安全日。

第一个问题解决了，安全组还要解决第二个问题——切屑的安全回收。根据设想，如果采用真空低温干燥去掉水分，在真空状态下储存运输就能保证安全，经过小型实验证实也是可行的。可是真到实践当中，仍有少数切屑在罐体打开时发生自燃。宋家树指导安全组通过实验发现，这种材料在富氧状态下，表面氧化生成的保护膜可防止进一步被腐蚀，但在有水的状态下，就会被很快地腐蚀。采取的真空方法是否彻底除水“干燥”了，没有检测手段，只是凭经验控制干燥的时间和温度，难免有些批次未干透。经过验证和讨论，他们放弃了真空储运的方案，待材料在空气中自然反应生成氧化物保护膜，再进行特殊技术处理后固化，这样运输和回收的问题就都解决了，既经济又安全。此后，铀切削的储存、转运过程再也没有发生自燃，使得铀切屑处理得到圆满解决，对今后铀切屑的处理具有重要参考价值。

惊雷乍响

在第一颗原子弹最后攻关的日日夜夜里，虽然高原气候严寒缺氧、寒风刺骨，住宿条件也很差，常常四五人甚至十几人挤住一间单身宿舍，但这些丝毫没有影响大家全身心投入会战的热情，都忙于方案研究讨论和生产实验中，学习研讨的气氛十分浓厚，有时大家甚至顾不上吃饭，那些日子，错落在整个金银滩上的星星点点的实验室、办公室常常灯火通明。

宋家树同所有参加会战的科技人员一样，忘我工作，在他和何文钊等车间领导的带领下，102车间不仅按期完成了4号部件、贫铀结构件的研制加工任务，而且还按原子能研究所王方定小组研制的工艺方案，成功地加工出点火装置。

图6-5 张爱萍报告原子弹爆炸的消息（1964年10月16日，中国工程物理研究院档案馆提供）

1964年8月，各种核部件都已生产齐备。102车间成功地完成了第一次试装配任务，8 月 29 日，原子弹试验装置全部装配完毕，运往核试验基地。

但二二一厂的广大科技人员的神经并没有松弛下来。据情报部门分析，有迹象表明，美国有可能使用核武器打击二二一基地，并造成一种是我国基地自己发生事故的假象，为此中央做出重要物资和技术资料在爆前转移的决定。据后来的解密资料显示，1963 年 3 月，蒋经国飞到美国，在华盛顿进行游说，他在与美国总统肯尼迪和美国中央情报局局长麦考恩等人会面时，针对中国大陆的原子弹秘密计划，曾经讨论了一个方案，就是派遣一支由 300 到 500 名特种人员组成的突击队，对中国的核武器设施进行突击或空袭。①

图 6-6　第一颗原子弹爆炸成功时现场欢呼的人群（1964 年 10 月 16 日，中国工程物理研究院档案馆提供）

在第一颗原子弹爆炸前的两三个月，二二一厂的科技人员接到通知，要求大家每天在工作之余挖壕沟，基地一旦受到空袭，可以作为科技人员的藏身之所。原子弹试验装置运走后，二二一厂的重要设备、物资和技术资料均疏散到了青海省湟源县。

关于我国第一颗原子弹的试爆时间，中央专委经多次研究，提出了两个方案：一个是早试；另一个是晚试，先抓紧三线建设，待机再试。从战略上进行认真分析后，毛泽东说："原子弹是吓人的，不一定用，既然是吓人的，就要早响。"中央果断地选择了早试的方案，决定 1964 年 10 月 15 日至 20 日进行首次核爆试验。

1964 年 10 月 16 日 15 时，中国成功地完成了首次原子弹试爆。罗布

---

① 梁东元:《596 秘史》。武汉：湖北人民出版社，2007 年。

泊上空一声巨响，升腾的蘑菇云如一记有力的铁拳冲击苍穹，张爱萍要求在场的科学家对他们看到的现象做出判断：“这是核爆炸吗？”王淦昌回答说：“这肯定是核爆炸。”经过对各种测试结果的仔细分析，19 时 30 分，张爱萍向周总理再次报告，我国确实实现了核爆炸，经计算，爆炸威力在两万吨 TNT 当量以上。

此时，日本已发出我国进行了原子弹爆炸的消息，他们是从地震波和高空烟云放射性含量的测量中判断出来的，全世界大吃一惊。随后，毛泽东、刘少奇、周恩来、朱德等党和国家领导人在人民大会堂接见大型音乐舞蹈史诗《东方红》的 3000 多名演职人员时，周总理宣布了这一消息，顿时，全场欢声雷动。

在准备爆炸原子弹期间，周总理就已起草好了我国政府声明、新闻公报、中央通知，于 10 月 14 日 19 时报送毛主席。毛主席一直等到外电发出我国进行了原子弹爆炸消息后，才批准发出。从这里可以看出毛主席对重大战略问题的非凡魄力和认真谨慎态度。我国政府在正式声明和新闻公报中郑重宣布，中国在任何时候、任何情况下都不会首先使用核武器，并建议召开世界各国政府首脑会议，讨论全面禁止和彻底销毁核武器问题。

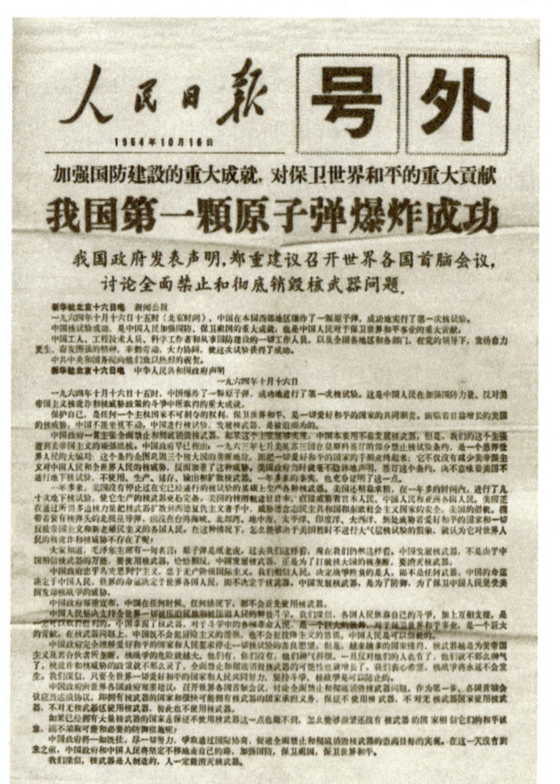

人民日报 号外

1964年10月16日

加强国防建设的重大成就，对保卫世界和平的重大贡献

我国第一颗原子弹爆炸成功

我国政府发表声明，郑重建议召开世界各国首脑会议，讨论全面禁止和彻底销毁核武器问题

新华社北京十六日电 新闻公报

一九六四年十月十六日十五时（北京时间），中国在本国西部地区爆炸了一颗原子弹，成功地实行了第一次核试验。

中国核试验成功，是中国人民加强国防、保卫祖国的重大成就，也是中国人民对于保卫世界和平事业的重大贡献。

中国工人、工程技术人员、科学工作者和从事国防建设的一切工作人员，以及全国各地区和各部门，在党的领导下，发扬自力更生、奋发图强的精神，辛勤劳动，大力协同，使这次试验获得了成功。

中共中央和国务院向他们致以热烈的祝贺。

新华社北京十六日电 中华人民共和国政府声明

一九六四年十月十六日

一九六四年十月十六日十五时，中国爆炸了一颗原子弹，成功地进行了第一次核试验。这是中国人民在加强国防力量、反对美帝国主义核讹诈和核威胁政策的斗争中所取得的重大成就。

保护自己，是任何一个主权国家不可剥夺的权利。保卫世界和平，是一切爱好和平的国家的共同职责。面临着日益增长的美国的核威胁，中国不能坐视不动。中国进行核试验，发展核武器，是被迫而为的。

中国政府一贯主张全面禁止和彻底销毁核武器。如果这个主张能够实现，中国本来用不着发展核武器。但是，我们的这个主张遭到美帝国主义的顽强抵抗。中国政府早已指出，一九六三年七月美英苏三国在莫斯科签订的部分禁止核试验条约，是一个愚弄世界人民的大骗局；这个条约企图巩固三个核大国的垄断地位，而把一切爱好和平的国家的手脚捆起来；它不仅没有减少美帝国主义对中国人民和全世界人民的核威胁，反而加重了这种威胁。美国政府当时就毫不隐讳地声明，签订这个条约，决不意味着美国不进行地下核试验，不使用、生产、储存、输出和扩散核武器。一年多来的事实，也充分证明了这一点。

一年多来，美国没有停止过在它已经进行的核试验的基础上生产各种核武器。美国还精益求精，在一年多的时间内，进行了几十次地下核试验，使它生产的核武器更趋完备。美国的核潜艇进驻日本，直接威胁着日本人民、中国人民和亚洲各国人民。美国正在通过所谓多边核力量把核武器扩散到西德复仇主义者手中，威胁德意志民主共和国和东欧社会主义国家的安全。美国的潜艇，携带着装有核弹头的北极星导弹，出没在台湾海峡、北部湾、地中海、太平洋、印度洋、大西洋，到处威胁着爱好和平的国家和一切反抗帝国主义和新老殖民主义的各国人民。在这种情况下，怎么能够由于美国暂时不进行大气层核试验的假象，就认为它对世界人民的核讹诈和核威胁不存在了呢？

大家知道，毛泽东主席有一句名言：原子弹是纸老虎。过去我们这样看，现在我们仍然这样看。中国发展核武器，不是由于中国相信核武器的万能，要使用核武器。恰恰相反，中国发展核武器，正是为了打破核大国的核垄断，要消灭核武器。

中国政府忠于马克思列宁主义，忠于无产阶级国际主义。我们相信人民。决定战争胜负的是人，而不是任何武器。中国的命运决定于中国人民，世界的命运决定于世界各国人民，而不决定于核武器。中国发展核武器，是为了防御，为了保卫中国人民免受美国发动核战争的威胁。

中国政府郑重宣布，中国在任何时候、任何情况下，都不会首先使用核武器。

中国人民坚决支持全世界一切被压迫民族和被压迫人民的解放斗争。我们深信，各国人民依靠自己的斗争，加上互相支援，是一定可以获得胜利的。中国掌握了核武器，对于斗争中的各国革命人民，是一个巨大的鼓舞，对于保卫世界和平事业，是一个巨大的贡献。在核武器问题上，中国既不会犯冒险主义的错误，也不会犯投降主义的错误。中国人民是可以信赖的。

中国政府完全理解爱好和平的国家和人民要求停止一切核试验的善良愿望。但是，越来越多的国家懂得，核武器越是为美帝国主义及其合伙者所垄断，核战争的危险就越大。他们有，你们没有，他们神气得很。一旦反对他们的人也有了，他们就不那么神气了，核讹诈和核威胁的政策就不那么灵了，全面禁止和彻底销毁核武器的可能性也就增长了。我们衷心希望，核战争将永远不会发生。我们深信，只要全世界一切爱好和平的国家和人民共同努力，坚持斗争，核战争是可以防止的。

中国政府向世界各国政府郑重建议：召开世界各国首脑会议，讨论全面禁止和彻底销毁核武器问题。作为第一步，各国首脑会议应当达成协议，即拥有核武器的国家和很快可能拥有核武器的国家承担义务，保证不使用核武器，不对无核武器国家使用核武器，不对无核武器区使用核武器，彼此也不使用核武器。

如果已经拥有大量核武器的国家连保证不使用核武器这一点也做不到，怎么能够指望还没有核武器的国家相信它们的和平诚意，而不采取可能和必要的防御措施呢？

中国政府将一如既往，尽一切努力，争取通过国际协商，促进全面禁止和彻底销毁核武器的崇高目标的实现。在这一天没有到来之前，中国政府和中国人民将坚定不移地走自己的路，加强国防，保卫祖国，保卫世界和平。

我们深信，核武器是人制造的，人一定能消灭核武器。

图 6–7　人民日报（号外）报道我国第一颗原子弹爆炸成功的消息（1964 年 10 月 16 日，中国工程物理研究院档案馆提供）

当原子弹成功爆炸的喜讯传到二二一厂，宋家树的心情“非常激动”，

“深为自己能为研制原子弹出力而自豪”。[①] 曾经参加攻关的老同事们，至今相遇时，“还总是怀念一去不返的时光，感到那时多么美好！”[②]

这一段经历也是宋家树一生中最值得怀念的，他在自述中说：“我看到老一辈的科学家如何抛弃了多年熟悉的专业，投身到全新的领域，指导青年人攻关；青年科技人员如何凭着自己的热情与知识把设想变成‘蓝图’；工人师傅如何运用自己的智慧和双手把图纸变成现实。思想的火花、理论的推导、科学的组织，把设计、实验、技术、工艺、一直到生产都融为一体，当时大家称之为‘大会战’。有人说这是‘四不像’，但我觉得这个集体更像是组织得很好的一支交响乐队，热闹而不乱，紧张而有序。关键是每一个人都有高度的积极性与自觉性。在这样的环境下，高效率、高速度就是必然的结果。此外，我们不像参加美国曼哈顿计划的科学家，他们在试验成功后，特别是在日本使用原子弹后，感到良心的责备。我们是一种被迫的自卫行动，用它来保障国家的独立和人民的安全，我们不会首先使用它。”[③]

二十年后，宋家树写了一篇手稿，记录了他参加第一颗原子弹的心路历程[④]：

> 在党中央决定研制我们自己的原子弹后，1957年10月15日，中苏签署了《国防新技术合作协定》，规定苏方为中国提供原子弹蓝图和生产技术。1958年成立二机部负责这一工程，建立了第一批原材料生产厂。1959年6月20日，苏方单方面撕毁了已经签署的协定。这时，中央决定从各单位抽调更多的技术骨干，于1960年初集中于北京花园路。1960年7月，苏方撤退所有专家，全面切断援助。实际上花园

① 林儒生：江东子弟竞风流。《兵器知识》，2013年第9期，第79-81页。

② 宋家树：读“毛主席的旗帜指引我们攀登国防科技高峰”有感，1977年9月6日。未刊稿，资料存于采集工程数据库。

③ 宋家树：求学与工作，见：中国科学院编，《科学的道路（下卷）》。上海：上海教育出版社，2005年，第1620-1622页。

④ 宋家树：关于第一颗原子弹的回忆——纪念第一颗原子弹爆炸二十周年，1984年10月，未刊稿。存于中国工程物理研究院。

路此时只有一个苏联“电气专家”，被称为“哑巴和尚”，从未说什么有价值的情报。如果说苏联关于原材料制造方面有过一些援助，在最后加工方面，则所给甚少，在原子弹设计方面就更少了。从1960年开始，党中央已下定决心，自行设计，研制原子弹，当时的花园路就是大本营。我于1960年4月调到北京，宋任穷部长、朱光亚副所长给我们交代任务。7月份，部领导传达中央精神，抓紧进行，决不下马。一时群情激愤，一定要争这口气，把原子弹搞出来。

有各方云集的老科学家和年轻人，面对光荣的任务，心情激动，学习、讨论、实验、争辩，只有一个目标，一个问题：原子弹是什么样子？查找一切可以找到的文献，从最基础的原理来做计算，运用每一个人已有的知识进行猜测，还有只有少数人能看的一份简略草图。从核物理的计算，到在南口进行的爆轰试验；从黄色炸药的铸造，到金属铀的成型；无一不是从头做起。终于通过在北京四年的工作，我们弄清楚了它的结构，不仅如此，我们还首次企图弄清材料的要求和真刀真枪的来制造它。在后人难以置信的简陋条件下，我们做出了铀的部件。当然还有作用不明的4号部件。

1964年初条件成熟，大家要“上前线”了。青海草原在我们脑海中是取得胜利的战场，没有人去想生活困难，没有人留恋大城市，因为，我们为了做好这次试验苦战了四年。根本不需要动员，相反的是要做那些留下来的人的工作。参加“大会战”是多么光荣！在草原上的1964年，是沸腾的时刻，一切置之脑后，除了“596”的进展，那时102车间是沸腾的中心之一，数不清的热心这一事业的领导来视察、来鼓劲，而大家劲头本来就很高。在试制过程中遇到不少困难，有些是很严重的，如切屑燃烧事故，但是这些都没有吓住我们。在二二一厂的会战是一次真正的大力协同的战斗，兄弟单位的协作、草原四大部的协作，在102车间组装内球，在207车间装炸药球，而在215车间进行总装。各项任务按严格的时间表进行。10月份在基地完成了一切准备工作。10月16日成功的进行了爆炸。从苏联人撤走专家，我们用四年时间胜利地完成了这一任务，不能说不是一个奇迹。特别是这一段正是全国处于“困难时期”，大量的工作是在极其艰苦的条件下进行的。

我们的第一颗原子弹水平如何？应该说优于美国的最初水平。不仅当量大，而且重量要轻得多（美国的“胖子”重3吨的庞然大物）。也就是说，我们的东西更接近于可使用的武器，而且，我们当时还没有钚-239，中子源也是更先进的。“投篮”结构虽然比较笨，但并不重要。重要的是我们从理论上自行设计出了这一装置，从工艺上自己制造出了它，奠定了设计，制造的最初基础，组织起了能进行试验的全套队伍，这是一个了不起的功绩。

二十年过去了，从现在看第一颗原子弹当然是很粗糙的东西，那时对这一领域的了解也显得很初步，但是，我们觉得“大会战”的精神一直是我们事业发展的支撑力量。这种精神的实质是什么？仁者见仁，智者见智，各人都会有不同的看法。从我个人的切身体会中，我认为最重要的是“唯实精神”和“协同精神”。前者取之于陈云同志“不唯上、不唯书、要唯实”的话，后者取之于毛主席“大力协同”的教导。

“唯实精神”就是务实物、求实效，受实践结果的检验。初到草原有许多议论，我们这个事业怎么办？按工厂的搞法？按科学院的搞法？行不行，吴际霖提出的“四不像”回答了这一问题，按我们自己的实际情况搞。在大会战期间，一切为了第一个产品按时出厂，与之无关的事一概不搞或少搞。当时叫“任务为纲”，这是草原会战最重要的措施。唯实的精神就是集中而不是分散精力，一切活动以是否对完成任务有实效这点来判断。坚决不搞无效劳动，这样是最大的节约，也是有高速度的根本。

“大力协同”有好几层意思，有外部的协同，与内部的协同，有上下级的协同与前后左右的协同。但是，最重要的是每个人都有能协同动作，而不是“唯我独尊”的精神。在现代大型科技任务中没有协同精神的人，不管你科技多高明，用处是不大的。在第一颗原子弹的攻关进程中，首先是四大部的分工，还有主工艺与辅助部的分工，有干部、技术人员、工人的分工。最后，所有这些劳动完全凝结于一个装置上。很难分出是谁的力量。我不赞成像国外那样说“原子弹之父”的说法。近来美国人说物理学是原子弹之父，而材料、工艺是原子弹之母。在整个工作中，只有工作范围大小之分；前台与后台之分；总装的人范围很广，但对部件的具体知识也了解最少。我们必须习惯于做无名英雄，这一品质对从事科学事业的人是一件好事，没有一个大科学家是为了出名而从事科学研究的。事业上的大力协同，要求我们具有善于与人共事的作风，这是一种对人、对自己都十分有利的作风。

中国成功爆炸第一颗原子弹，成为世界上第五个拥有核武器的国家，打破了一切敌对国家的核讹诈，屹立于世界的东方。半个世纪后的今天，从世界现代史的视角，人们可以清楚地看到：我国第一颗原子弹爆炸的成功，实现了中国战略核力量发展的重大突破，翻开了共和国国防建设新的一页。① 邓小平也曾说：“如果六十年代以来中国没有原子弹、氢弹，没有发射卫星，中国就不能叫有重要影响的大国，就没有现在这样的国际地位。”

核部件实战化

第一颗原子弹爆炸成功后的第十七天，周恩来总理在听取张爱萍、刘西尧关于第一次核试验情况的汇报时，明确指出：“我们明年要试验核航弹，后年要与导弹结合试验，1967 年要搞氢弹。”这就是周总理关于我国核武器研制“三级跳”的设想。

我国第一颗原子弹爆炸成功，准确地说仅是一次核装置的爆炸成功，标志着我国已掌握了引发核裂变的技术，拥有了制造核武器的能力，但是要把这种能力变成可供战斗使用、能装备部队的战斗力，还有很长的路要走。导弹试验成功了，成为运载原子弹的理想翅膀，而这翅膀能承载多大

① 张翔：在我国第一颗原子弹爆炸成功五十周年纪念大会上的讲话。《两弹一星历史研究》，2014 年特刊，第 1–2 页，内部资料。

的重量，飞行多少里程，静止状态的爆炸和飞行中的爆炸是否有区别，在飞行过程中和备战状态下其安全可靠性能如何，这些都是原子弹武器化过程中需要解决的问题，其中最重要的就是核部件实战化的研制与加工。

在武器化设计方案出来之后，人们的视点又聚焦在核材料的研制与加工之上。宋家树心里更清楚，再完美的设计最终都将取决于新材料性能的验证和工艺加工能否满足设计要求。宋家树感到肩上的担子陡然又加重了许多。在协作单位按设计要求提供出新材料之后，以前为核材料穿上的“衣服”已不合体，必须从原料到“样式”进行重新“剪裁”，由于新材料的特殊性能，又使研制碰上了许多前所未遇的问题，工艺上也面临着许多新技术的应用，逼着宋家树带领大家对工艺进行重大的改进。这一阶段，是他与理论设计部门“争吵”最多的一个时期。宋家树在多年工作实践中形成的那种“对一切未知的东西都感兴趣，对一切权威的东西都不盲从”的风格，对于设计者提出的方案，特别是在使用的核材料（有时哪怕是形状）发生改变时，他总是要彻底“讨教”清楚，力主用成熟的材料和技术以提高试验的可靠性，但当宋家树真正了解到某种新材料的不可替代性时，他便带领同志们日夜奋战，拼着命也要把试验所需要的新材料给弄出来。

1965 年 5 月 14 日，我国第一颗空投原子弹爆炸试验成功，1966 年 10 月 27 日，我国首次导弹核武器试验成功。至此，我国拥有了空投和火箭运载这两种不同的投放方式，拥有了可用于实战的原子弹。

攻克热核部件

“氢弹也要快”

第一颗原子弹爆炸成功后，中国拿到了核大国俱乐部的“入场券”，国家把氢弹技术的研制提上了议事日程。毛泽东明确指出：原子弹要有，氢弹也要快。

宋家树同广大科技人员一样，激发出为研制氢弹奋斗的极大热情。

在此之前，美国、苏联、英国先后于 1952 年、1953 年、1957 年爆炸了第一颗氢弹，法国也在加紧研制氢弹。世界核大国为什么要竞相发展氢弹呢？因为原子弹受临界质量的影响，其威力始终有限，而氢弹不一样。氢弹是利用两个氘原子核或一个氘原子核与一个氚原子核相互碰撞而“聚合”起来的核聚变反应，而变成一种新的较重的原子核——氦核，同时释放出巨大能量造成毁伤效应的武器。氢弹爆炸时释放出的能量比原子弹大得多，爆炸威力可以大到几百万吨至几千万吨 TNT 当量，而且不受临界质量的限制，可以根据需要制造大小不等的氢弹。美国爆炸的第一颗氢弹，其威力相当于 1040 万吨 TNT 当量，是美国投在广岛那颗原子弹的 500 多倍，其爆炸的火球直径达 6000 多米，把用于氢弹试验的小岛，从水平面起，炸得无影无踪，海底炸出了一个最大直径为 1600 多米、深 50 多米的巨大弹坑。

氘、氚都是氢的同位素，氢是元素周期表中原子质量最轻的一种，含有氢、氘、氚的材料统称为热核材料或轻材料。氘核、氚核都带正电，相互排斥，要把它们融合到一块发生聚变反应，条件很苛刻，需要把氘氚加热到极高的温度。氢弹研究的关键，就是要创造并实现氘氚燃烧的条件，简言之，就是“瞬间、高温、高压、高密度”。

我国原子弹的研制或多或少还有一些苏联专家提供的线索和国外书刊透露的某些新闻性的报导可供揣测，氢弹技术美、苏、英三国却是绝对保密的。

我国的氢弹技术，完全是靠中国人自己的聪明才智在艰苦探索中突破完成的。

1960 年深秋，当我国原子能工业建设和原子弹的研制工作已经从苏联援助转向全面自力更生的时候，时任二机部部长的刘杰就开始考虑氢弹研制工作如何部署展开的问题。

不久，在钱三强的领导下，原子能研究所成立“轻核反应装置理论探索组”（简称“轻核理论组”），黄祖洽任组长。后来何祚庥、于敏先后加入，陆续扩充至 40 人左右。“轻核理论组”经过 4 年时间的探索和研究，对氢弹的原理做了一些初步探索，对氢弹可能的整体结构也有了一些初步的设想，为后来的氢弹攻关工作奠定了一些必不可少的应用基础。

北京第九研究所理论部在交出了第一颗原子弹的理论设计方案后，抽出部分研究力量也开始了氢弹原理的探索，并由副所长、理论物理学家彭桓武亲自指导。开始研究含有热核材料的加强型原子弹的理论模型，研究发现加强型原子弹结构，不可能成为氢弹；原子弹与氢弹之间不是简单的联系，而是有质的差别；在氢弹研制中不能机械地搬用原子弹的设计理论和方法，必须针对氢弹特点开展新的探索研究。

1965 年 1 月，“轻核理论组” 31 名科研人员携带着预先探索研究的所有成果和资料调入九院理论部工作，黄祖洽、于敏任理论部副主任，与邓稼先主任、周光召副主任领导的氢弹原理探索科技人员汇合，将两股力量“合二为一”，形成拳头，集智攻关，他们当中有的做过氢弹基础研究，有的研究设计过原子弹，这对加快氢弹研究的速度起到很好的促进作用。

1965 年 8 月，周恩来主持召开中央专委第十三次会议，着重研究了加速实现氢弹试验等问题。会议认为，只要本着“实事求是、循序渐进”的科学态度，树立“兢兢业业、踏踏实实，周到细致”的工作作风，贯彻“大力协同”的精神，进一步调动各方面的积极因素，原定的计划进度是完全有可能提前实现的。

这次中央专委会议后，二机部领导要求九院理论部尽快交出一个威力尽可能接近 100 万吨 TNT 当量、轰 -6 投弹飞机能够携带的核装置的理论设计方案。理论部决定多路探索，分兵作战：一部分人在北京继续探索突破氢弹的途径，而于敏率领一部分研究人员到上海，利用华东计算技术研究所 J501 计算机，对不同核材料的设计模型进行计算。于敏等连续奋战近百天，进行了大量的理论研究和无数的计算，终于将氢弹原理方案的奥秘揭示出来，提出了中国自己的氢弹设计方案，即用原子弹做“扳机”来引爆“被扳机”，将热核材料加热到高温，压缩到高密度，达到自持聚变反应，瞬时释放巨大能量。

与原子弹相比，研制氢弹的三要素——原理、材料、结构都要复杂得多，1965 年，九院理论部在探索、突破氢弹原理的同时，宋家树也接了一个军令状，在二二一厂组织科技人员集中力量猛攻氢弹核心部件——热核部件的成型工艺、机械加工、防潮涂层等技术难关。

接受“军令状”

第一颗原子弹爆炸成功后，宋家树组织车间科技人员对原子弹的研制攻关、加工、装配等方面进行了系统总结，分析了接下来的形势任务，虽然重工段要按照设计部门的要求加工、装配核试验所需的部件，还要根据原子弹武器化的要求开展工艺定型和生产，任务很繁重，但根据国家的氢弹研制计划，车间工作重心必须转移到轻工段，立即着手热核部件的研制攻关，宋家树为技术负责人。

1965 年 1 月，二机部副部长刘西尧视察二二一厂 102 车间时，对宋家树说：“给你一年时间，把热核材料部件搞出来！”离开时又握着宋家树的手嘱咐道：“热核材料部件的事就托付给你了！”①

热核材料部件的攻关是一项综合性很强的研制任务，要解决一系列技术难题。核大国对热核部件的工艺技术绝对保密，热核部件所需的材料是由协作单位生产，而且还没有生产出合格的产品，他们用的什么工艺，需要什么条件，宋家树一点资料也没有。对宋家树来说，这是一项非常艰巨的开创性研究任务，一切都得从头做起。

从原子弹到氢弹，美国用了 7 年，苏联用了 6 年，英国用了 5 年，按照周恩来总理“三级跳”设想，中国计划 3 年，而且氢弹的原理没有掌握、结构也没有设计出来，部件的尺寸、形状都不知道，要“一年时间拿出热核部件”，谈何容易！宋家树感到前所未有的压力。

尽管热核部件的研制攻关任务非常艰巨，面对党和国家的重托，领导的殷切期望，宋家树接下了“一年时间拿出热核部件”的“军令状”。

宋家树组织攻关团队从最基础的学习调研做起。为了让科技人员尽快掌握有关热核材料的基本知识，早日开展部件的研制工作，宋家树把仅有

① 谢建源访谈，2017 年 5 月 6 日，北京。资料存于采集工程数据库。

的几篇美国公开的文献翻译成中文，自己先消化吸收，又到生产热核材料的协作单位学习调研。调研期间刘少奇的大儿子刘允斌[①]接待了他，并给宋家树详细介绍了热核材料的性能、特点、生产工艺等。短短的几个月，宋家树将了解和掌握的相关资料以及自己的想法详细地向参加攻关的科研人员做了讲解和介绍。他全面介绍和分析了热核材料的性能与工艺问题、冷压过程中压力与密度的关系、烧结过程中不同的烧结理论、热压过程中压力与时间的关系、部件的晶体结构和性能变化，这些知识对成型工艺的研究和性能检测人员帮助很大。当时，热核材料对大家来说都是新鲜事物，大家只能边学边干，一切从头摸起。每天晚上，车间办公室和实验室里灯火通明，宋家树带领技术人员一边研究文献资料，一边摸索实验，经常是晚上 10 点后才离开，和大家一起步行回到生活区。

通过学习调研，宋家树了解到热核材料需要干燥的环境，否则容易变质。因此，他开始在 102 车间开展干燥空气站的工艺探索做了大量实验工作，掌握了一套庞大的设备，提供了大量的湿度低于 1% 的极干燥的空气，并专门建立了一个组负责干燥空气站的运行。

经过一段时间的摸索，宋家树基本确定了氢弹热核部件攻关的三大难题：成型工艺、机械加工、防潮涂层。

热核部件的研制攻关是个系统工程，为了增强攻关力量，在朱光亚的支持下，107 室合并到 102 车间，并对车间机构进行了调整。车间领导班子增加苏桂余、王铸两位副主任。

宋家树作为热核部件攻关的“统帅”，充分体现他作为科技领军人物的才干，他把行政机构重新进行调整，并明确了各自的职责：一大组（重工段）负责原子弹核部件的加工；三大组（轻工段）负责热核部件成型、加工；四大组负责中子源部件加工；安全组负责材料、中间产品、废料的严格保管和研究生产过程中的安全问题；物性和化学分析组负责部件的保护涂层，产品的质量检测；还有干燥空气站、维修组的职责等。

各组各司其职、同步协调、按部就班地从热核部件的成型工艺、机械

① 刘允斌（1924–1967），核化学专家，1946 年考入莫斯科科大学化学系，1957 年回国。

加工、防潮涂层三个方面同时进行研制攻关。宋家树经常到各班组布置、检查和讨论工作，帮助解决技术难题。

三路探索

在热核材料部件研制的三大难题中，困难最大的是成型工艺。因为协作单位提供的热核材料是粉末状，只有掌握了成型工艺，才能进行机械加工和防潮涂层，而且氢弹对热核部件的品质要求极高。生产出的部件要求不能有裂纹、杂质、不能有掉边、掉块等，有的部件对密度要求严苛，要接近理论密度，而且部件的密度均匀性要好。

宋家树善于从全局考虑问题，抓主要矛盾，攻坚克难，他亲自领导第三大组攻关。这个组的组长是武胜，副组长是许纪忠、马德顺。

宋家树回忆说："关于热核部件成型的工艺当时是一无所知，文献很少，很明显是非常保密的事情，完全靠自己做。我的想法就是，你先把做这个部件的可能性列出来，有几种办法，然后集思广益，大家来讨论哪种办法可行，哪种办法不可行。最后定出来粉末冶金的办法有几种，铸造的办法有几种，然后每种办法都做实验，先试一试，看看哪条路能通。"①

在宋家树的鼓励下，三大组攻关人员以科学的态度，自主创新的精神，发扬学术民主，畅所欲言地对方案展开讨论。无论是专家、新来的大学生还是工人，都可以上台，各抒己见，有不同的意见就展开讨论，彼此从中得到启发。

在学习与试验进行过程中，攻关小组经过充分讨论，缜密论证，认为可能有三种方法可以解决热核材料加工中的成型问题。在如何验证三种方法的适用性时，攻关小组中却有两种意见。一种意见认为三种路线应依次推进，另一种意见则认为应同时进行。为了争取时间，宋家树决定由武胜、许纪忠、马德顺各带一组人马同时进行，三路探索，以期在最短的时间内确定最佳工艺路线。经过初步探索，铸造成型工艺首先被淘汰。宋家

---

① 宋家树访谈，2015年9月21日，北京。资料存于采集工程数据库。

树当机立断，三路探索改成两路探索，分别对“热压”和“冷压”两种粉末冶金成型工艺进行攻关。

“要知道梨子的滋味就得去吃它”，宋家树求真求实，对未知的事物总是通过实验来认识它，从大量的实验中得到真知，再上升到理性的认识。在他的指导下，武胜等人从小型试验入手，用代用材料从小到大进行了数以百次的工艺试验，对热核材料粉末的压制工艺参数进行模拟研究，画出参数之间的关系曲线。因为数学基础扎实，宋家树根据曲线推导出了相关公式，为开展部件成型提供了参考依据。

根据材料特性和成型工艺的难点，宋家树又调研收集有关热核材料的性质和成型工艺的资料向有关技术人员和工人们讲解，主要内容包括密度和密度均匀性、冷压烧结理论、热压过程中密度与压力的关系。

宋家树、武胜等在实验研究中尊重科研人员的首创精神，鼓励大胆创新，宽容探索中的失败。正是这种学术上民主、宽松的氛围，使探索中的技术方案更加科学，少走不少弯路。也正是这种自由、平等、心情舒畅的讨论，使人的聪明才智激发出来，激发了职工的首创精神，形成了团结协作、集智攻关的良好风气。

通过实验对几种工艺方法进行比较后，宋家树、武胜等人发现之前认为难度最大的热压工艺却最切合实际，最接近目标，不仅能获得最高的密度，而且缺陷较少，可以达到理论设计的要求。于是，宋家树决定集中力量对热压工艺进行攻关，院领导也充分肯定这个方案，并将其作为主攻方向。

协作单位生产出合格的热核材料后，宋家树组织攻关人员着手用真正的核材料进行成型试制。由于攻关人员没有见过热核材料，没有直观的认识，大家有限的认识仅仅是来源于某些文献资料，所以对它难免有恐惧心理。在车间刚刚引进热核材料的时候，很多人听说它的毒性巨大，而且会自燃，甚至会爆炸，都很害怕。为了消除大家的疑惧，宋家树将保存热核材料的保险柜放在他值班睡觉的工作间里，这一无声的行动打消了大家对热核材料的恐惧心理。在具体接触热核材料时，为了安全考虑，宋家树总是以身作则，带头示范。第一次热核材料试验时，当时防护条件简陋，他第一个打开了原材料外包装，正当他开启密闭的瓶盖时，瓶盖突然蹦开了，材料粉末一下子喷到他的脸上，立刻产生烧灼的感觉，再加上少量的粉末进入了眼睛里，他马上冲向水池打开水龙头用水冲洗。由于处理及时，宋家树的皮肤和眼睛并无大碍。以后每次开瓶取料操作完成后，用水冲洗皮肤成为安全操作规程之一。事后，宋家树分析这次喷溅的原因是内地和高原的压力差造成的。宋家树还亲自做了一次热核材料燃烧的演示试验，大家围着他观看，只见热核材料燃烧得很平静，发出绚丽的紫色火焰。

攻关人员对热核材料进行部件的成型试制，效果并不理想，产品常出现大裂缝，不得不将部件打碎再压。在打碎部件时，需要用钢锯将其锯成块状，这存在一定的风险。因为要抢时间、抢进度完成任务，宋家树和工人师傅们戴上口罩一起锯，飘落的粉尘粘在衣服上也没有人顾及。这种工作方式当时被大家称为干部、技术人员、工人“三结合”。

图 6-8 原二二一厂 102 车间同事合影（前排左起：陆正华、吴世玉、骆继湘、林秉璋、谢建源、魏钞熙、蒋国纯；后排左起：胡允杰、杨志高、王菁珩、宋家树、郝树深、钟东汉、张强国，1981 年，宋家树提供）

陈能宽、龙文光、张兴钤等人经常深入102车间各工号和实验室，在一些关键技术上进行方向性决策和业务指导。朱光亚也经常来车间详细了解工作进展，具体指导攻关人员该抓哪些问题，并对宋家树提出的各种困难都仔细听取，一一布置并落实解决。

氢弹对热核部件的丰度要求很高，质谱仪是热核材料同位素丰度分析的重要仪器，当时国内还没有生产，又不能从国外引进，通过调研和可行性分析，在朱光亚的协调下，二机部决定委托北京气体分析仪器厂承担仪器的研制任务，很快研制出我国第一台质谱仪，用于科研生产。

物性、化学、探伤、质谱等理化分析组，通过不断实验研究，建立起科学的检测程序和方法，积极配合热核材料的成型和加工，样品随到随时检验和分析，确保科研试制的顺利进行。

攻关人员再接再厉，从原材料筛选、模具、烧结到冷却等过程实行严格控制，终于克服了黏模、疏松、裂纹等缺陷，实现了技术突破。试验结果证明，当初认为最难的方法，无论是加工工艺还是加工质量都最为理想。经过无数次实验和改进，解决了一系列工艺技术质量难题，从而形成不同热核材料产品的成型工艺，生产出不同性能的产品毛坯。

宋家树在组织热核材料成型攻关过程中，总结出热核材料热压成型及冷压、烧结工艺，编写了“热核材料热压过程的分析”以及模具设计的计算公式等报告。1987年，“首次热核试验用部件热压工艺”获得国家发明三等奖，发明者有：宋家树、武胜、许纪忠、郑坎均、马德顺、相守臣、李凤芝，其中宋家树是第一发明人。

重安全保质量

热核材料的机械加工也是一项没经验可循的工作，首先是安全与质量问题，操作不当极容易引发爆炸。宋家树吸取了铀部件切屑燃烧事件的教训，高度重视安全问题，给安全组充实了人力，引进了设备仪器，安排了实验室。他在全面组织车间研制任务的同时，给安全组提出了预防“粉尘爆炸”的课题，经过攻关，确保了热核材料加工中的安全。

热核材料的爆炸必须具备三个条件：一要有一定浓度的粉尘，二要有点火源，三要有空气、氧气。三个条件一旦同时满足，就会产生爆炸。为让机械加工的工人师傅对爆炸的原因及危害程度有直观的认识，宋家树亲自组织了一次带有演练性质的大型粉尘爆炸试验，大大地提高了工人师傅的安全意识。

这些针对热核材料大大小小的试验，不仅提升了攻关人员对热核材料的认识，也使他们深入地了解热核材料的性质。通过试验得出的结论，攻关人员对机械加工用的手套箱气氛进行了纠正，将原设计中的保护气氛由干燥空气改为含氧较少的氩气。因此，在加工热核材料部件时，不仅往手套箱充氩，而且还要带一台简易定氧仪进行随时的监测，监测机械加工手套箱内的氧含量，保证热核材料加工过程中的安全。

但在具体操作中还是发生了一些意外。有一天晚上，车间组织大家加班生产，在进行粉末冶金烧结的过程中，不知什么原因，烧结炉的密封装置出了故障，整个大炉子立刻燃烧起来。报警后，消防车很快便来到车间大厅门口，就在消防队员准备用水枪灭火时，宋家树却出乎所有人的意料一下跳上了炉子，阻止消防队员用水灭火。对于这一举动，宋家树事后回忆说：

> 我一看不对劲，千万不能用水，我们做的热核材料遇水是要爆炸的，很危险的。于是我当时就急了，炉子里面本身在燃烧，我就跳到炉子上，因为我怕他们稀里糊涂就把水喷过来，引起大爆炸，我跳到炉子上告诉他们不要用水。炉膛本身当时就是高温了，烧起来火苗就会窜出来，他们[①]印象里面就是遇到火就用水灭，这个是很危险的。当时我们知道这个情况，他们不知道，我那时真是着急，因为周围没太多人，说话也怕来不及，就跳到这个炉子上，指挥他们不要用水。[②]

宋家树临危不惧及时正确的处理，避免了一起重大安全事故的发生。

① 指消防员。

② 宋家树访谈，2015 年 9 月 21 日，北京。资料存于采集工程数据库。

为进一步保证产品质量，在机械加工过程中，宋家树指导分析检验组开展热核材料的物理、力学性能的测试，建立起多种杂质及同位素分析方法、无损探伤方法和密度均匀性测量方法。

赵鸿德回忆说：

宋老师对于数据可靠性的要求十分严格，对于每个重要数据他都采用双重方法来相互印证。车间里当时有一台测量同位素的仪器，有一个小组专门从事这方面的工作。但宋老师仍然担心仪器会不会在急需时出现问题，它需要的易耗材料在关键时刻能不能及时供应，以及仪器是否存在未发现的系统误差。为了保险起见，他指定海玉英、骆继湘和我采用另一种方法来确定同位素的丰度，还从测定方法原理、使用的设备、试剂的配制、温度控制、测试方法到样品的制备，各个方面他都给予了具体的指导。方法原理看起来很古老，实验过程比较长，但它基本不需要外界的特殊供给，其结果也相当精确。最后测定结果和仪器测量结果差别甚微，远远小于误差的允许范围，能够起到相互核对的作用。他总是让我们给出的数据完全可靠，确保产品质量万无一失。①

在第一工艺组技术人员的指导下，负责加工的工人师傅因陋就简，严格控制手套箱内气氛，经过大量的试验和反复探索，终于形成了一套成熟的加工工艺。

解决防潮涂层

热核材料是一种化学活性极高的化合物，只要有水、即使是空气中的水分，它也会完全吸收并起水解反应，从而影响材料性质，导致产品失效，给部件成型加工工艺和长期防潮储存研究带来很大的困难。因此，热

---

① 赵鸿德：师者，宋家树。见：《宋家树院士八十华诞文集》编委会编，《宋家树院士八十华诞文集》。北京：中国原子能出版社，2012 年，第 96 页。

核部件加工出来后，必须解决防潮涂层问题，在热核部件表面穿上一层防潮“外衣”，也就是防潮涂料，从而阻缓材料变质。

涂层组主要是车间副主任王铸负责，组长是朱日彰，副组长是吴学义。防潮涂层难题的解决仍然是没有多少资料可资借鉴，还是通过大量的试验来解决问题。宋家树提供了很多试验数据和理论上的支持，他参加了热核材料变质过程及涂层问题的实验研究，进行了理论分析，写有《热核材料与水反应动力学方程》《热核材料水化时品位及同位素成分变化规律》《热核材料的大气稳定性问题》等报告。其中，《热核材料的大气稳定性问题》论述了热核材料与水反应过程中，热核材料增重与品位变化及腐蚀深度的关系。根据宋家树提出的论点和关系式，攻关人员用称重法替代化学分析法检测核部件的品位变化。

参加热核部件防潮涂层攻关的郝树深说：

上级领导和宋家树对研制工作抓得非常紧，研制攻关中，要求我们认真贯彻周总理提出的十六字方针，做到“严肃认真，周到细致，稳妥可靠，万无一失”。当时课题组的压力非常大，每三天要写出一份书面汇报，报告这三天课题组进行了哪些试验工作，发现了什么问题，有什么启发，得到了哪些试验数据，宋家树在认真审阅报告后，要求我们对下一步研究提早定出详细计划，各环节都要落实到每一个成员，提出有关协作单位承担的任务和要求等。我们课题组日夜奋战，每天都要处理成百上千的数据，绘制几十条试验曲线，进行分析和讨论。宋家树在参加我们分析讨论时总是能为我们出主意想办法，找出研制过程中的问题症结并加以指导。热核材料容易吸水潮解，吸水潮解后重量和质量就会变化，宋家树就从理论推导，给出公式。我们就依据他给出的不同公式，推断哪种材料做涂层效果好，用他的这个方法以后，减少化学取样和品位分析工作，比以前的化学分析法简便，大大节省了时间。①

① 郝树深访谈，2015 年 9 月 22 日，北京。资料存于采集工程数据库。

在宋家树的指导下，涂层组郝树深、张良翰、赵福春等从全国各地选了数十种涂料，进行了数百次试验，最后选用了铁红底漆加上凡士林，因此我国第一颗氢弹的热核部件是红颜色的。

武胜回忆起这一阶段的工作时说：

> 宋家树科学组织专业技术人员协同开展实验研究，最终建立从原材料到制件的组分分析、物理性能测试和无损诊断方法。他指导和参与材料安全性、相容性、成型工艺、精密加工和防腐蚀保护技术研究。特别是材料在加工工艺过程的安全性分析和制件在热加工过程的热应力等理论分析，对解决试验工艺过程的安全性和避免部件产生相关缺陷起到关键作用。①

在宋家树的组织和领导下，102 车间各组不仅解决了机械加工、质谱、物性、理化、探伤等技术难题，而且在不到一年的时间里还先后攻克了热核部件的成型工艺、机械加工、防潮涂层三大难关。

《当代中国的核工业》一书评价了对宋家树这段时期的工作：

> 在热核部件的研究中，要将这种化学性质很活泼的材料制造成符合技术要求的部件，必须解决一系列的工艺技术问题。工程师宋家树等人从成型工艺、机械加工和防潮涂层等方面开展实验研究，对其中难度较大的成型问题，以几种不同的工艺方法进行试验。经过不到一年的紧张工作，掌握了一套工艺技术，制造成合格的热核材料部件。

咬定氢弹不放松

1966 年是 102 车间最紧张、最忙碌的一年。要试验核航弹、核导弹，车间必须按照设计部门的要求加工、装配核部件；氢弹原理取得突破性进

① 武胜：特种功能部件技术攻关二三事。见：《宋家树院士八十华诞文集》编委会编，《宋家树院士八十华诞文集》。北京：中国原子能出版社，2012 年，第 40-41 页。

展，也必须按照理论设计的要求，尽快加工出热核部件进行试验，以检验原理是否正确。

3月30日，邓小平、薄一波等党和国家领导人，在西北局第一书记刘澜涛、二机部副部长刘西尧和青海省委第一书记杨植霖陪同下视察二二一厂。邓小平先后参观了模型厅、实验部、生产部、一分厂102车间，他对刘西尧、李觉等领导说："不管发生什么事情，你们要抓紧生产不能放手，这是根本的一条。"

在模型厅邓小平欣然挥笔题词："高举毛泽东思想的伟大红旗，遵照毛主席指引的方向，奋勇前进——别人已经做到的事，我们要做到；别人没有做到的事，我们也一定要做到。"

邓小平的题词极大地鼓舞了二二一厂广大职工，大家提出了一句响亮的口号："要赶在法国人之前爆炸氢弹。"

在热核部件研制的关键时刻，二二一厂"四清"运动演变成"文化大革命"。8月，二二一厂"草红总""革联"[①]两派群众组织相继成立。当时，二二一厂武斗正炽，车间里的两派群众组织频繁交锋，严重影响生产任务的完成。何文钊、宋家树等车间领导哪一派都不参加，哪一派都不能得罪，因为车间生产谁都离不开。"生产氢弹核部件的时候，很怕把派系矛盾带到工作中，上下工序可能是不同派别的人，工人或者技术人员。我们尽量做工作，多看着点避免工作出了问题。"[②]在那个特定的历史时期，宋家树需要耗费很多精力去做两派群众的说服工作，尽力维系车间各项生产的正常进行，确保任务完成。有一次两派群众组织闹得特别厉害，情急之下，作为车间副主任的宋家树把两派群众组织的头头叫到一起说：

> 你们都称自己是最革命的，但当前我们最大的革命就是完成热核材料生产任务，这是党中央、毛主席交给我们的光荣任务，必须按时

① "文化大革命"期间，在二二一厂草原上群众分成了两大派。一派造反派组织"草原红色造反总部"，一派保皇派组织"革命联合指挥部"。两派的冲突到1967年夏天发展到武斗的程度。"草红总"占领了总厂，"革联"占领了十三厂，两派手持钢管做的长矛互相进行攻防。

② 宋家树访谈，2015年9月22日，北京。资料存于采集工程数据库。

完成。我建议，你们两派同志只要进了车间，就不要斗了，出了车间我不管。①

车间两派群众虽然派性不同，但是要把原子弹、氢弹搞上去这个想法大家还是一致的，便同意了进车间就不“斗、批、改”，这样，车间生产才恢复正常。

为了协调生产和守护核材料安全，宋家树相当长一段时间都住在车间里。宋家树说：“一是我负责热核材料工作，连轴转，晚上还工作，车间里面都有人在加班，临时有问题都要找人负责解决。何文钊主任年纪大一点，我是单身，年轻一点，在宿舍是住，在车间也是住。二是我们车间有很多核材料，两派斗争的时候怕造反派把核材料拿出去，因为武斗的时候曾经有人找我们借防毒面具，要防毒面具干什么，很明显这是有问题的，我当时就很紧张，把钥匙控制起来。除了正式的生产需要的东西，按正常手续有人管，其他时候就不让人进去。”②

尽管很难，在宋家树的组织推动下，氢弹研制工作依然在推进，其间，还是出了一点小问题。在为氢弹原理试验加工热核部件时，有一件产品质量不十分理想。1966 年 11 月 24 日，在青海二二一厂召开的科研生产情况汇报会议上，第一生产部汇报了各部件、组件的加工进度及质量情况。考虑到已加工出的热核部件质量有缺陷，会议同意第一生产部的决定：重新再加工一件完好的热核部件。

周恩来对氢弹原理试验十分重视，12 月 11 日，他主持召开中央专委第十七次会议，得知一件热核部件质量还不够理想时，当即决定派刘杰乘专机去二二一厂检查生产质量，向参与这次核试验准备工作的全体人员进行政治动员，讲明这次核试验的重大意义，动员广大群众把好加工质量关，保证正式试验用的氢弹装置的高质量。同时，希望刘杰了解“文化大革命”的风暴对二二一厂正常的科研、生产秩序的影响。

次日晚，刘杰与二二一厂领导一起来到 102 车间，宋家树详细介绍了

---

① 林儒生：江东子弟竞风流。《兵器知识》，2013 年第 9 期，第 79-81 页。

② 宋家树访谈，2015 年 9 月 22 日，北京。资料存于采集工程数据库。

生产加工情况，刘杰仔细察看了加工好的有缺陷的热核材料部件，发现是一个非常细小的擦痕。经与宋家树等车间领导、质量检验人员、设计人员一起研究，认为这不属严重质量问题，不影响使用，不会对核爆炸试验产生影响，而且102车间已经加工出了另一件完好的部件，用于正式试验，有擦痕的那一件只是作为备份部件。刘杰认为车间的这一安排是妥当的。

12月18日，正式试验用的氢弹装置全部加工完毕，经领导干部、专家和工人“三结合”检查，质量良好。12月28日，氢弹装置按时爆炸，证明我国掌握的氢弹原理是正确的，设计方案是可行的，氢弹研制中的关键科学技术难题已获解决，为1967年的正式氢弹试验成功打下了坚实的基础。

当晚，新华社发表《新闻公报》称：“继导弹核武器试验成功之后，又圆满地实现了这次新的核爆炸，从而把我国核武器的科学技术提高到一个新的水平。”具有讽刺意味的是，有的报刊声称“这是无产阶级‘文化大革命’的伟大胜利”。

局外人不会知道，此时二二一厂的厂长吴际霖被打倒了，厂区到处是戴高帽子的“走资派”在游街、被批斗，生活区电影院门口的马路成了大字报一条街。客观事实证明，正是有了像宋家树这样一大批科技人员极力排除“文化大革命”的干扰和破坏，才取得了氢弹原理突破这一重大科研成果。

氢弹原理试验结束后，聂荣臻、钱学森、于敏等领导和专家齐聚一堂，讨论下一步氢弹研制计划。期间，有人担心地探问李觉，你们能否很快就拿出氢弹？李觉面带愁容，满腹惆怅地说：“不乐观，困难很多。现在厂里比较乱，两派斗得很凶，技术干部都被搅进去了。要按时拿出产品，没有绝对把握。”

1967年年初，有关部门获悉，法国有可能在7月份试验氢弹，国防科委决定把首次氢弹试验提前到二季度进行。2月12日，在二二一厂召开的科研生产会议上，确定赶在法国前进行氢弹空爆试验。这时，设在西宁市的二二一厂技校少数学生卷入了西宁市的武斗，影响很大。会议第二天，中央军委副主席聂荣臻派专机把参加会议的人员接到北京，改由国防科委、国防工办组织召开。经周总理批准，决定对二二一厂实行军事管制。

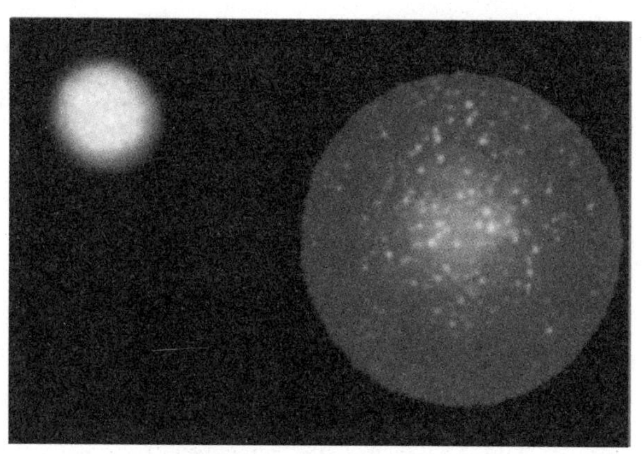

图 6-9　我国第一颗氢弹爆炸（左上方是太阳，1967 年 6 月 17 日，中国工程物理研究院档案馆提供）

2 月，理论部基本完成了氢弹的理论设计，设计部技术人员提出加大热核材料和铀材料尺寸的重要改进，使核爆炸威力有较大的提高。102 车间的任务就是按照理论设计的新要求加工出合格的热核部件。此时，宋家树在“凛然”的造反派面前，已没有什么权力了，只是凭靠他平时的人缘和老关系，多说好话，多讲道理来组织生产。在他的多方斡旋之下，5 月底“终于勉强完成了生产任务”，[①] 这也成了宋家树在青海参加组织的最后一次生产活动。

6 月 5 日，二二一厂承担的氢弹设计、实验、生产、环境试验以及核测、总装、联试工作全面完成，产品运往试验基地。

1967 年 6 月 17 日，徐克江机组驾驶的轰－六甲型飞机，飞到靶心上空，准确地打开弹舱抛出弹体，一颗 330 万吨 TNT 当量的氢弹爆炸试验成功，赶在法国前面，使我国成为第四个掌握氢弹技术的国家，同时，我国也是研制氢弹时间最短，花费经费最少的国家。

我国第一颗氢弹试验爆炸成功，是中华民族气节的展示，是中国屹立于世界东方的丰碑。在丰碑的背后，是无数像宋家树一样的科技工作者在特定的历史时期咬定氢弹不放松，为氢弹的研制试验忍辱负重，矢志不移地排除干扰、埋头苦干、攻坚克难。

---

① 宋家树：回忆录片段，2000 年，未刊稿。资料存于采集工程数据库。

“文化大革命”冲击

接受审查

1965—1966年，在二二一厂的“四清”运动中，受“极左”思潮的影响，各级干部都要“下楼洗澡”，在职工代表中对照检查听取职工意见，这种运动方式被称为“搓背”。越是接近群众的领导，工作做得越多的干部，在一次又一次的对照检查中越难以过关，职工形容基层领导“洗烫水澡”。宋家树作为基层领导，“102车间职工，特别是技术人员没有对宋主任不服气的，在技术上都很尊重他，为他孜孜不倦、勤奋学习的钻研精神，埋头苦干实干的工作作风，不计个人名利为核事业奋斗的牺牲精神所折服。”[①] 在这次运动中，宋家树通过与职工群众的交心谈心，增强了干群关系，使他与职工群众的联系更加紧密，这也为“文化大革命”中大家对他的保护埋下了伏笔。

第一颗氢弹爆炸成功后不久，二二一厂“草红总”“革联”两派再次发生大规模武斗。此刻，大家心里都蒙上了一层阴影，刚完成氢弹试验的任务，本来以为是立功授奖，没想到却是……[②]

1968年9月17日，二二一厂成立以王荣为主任的新“革委会”，执行林彪反动路线更彻底。宋家树无端被停职“审查”，由工宣队“监督劳动”。当时102车间造反派的口号是“打倒何、宋、王”，“何”指车间主任何文钊，“宋”指车间副主任宋家树，“王”指车间副主任王铸。虽然身处朝不保夕的动乱时期，宋家树却并不消极。至今宋家树仍记得他坐在102车间走廊上“写检讨”的情形。后来宋家树又被罚去车间当车工、电焊工，但在他看来，到车间当“工人”这已经算是一种优待了。“平时自

① 张敏：家国情永隽生命树长青。见：《宋家树院士八十华诞文集》编委会编，《宋家树院士八十华诞文集》。北京：中国原子能出版社，2012年，第17-18页。

② 谢建源访谈，2015年9月25日，北京。资料存于采集工程数据库。

己只是看着工人师傅干活，如今自己可以亲自动手尝试了，也算是种意外的收获吧。”他边干边琢磨，最后竟加工出了很精致的有机玻璃成品。

即使在“文化大革命”那样的动荡日子里，宋家树依然怀着对事业强烈的责任心，思考着科研工作。比如，在准确地预测到不同组合的热核材料可能的应用前景时，他指导赵鸿德查阅国内外相关资料，仔细计算出了不同组合的热核材料的晶体密度，后来赵鸿德被调到工艺组，在实际工作中了解到其中一种同位素组合成的热核材料的特性。从传递过来的数据看，其密度值与宋家树让他计算的数值差别较大。事关重大，赵鸿德不敢擅自做主。赶紧找来几个人商量，连夜做出几个小样，请物性组的同志测定其密度，其结果与宋家树让他算出来的数值十分接近。① 宋家树的责任心和前瞻性令赵鸿德至今都十分敬佩。

1968 年 11 月，二二一厂下属的各个分厂相继建立了学习班。进入学习班的人每天要“早请示”“晚汇报”。大家天天被组织读报、跳忠字舞，晾晒思想，并写学习心得。宋家树与苏桂余、谢建源等被指派到二二一厂第一生产部学习班学习，每天学“文件”、读报纸，外带打扫宿舍楼的公共厕所。看管他们的“工宣队”的师傅会找他们定期谈话，教训几句。由于宋家树“人缘”好，在学习班里虽然军代表、造反派费尽周折，也找不出宋家树的问题，没有受到批判。1969 年 5 月，宋家树在第一生产部学习班的学习结束后，又回到车间，被安排到保健食堂去帮厨，给晚上加班人员做夜宵。

“学习班”的日子

1969 年 3 月，在黑龙江省珍宝岛爆发了中苏两国的武装冲突，苏联密谋对我国实施外科手术式的核打击，全国进入临战态势。国防科委指示：“二二一厂过去是根据苏联专家意见建于青海草原，集中暴露，从战略考虑，在三线地区应有第二手准备。”九院、二二一厂也发出通知，抢在敌

① 赵鸿德：师者，宋家树。见：《宋家树院士八十华诞文集》编委会编，《宋家树院士八十华诞文集》。北京：中国原子能出版社，2012 年，第 96 页。

人发动战争之前，以最快速度向三线和河南驻马店“五七”农场转移。10月，林彪颁布“一号命令”，全国开始了“战备搬迁”。

当时有一个顺口溜：“正品到三线、次品留下来、处理品到农场。”此时，妻子王佩璇由北京下放到河南上蔡农场劳动改造，母亲陶华和两个孩子一同前往。11 月，宋家树请假回北京，他原本打算申请与家人一道下放到上蔡农场，借此一家人团圆。为此，宋家树专门给朱光亚写了一封信，但没有回音。12 月，宋家树送母亲、妻子、儿女四人坐“闷罐车”去河南。

女儿宋晓晖回忆当时的情景：

> 1969 年冬天，我们家去了位于河南驻马店地区的“五七”干校，父亲滞留在青海，没能和我们在一起，但他送我们去河南，坐的“是闷罐车”，这种火车像是运货车，就是一节节铁皮车厢，空空的，分男女车厢，没有座位。大家用棉被铺在车厢的铁皮地面上，一家挨一家的或坐或睡，我和弟弟跟着母亲。车厢中间有一个火炉，为取暖用。大家都穿着棉袄棉裤棉鞋。女眷车厢的炉火不旺，冻得脚都疼。我和弟弟窜到父亲的车厢去，那里的叔叔们很会烧火，车厢里暖烘烘的，很舒服！在五七干校头两年里，父亲没能来探亲。母亲白天地里劳动，晚上参加政治运动，还要顾家，非常辛苦。①

二二一厂在转移搬迁中，自备热电厂一号电缆线发生短路爆炸、实验部七厂区核心机密资料“丢失”、二分厂 229 工号发生炸药件爆炸，三起事故本是设备年久失修和忙乱中出现的几起安全责任事故，军委办事组黄永胜指派赵启民、赵登程（以下简称“二赵”）到二二一厂处理上述事故，“二赵”不做任何调查，认定三起事故是蓄谋已久的反革命破坏，立即开展了一场声势浩大的“清队破案”运动。

宋家树返回厂里申请办理下放到上蔡农场的手续，但当时厂里“二赵”在搞“清队破案”，抓“阶级敌人”，军代表要求他听从命令留下来，

① 宋晓晖访谈，2017 年 5 月 9 日，美国。资料存于采集工程数据库。

先进“学习班”，待查清没问题，才能去农场。宋家树见势不妙，和同行的苏恒兴商量，当机立断马上离开二二一厂去“学习班”，由此避开了“二赵”的进一步迫害。

图 6–10 与西宁“学习班”同学在西宁火车站合影［一排左起：朱致祥、王坚（王少纯）、谢建源；二排左起：苏恒兴、宋家树、权忠舆；三排左起：学习连军代表组副组长陈宏安。1972 年，谢建源提供］

权忠舆回忆说：“‘二赵’的审查批斗波及厂内大部分职工，数百名技术人员和工人被以各种‘名头’遣送多巴‘学习班’，102 车间就有近百名同志身列其中。宋家树虽然身为 102 技术中坚，却因为‘莫须有’的‘特嫌’罪名未能幸免。”①

“二赵”起初在离二二一厂不远的多巴借部队的营房开办学习班，几个月以后，部队收回营房，“学习班”搬到西宁杨家庄。“学习班”由军代表管理，每天除了“触及灵魂”的政治学习和生产劳动外，还有一项重要任务就是开展阶级斗争，揭批“阶级敌人”和“反动分子”。

宋家树回忆说：

“学习班”没有行动自由，是一所变相劳改所，但比起留在厂里的人来还是好多了。“二赵”进厂后立即大肆宣扬三大案件，开展“清队破案”运动，抓了很多人，我们车间“何、宋、王”三人中，何文钊就被关起来，王铸也受了不少罪。但是，我们不时要被召回厂内“受教育”，比如看枪毙人就有好几次，一共杀了五个人，都是冤假错案，搞得人人自危，空气十分恐怖。我们“学习班”也不平静，

① 权忠舆：和宋家树同志相处的时光。见：《宋家树院士八十华诞文集》编委会编，《宋家树院士八十华诞文集》。北京：中国原子能出版社，2012 年，第 64 页。

> 炸药专家钱晋就被“军管”活活打死。[①]

在“学习班”，102车间的人员被编成一个排，排长由武胜担任，下有三个班，班长有谢建源、李成名、吴克福。连里则由苏恒兴、权忠舆等人掌“权”。这些人都是宋家树的老部下、老朋友，根本没有进行相互间的揭发和批斗，宋家树所在的排就找不出一个有问题的人作为批斗的对象。这种状况在军代表那里是无法过关的，没办法，他们连就从别的连排里借了几个名声大的人来象征性的批斗。所谓提审、批斗大多演绎成了他们自己心里明白的一本正经走形式的小闹剧。

> 在“学习班”，我们一排主要是102车间的人，当时军管组要整的重点对象是宋家树，就威胁我们，说我们抱团，互相不揭发，不检举，扬言把其他的人收拾了以后，最后来抓我们这一批，我们的压力非常大。同时，天天坐小板凳，还不带靠背的，一般每天都要坐10个小时，早上7点多起床，要跑步出操，出完操吃了早饭，然后坐4个小时，吃完午饭，下午又要坐4个小时，晚上还要加班，就坐那小板凳，时间长了，身体也吃不消。[②]

时至今日，宋家树的腰一直很不好，就是那时候落下的病根。其实，军代表、造反派怀疑指控宋家树的所有问题，起源于一个叫谢家树的国民党特务。他的背景和成长轨迹，与宋家树有很多相似之处。同时因为宋家树大家族里有很多亲友都在台湾，而且级别都非常高[③]。所以，每次一到政治运动，宋家树都是因为这些原因而受到牵连。

1971年，林彪阴谋暴露，折戟沉沙，“二赵”也被隔离审查，中央专门召开了九院“批林整风会议”，清算林彪及“二赵”的罪行。

---

① 宋家树：回忆录片段，未刊稿，2000年。资料存于采集工程数据库。

② 谢建源访谈，2015年9月25日，北京。存地同上。

③ 宋家树的八姑父李国鼎1949年到台湾，为台湾经济的快速发展作出了很大的贡献，被誉为台湾经济腾飞的设计师和策划者。

此时的“学习班”已名存实亡。但是经过几年的“折腾”，一些人已经心灰意冷，“同学”们或等待安排工作或自谋出路，不少人纷纷离开，剩下的人不多，宋家树亦在其中。在等待的日子里，宋家树读书、拉胡琴，有时还提笔作画，以一种坦然淡定的态度面对现实。

图 6-11　与妻子、儿子在西宁合影（1971 年，宋家树提供）

从“学习班”出来后，因为宋家树在核部件研制领域突出的技术能力和水平，1973 年，宋家树再获重用，奔赴巴山蜀水的大山深处，从此，迎来他人生又一次新的转折。

第七章
巴蜀建功

1974年，宋家树服从组织的安排，调到三线的九〇三厂工作，先后任厂副总工程师、总工程师兼副厂长等职。在九〇三厂，宋家树与张兴铃、李英杰等一起，规划厂区建设、组织型号攻关、培养人才队伍、谋划长远发展，在新的单位为国防事业做出了重要贡献。

奉 调 入 川

三线建设

中华人民共和国成立后，国际风云变幻莫测，面对帝国主义的封锁、包围和军事威胁，毛泽东始终把维护国家安全，防止帝国主义侵略和欺负，作为国家战略的首要问题，一再告诫全党、全军和全国人民：帝国主义势力还在包围我们，必须准备可能的突然事件；帝国主义者如此欺负我们，这是需要认真对付的；我们的国防将获得巩固，不允许任何帝国主义再来侵略我们的国土。

二十世纪六十年代中国大陆周边面临严峻形势：

东面：台湾国民党当局利用大陆出现的经济困难局面不断进行军事骚扰，叫嚣“反攻大陆”。从1962年到1965年向大陆派出几十股武装特务登陆。1961年9月、1962年9月，美国制定并进行了以中国为假想敌的两次大型核战争演习，基本内容都是：以台湾为基地，出动军舰、核潜艇、轰炸机，发射导弹，袭击中国沿海重要港口、机场和军事设施，最后美军在中国大陆登陆。演习中除核武器外其他都予以实施。1990年解密的美国国务院档案证明，美国当时确实制订了对中国进行核武器打击的计划。1964年4月，美国国务院政策设计委员会专家罗伯特·约翰逊起草了先发制人地袭击摧毁中国核设施的《对共产党中国核设施直接行动的基础》等多份计划，提出由美国单方面打击、与苏联联合打击、委托第三国打击等多种方案。总统约翰逊和国务卿腊斯克、国防部长麦克纳马拉就此进行了讨论，并试探了苏联的意见，但是遭到苏联的婉言谢绝。

南面：1962年美国在越南的战争开始逐步升级，由出钱出物支持南越发展到直接派出军事顾问和特种部队。1964年8月美国又利用北部湾事件，对北越进行大规模持续轰炸。美国报刊上有人还制造舆论说：美国将可能把战争扩大到中国，并使用任何武器，包括核武器。

西面：1962年10月和11月，印度军队向中国领土发动大规模入侵，中国军队被迫两次进行反击，将印军击退。其后战争停止，但双方边界的军事对峙局势尚未得到根本缓和。

北面：1962年苏联在中国新疆伊犁、塔城地区策动了大批中国居民外逃事件。1963年苏联与蒙古人民共和国签订了针对中国的《关于苏联帮助蒙古加强南部边界防务的协定》，不久，苏联派10个师近20万人进驻邻近中国边境地区。

迫于诡谲多变、严峻紧张的国际形势，1964年8月，国家“三五”计划提出必须立足于战争，从准备大打、早打出发，积极备战，把国防建设放在第一位，加快三线建设，逐步改变工业布局。并强调指出，“三五”计划期间一定要把建设重点放在三线，否则“就会犯方针性错误”。

“三线”建设本身是出于战备的需要，因此，一切建设都从战争角度考虑。其原则是“小而分”，具体措施则是“山、散、洞”。1964年8月，国家建委召开国防单位一、二线搬迁会议，提出国防建设要大分散、小集中，少数国防尖端项目要“靠山、分散、隐蔽”（简称山、散、洞），有的还要进洞，由此拉开三线建设序幕。

关于三线的概念，学者们曾给出了多种解释。综合一般的概念是，由沿海、边疆地区向内地收缩划分三道线。一线指位于沿海和边疆的前线地区；三线指包括四川、贵州、云南、陕西、甘肃、宁夏、青海等西部省区及山西、河南、河北、湖南、湖北、广东、广西等省区的后方地区，共13个省区；二线指介于一、三线之间的中间地带。其中川、贵、云和陕、甘、宁、青俗称大三线，一、二线的腹地俗称小三线。根据当时中央军委文件，从地理环境上划分的三线地区是：甘肃乌鞘岭以东、京广铁路以西、山西雁门关以南、广东韶关以北。这一地区位于我国腹地，离海岸线最近在700公里以上，距西面国土边界上千公里，加之四面分别有青藏高原、云贵高原、太行山、大别山、贺兰山、吕梁山等连绵山脉作天然屏障，在准备打仗的特定形势下，成为较理想的战略后方。

1964—1980年，国家在三线地区共审核批准了1100多个大中型建设项目。大批原先位于大城市的工厂与人才进入西部山区。国家用“备战备荒为人民”“好人好马上三线”等口号大力号召人们前往三线地区支援建设。

六十年代末，苏联在中苏边境陈兵54个师、近百万人，在珍宝岛挑衅引发大规模武装冲突后，苏共中央政治局讨论了要用外科手术式核打击消灭中国核基地的计划，并打算联合美国实施此项计划。我国的第一个核基地是苏联帮助选址、设计的，针对来自苏联的严重威胁，迫使我国必须以临战姿态，加紧抢建第二个核基地。

1968年，国防科委责成九院具体负责九〇三工程选址建厂工作。以刁筠寿为领队的选点组一行19人历时六个月，行程八千余公里，跋山涉水，历尽艰辛，共勘察了70余个点，拟出了五个选址建厂方案上报中央专委。

1969年8月12日，周恩来主持第十九次中央专委会，批准建设九〇三厂并确定抢建九〇三工程。1969年10月10日，毛泽东签发命令，调工程兵参加九〇三工程建设。

1970年3月起，施工建筑材料、器材设备、生活物资等源源不断运进工地，基本建设拉开序幕。

到1973年9月，九〇三厂除负责基建施工的部队外，还从二机部其他厂抽调了很多工程技术人员。虽然部分人员到位了，但由于任务不明确，规模铺得非常大，几乎和二二一厂是一样的规模，整个基本建设处于无序状态，工程兵部队完成一些基本设施建设后就陆续撤场了，科研配套的基本建设进度极其缓慢，具备科研生产能力还遥遥无期。基地选址以“靠山、分散、隐蔽”为原则，造成交通极为不便，给基建工作带来了很大的困难，加上“文化大革命”极“左”思潮及领导体制等因素的影响，厂里的一切具体事务都由军代表管理，管理方式僵硬教条，工作协调不畅，建厂方案一变再变，建设进度一拖再拖，工程时建时停。从1970年3月破土兴建到1973年年底，国家已投资达数千万元，但尚未建成一个完整的生产车间，职工队伍思想状况极不稳定，科技人员纷纷要求调离。

二机部决定由李英杰、徐福堂、张兴钤、宋家树、何文钊等人组成一个新的领导班子，加快工程建设进度，满足国家的相关需求。其中，李英杰任九〇三厂厂长兼党委副书记，徐富堂任党委书记，张兴钤任总工程师，宋家树任副总工程师，何文钊任副厂长。

选择深山

林彪“九一三事件”后，“二赵”彻底垮台，二二一厂设在西宁杨家庄的“学习班”已处于散乱状态，因为当初是作为被教育和怀疑的对象离开二二一厂的，很多人并不知道自己该何去何从。还有相当一部分人被运动整得伤了心，感觉自己不会再被信任了，就开始各自想办法，希望能够调离二二一厂。

当时军代表找宋家树谈话，希望他重新回二二一厂工作。宋家树回忆说：“军代表说，我们对你的调查已经完毕了，你没有什么问题，还是好同志，所以你可以恢复工作。”①

对于这样的结论，宋家树是不愿意接受的。因为家庭成分问题和莫须有的“特嫌”问题，在各种政治运动中，宋家树都不同程度地受到怀疑、隔离、审查，他心里很委屈。因此，他认为在哪里都可以发挥自己的作用，不想留在二二一厂，很想调出核工业系统。

1973年，中央开始着手安排处理“二赵”垮台之后的善后工作，从安定团结恢复正常科研生产出发，开展了五项工作，分别是平反冤、假、错案；恢复正常科研生产秩序；理顺军队干部和原九院被迫害职工之间的关系；调整、配备好九院新的领导班子；挽留人才。

图7-1 1980—1985年居住的小平房（2000年，郝宁提供）

为了挽留人才，九院领导请老领导李觉、赵敬璞亲自做宋家树的思想工作。

李觉、赵敬璞就把宋家树等人找到北京，跟大家谈心，讲道理。宋家树明白，这些老领导就是不想放他走。面对着老领导，宋家树一方面流露出不太愿意再回青海二二一厂的想法，另一方面又不好意思一口回绝说坚决要调走，于是就这么僵着。几位领导一看，觉得把宋家树留下来还是有戏的，就继续做着说服工作。

在与两位老领导交心谈心当中，宋家树的思想也在慢慢地发生转变，情绪得到了缓解。宋家树思虑再三，考虑到一直为之奋斗的事业不能就此停步，还有永远无法割舍的科技报国梦，便同意调九〇三厂任副总工程师。

当时妻子王佩璇希望宋家树回北京，毕竟一家人分别了10多年，还经历了那么多磨难，但是王佩璇也识大体，她尊重宋家树新的选择。她说：

① 宋家树访谈，2015年9月22日，北京。资料存于采集工程数据库。

"我们俩是这样，年轻的时候就有这个约定，彼此都是自由的。重大事情我们基本上都是自己决定，跟对方商量也商量，但主要是自己决定。"①

1973 年 9 月，宋家树与李英杰、张兴钤、陈宏毅等 40 多名科技人员，赴九〇三厂开展工作。初到九〇三厂时，整个厂区的工作、生活条件都十分艰苦。宋家树在给王佩璇的信中说："这里买东西全靠赶场，有一个商店，没有什么东西卖，一到赶场时住的招待所都无人管理，经常开不了门，弄得我只好从窗子钻入房中，每天下午就不一定有水，开水是更不易打到，今天早上就无水，洗脸只好暂停，总之生活上是有些困难，相信今后会好起来。"②

宋家树和何文钊共同挤在一个只有十几平方米的两居室里，每个人的房间大概六七平方米，只能摆下一张单人床、一张书桌、一把椅子及一些零星的生活用品。

九〇三厂地处深山峡谷，交通十分不便，外出开会、办事，路途遥远，路况不好，非常颠簸，泥泞和灰尘成了这条路的"伴侣"，大家戏称这条路晴天是"扬灰路"、雨天是"水泥路"。由于在"文化大革命"学习班期间落下的腰椎病，宋家树在这样的路上来回一趟更是十分辛苦劳累。

勇担重任

规划"瘦身"

初到九〇三厂，宋家树等人就面临着重新规划，加快推进九〇三工程建设的严峻的形势，困难重重。

对于九〇三厂，国家当时只是规划了方向，具体如何建设还是需要九〇三厂领导班子自己来做决定。原来九〇三厂的设计基本上仿照二二一

① 王佩璇访谈，2015 年 9 月 21 日，北京。资料存于采集工程数据库。

② 宋家树给王佩璇的信，1973 年 9 月 28 日。存地同上。

厂的建设方案，但是九〇三厂承担的任务此时要比二二一厂延伸了很多，甚至国家把其他厂的部分任务也合并进九〇三工程。由于“文化大革命”的影响和规划的无序，施工现场管理混乱，在开工三年的时间里，建设方案一变再变，某些建设项目迟迟定不下来，设计、施工不配套，工程处于半停顿状态，加上当时建设人员不足、设备缺口大，特别是配套公用设施缺项多等原因，常常导致年度建设任务无法完成。

宋家树等人经过调研后，发现九〇三厂建设存在的主要问题是：摊子太大，重点不突出。于是，他协助李英杰、张兴钤等人抓住这一主要矛盾，着手九〇三厂建设规划的“瘦身”。

原九〇三厂厂长周汝炎回忆：

> 我们1972年去的时候，沟里都是席棚子，施工单位跟九〇三厂的人都住在席棚子里面。没有设计任务书，也没有什么工艺设计、施工设计，实际上是部队在管，首长怎么指挥就怎么干。1974年年初，张兴钤、宋家树等人来的时候，九〇三厂基本上是要上不上，要下不下。他们认为九〇三厂应该建什么？怎么建？首先得有一个设计任务书。于是，张兴钤牵头负责九〇三厂总设计任务书，宋家树主要负责核材料部分，何文钊主要负责辅助生产系统部分。[①]

作为“瘦身”计划的技术负责人，张兴钤、宋家树等用了一个月的时间去现场勘察地形，召开技术讨论会对任务需求进行研讨，并对原有方案进行重新审视、分析、定位，最终对初步设计的调整方案基本上达成了一致。

调整后的方案首先确定了“缩小规模、分步实施，边建设、边生产”的工作思路；其次，力求宏观着眼，微观入手，找准厂子的发展定位，勾勒了建设国家级核武器相关技术研究中心的蓝图，具体设计了实现战略目标的战术路径；再次，把“预防为主，保护优先”的环保理念作为建厂指导方针，避免走“先污染后治理”的道路，使厂区周边环境长期处于符

① 周汝炎访谈，2015年9月24日，北京。资料存于采集工程数据库。

合环保要求的、安全可控的状态，确保了安全生产和可持续发展。最后，为九〇三厂预留出足够的发展空间。

图 7–2 与九〇三厂领导在小平房前议事留影（左起：宋家树、孙振声、何文钊、常惠欣，1985 年，宋家树提供）

宋家树把核材料、核部件研究、生产、防护等工作梳理了一遍，九〇三厂需要建什么车间、研究室，规模多大，任务是什么，需要什么样的专业人才，在宋家树工作记录本上，依然可以看到他当时对九〇三厂核材料研究生产架构的谋划。宋家树这样回忆这段往事：

> 我们到九〇三厂以后，第一件事就是审查原来的设计，因为建一个厂初步设计很重要，就是这个厂是干什么的，要盖哪些建筑，需要哪些设备等，我们把原来的设计拿来先要看一遍，审查一下。我们主要的思路是这样，过去为什么进展这么慢，其中最根本的原因就是对厂子的定位不清楚，当时定位范围扩得太大，而且是一次搞完，基本是按照二二一厂的规模来建，这么大的规模，有没有必要？能不能同时上？就讨论这个问题。我和张总觉得这样搞没有必要，二二一厂有一套了，再重复建设没有意义，李英杰当然也尊重我们的意见，我们就到北京，因为这种大的事情要二机部来定，不是我们几个人能定得了的。①

于是，李英杰、徐富堂留下处理厂里日常事务，张兴钤、宋家树等技术专家赴北京，向二机部汇报情况，争取初步设计调整方案得到国家批准，能够加快建设，使厂子早日具备科研生产能力。

---

① 宋家树访谈，2013 年 10 月 28 日，北京。资料存于采集工程数据库。

张兴钤、宋家树等技术人员到北京后，与部里的专家一起，用了近半年的时间，重新编写了“设计任务书”，对原有初步设计方案以及各个工号进行分析、研讨、论证，逐个子项进行审查，修订图纸，很快厘清了各条工艺生产线的建设纲要和施工方案。简单地说，这个方案就是适当缩小规模，砍掉一些重复建设项目，有重点、有针对性地分批建设，优先实施重点项目。这一方案最终得到了二机部的认可，并上报中央获准。

“最后部里也同意我们的意见，要砍掉一些，不要一次建起来，分步骤来建。我们就订一个方针，先建重点项目（一分厂），把研究和生产做起来，在做的过程中，看什么地方有需要，就抢建哪一部分”。①

回到九〇三厂后，李英杰、张兴钤、宋家树等人按照轻重缓急、分步实施的原则，制订主工艺项目和重要辅助工程的建设计划，一个一个子项安排抢建，加快了基建进度，国家对九〇三工程的投资也逐年增加。经过三年的建设，部分生产线建成投产，生产布局初具规模。

周汝炎说：“宋家树是九〇三厂核材料研制生产工作奠基人之一，他参与组织完成的设计任务书扭转了局面，是九〇三厂发展的里程碑事件。”②

在狠抓基建的同时，宋家树与张兴钤、何文钊一起组织科技人员提前进行科研生产准备工作，为重点材料投产争取了时间。

由于九〇三厂建厂初期任务不明确，再加上从青海二二一厂过来的“草红总”“革联”两派争斗，以派划线，导致人心浮动，使得整个厂区乱象丛生，职工内部不团结，军人、干部、群众的关系紧张；有的职工甚至认为九〇三厂是是非之地，不可久留；劳动纪律松弛，人称“8923”部队，就是上午 8 点上班，9 点下班，下午 2 点上班，3 点下班；施工现场管理混乱，器材和设备零部件被盗无人过问。宋家树等人到九〇三厂后，造反派贴出了批判“专家治厂”的大字报。作为军人出身的厂长李英杰对宋家树等人说：“你们该怎么干就怎么干。”安抚了科研人员之后，李英杰分别找到造反派头目谈话，其中一个绰号“张大炮”的转业军人，在造反派里有一些影响力。李英杰找他谈话，问他，“现在是个什么情况你不知

---

① 宋家树访谈，2013 年 10 月 28 日，北京。资料存于采集工程数据库。

② 周汝炎访谈，2015 年 9 月 24 日，北京。存地同上。

道吗？如果没有这些专家，单靠我们现有的力量能把厂子建好吗？国家要求我们尽快完成基本建设，投入科研生产，再这么闹下去能完成任务吗？”这个转业军人是个直率的人，听了李英杰一番劝告后，就从造反派组织里退出来了，并向其他人做了一些劝导工作。后来他还对李英杰开玩笑说，“他们都说我是‘叛徒’呢。”李英杰针对当时厂内一些职工的思想波动做了多番开导工作，为宋家树等技术领导的工作扫清了障碍。①

那时，九〇三厂的科技人员比较少，主要是从二二一厂等兄弟单位抽调而来，工作生活上遇到的种种困难和问题都无法及时解决，有不少原本怀着远大理想和抱负来到这里的科研人员想调离。作为厂科技工作主要领导的张兴铃、宋家树很快就把科技人员凝聚在一起。周汝炎回忆说：

> 张兴铃、宋家树除了规划各科研室、车间任务、规模、发展方向，指导科研生产准备工作外，还做了大量组织协调和稳定队伍的思想工作。他们白天到施工现场指导工作，晚上在自己住的简陋平房里，约请科技人员商谈工作、研究问题。他们学术造诣高深、气质高雅、风度潇洒，待人真诚、亲切随和、朴实无华，没有专家、学者的架子，从不颐指气使。不管是科技人员还是党政人员，也不管是从那个厂调来的职工，都感受到他们的亲和力，都愿意听取他们的意见。他们严于律己，从不计较个人名誉、地位、待遇。当时，我在厂办公室任职，有机会更直接地接触宋家树等专家、领导，为他们做一些行政事务性工作。看到他们没日没夜没节假日的工作，想采取一些措施照顾一下，总是被他们婉言拒绝。在他们的影响和带动下，广大科技人员和工人团结奋战，九〇三厂几个特种材料主工艺研究室、车间的保障条件建设和科研生产准备工作进展很快，提前具备了正式投产条件，并连续多年完成上级下达的科研生产任务。②

---

① 吕旗、谭淑红：《钤记—张兴钤传》。上海：上海交通大学出版社，2015 年，第 203 页。

② 周汝炎：知者乐仁者寿。见：《宋家树院士八十华诞文集》编委会编，《宋家树院士八十华诞文集》。北京：中国原子能出版社，2012 年，第 45 页。

同时，“在体制创新方面，宋家树带头大刀阔斧地实施了一些改革，取消分厂，车间全部直属于总厂，减少中间环节，办事效率也极大地提高了。”①

筹建一分厂

九〇三工程建设项目在最初的设计中，九〇三厂下设一、二、三、四共四个分厂。一分厂为核部件加工生产厂，属于“瘦身”设计任务书中的重点部分，是九〇三厂的核心分厂，担负着为国家研制生产核部件的重要使命。其他三个分厂则分别负责化工产品、炸药、电子以及四通等辅助生产系统。

二十世纪八十年代初期，国际、国内形势与进行三线建设时的六七十年代相比发生了很大变化。邓小平同志果断决定对划分一、二、三线地区的国家防御战略进行调整。根据国家战略调整，九〇三厂集中精力建成了一分厂的车间、研究室等相关机构，其余分厂停建。在技术工作方面，九〇三厂由张兴钤牵头，宋家树主要负责组织完成核材料部分的设计任务书，集中精力主抓一分厂的筹建工作。

宋家树当过二二一厂 102 车间副主任，在工艺生产、组织架构、科学研究等方面有丰富的工作经验，他以大系统工程的开阔视角，严谨审慎的态度重点进行了统筹规划。从 1973 年到 1976 年的几年时间里，从制订规划到落实推进，从工艺设备的调研、采购到调试，从技术工人的选拔到培训，他怀着把在建厂初期失去的时间补回来的愿望，忘我地工作。

宋家树善于处理各种棘手问题，一般不以行政命令决定问题。“他总是广泛听取意见，集思广益。比如九〇三厂的初创阶段，设计、基建、工艺往往产生矛盾，各说各的理，争执不下，宋家树在听取不同意见，考虑现实需要后，发表自己的看法，细致入微、有理有节，往往被各方所接受。科研生产中来自各方的矛盾也是很多的，常常相持不下，但是最终他

---

① 余仲民：许身国威壮河山。见：《宋家树院士八十华诞文集》编委会编，《宋家树院士八十华诞文集》。北京：中国原子能出版社，2012 年，第 102 页。

都能一一化解。李英杰更是把宋家树看作工作中的得力助手，宋家树的意见，他基本都会采纳。当时他们都住在山沟里的一栋小平房里，只要李厂长在家，他们一块开会，一块散步，一同讨论研究工作，关系相当融洽”。[①]

图 7-3　在九〇三厂工作时的生活区照片（1985 年，宋家树提供）

原九〇三厂副总工程师隋蔚祺说：

> 宋家树带领我、王崇良、王清辉等几个副总工程师，大力协同开展各项工作，大家集思广益，相处和谐，事业进展得很快。经过努力，很快把一分厂核材料生产搞了起来。[②]

在核部件的研制生产中，他力主引进先进的工艺技术，贯彻安全环保理念，以前瞻性的思维引导九〇三厂的生产与发展。

宋家树主导、决策先进工艺技术的引进工作：一是引进等静压技术替代模压工艺；二是开展了锻造工艺替代研究。

原九〇三厂副厂长陈述桃还清楚记得宋家树主张引进等静压机的过程：[③]

> 一分厂某工号生产原初步设计中部件成型沿用老的模压工艺，该工艺所用设备庞大、厂房高大、占地面积大，还需要准备几十吨各种

---

① 吴巍：与宋家树院士相处片断回忆。见：《宋家树院士八十华诞文集》编委会编，《宋家树院士八十华诞文集》。北京：中国原子能出版社，2012 年，第 104–105 页。

② 隋蔚祺：淡泊名利以学传人。同①，第 112 页。

③ 陈述桃：我们心中的“老宋”。同①，第 117–118 页。

大小规格不等的模具和工装，且产品质量往往难以控制。当时，欧美地区已经有了比较成熟、先进的等静压工艺技术和设备，国内一些单位也正在开展一些相应的研究试制工作，当时西北某厂还成功引进了一套等静压机。

在讨论某工号的初步设计时，宋家树力主改变沿用的老模压工艺，引进新的成型工艺技术。原有的工艺已经很成熟，为什么要换新工艺呢？更改工艺也面临着很多不确定性，而且这种新工艺行不行呢？当时很多人都有疑问。面对疑问，宋家树根据自己查阅掌握的资料，做了大量的解释工作。他认为这个方案既节约资金，环境污染也小。他在调研、试验、论证的基础上，要求做好原有初步设计的同时，抓紧调研国内外等静压工艺和设备的情况。从1976年开始，先后安排许纪忠和陈述桃等人去调研、学习等静压工艺和设备的状况，他们在一机部情报研究所、北京图书馆等单位查阅国外有关等静压工艺和设备的文献，还专门去西北某厂参观学习从国外引进的等静压机设备和资料。经过近一年的调研、研讨和准备，在宋家树的指导下编写出了关于等静压机的调研报告，提出从国外引进等静压机设备的想法。并向国家成功申请引进了等静压设备。

进口设备到厂后，最紧要的任务是组织翻译、消化全套等静压机设备的英文资料。作为副总工程师的宋家树亲自担任冷等静压机安装专门工作组组长，在他的指导下，车间组织相关人员分工包干，突击完成了全套等静压机英文资料的翻译、校对任务。在等静压机全套设备的安装、单体调试、冷试和负荷联动试车期间，宋家树多次到现场察看和指导。最终，通过引进的等静压机生产出了合格的试验件毛坯，宋家树非常高兴地察看了毛坯和产品，并指示车间的技术人员认真编写引进进口设备的专题总结报告。

实践证明，冷等静压成型工艺优于模压成型，它生产准备工作量少、模具工装量少且小，生产成本低，产品质量稳定，能生产出各种不同密度、各种不同规格型号的合格产品。几十年来，这套冷等静压成型工艺，先后完成了多项试验产品的研制和多型号、多批次定型产品的生产任务，为国防建设做出了重要贡献。

在等静压机系统完成试车和试生产后，宋家树说："当前国外热等静压技术已经发展成为一种真正的生产技术，它除了继续用于核燃料元件的研制生产，还应用于铸件内部缺陷消除、金属粉末复杂零件的精密制造、高质量复杂陶瓷结构件的制造、恢复疲劳损伤件性能以及多孔结构比如碳—碳合成物的致密和浸渍等，我们开展热等静压试验除了考核设备，更重要的是希望你们能在国内率先开辟热等静压研究的新途径、新领域。"[①] 宋家树建议某车间尽快开展热等静压工艺研究，并在1980年取得了阶段性成果。

在某部件的制造工艺中，原来使用的是锻造工艺，此工艺导致金属利用率低，放射性污染严重。为了解决这个问题，宋家树等人开展了替代工艺研究，他抓紧时间，组织试验，最终取得了成功。与锻造工艺相比，新的工艺有几大好处：一是简化了工艺；二是提高金属利用率，减少了切屑量及其存放容器和库房；三是避免材料的氧化而造成设备及环境的污染；四是生产上更加灵活，适用于小批量生产和个别非定型试验部件的制造。因为新的生产工艺试验成功，原定的锻造工艺生产线便不再建设，为国家节约了资金。

宋家树十分重视环境保护工作，他说："我们处在江河的上游，'三废'排放一定要符合国家的排放标准，不能给子孙后代留下一个烂摊子。"

一分厂筹建废物处理车间工作主要由刘述昆[②]、张育佐[③]负责，他们经常到张兴钤、宋家树办公室汇报工作进展情况。张兴钤、宋家树听得很仔细，并询问了治理环境污染的工艺可靠不可靠、大家有什么想法、项目想建到什么程度等情况，非常具体。刘述昆等人谈了一些想法后，张兴钤、宋家树要求他们做验证实验，否则将来科研生产一上马，放射性废液不能

① 陈述桃：我们心中的"老宋"。见：《宋家树院士八十华诞文集》编委会编，《宋家树院士八十华诞文集》。北京：中国原子能出版社，2012年，第118页。

② 刘述昆，曾任九〇三厂某车间主任，研究员。

③ 张育佐，曾任九〇三厂党委书记。

处理好，将严重影响科研生产。在宋家树等人的指导下，设计单位根据厂里的建议，对车间建设进行了一些大的修改，修改后的工艺完全满足放射性废物处理的要求，可以达到安全排放标准。

七十年代末，九〇三厂建设与科研生产同步进行，有一段时间，当地老百姓盛传九〇三厂排放到江里的水有问题，对健康很不利，不明真相的老百姓们不仅闹到了当地政府，还找到了九〇三厂领导班子讨要说法。厂长李英杰十分重视，认为一定要将误解澄清，不然会严重影响科研生产和安定团结。李英杰和厂领导把当地政府有关部门负责人和老百姓代表都召集到一起，对宋家树说："政策方面的事我来讲，科学道理就只有你来讲了"。

国家政策容易宣传，但科学道理就不那么好讲了。虽然宋家树尽可能把废水处理工艺讲得浅显易懂，并且告诉老百姓，废水排放之前要先进行严格的处理，处理过的废水流到江里不会对水质产生不好的影响。但老百姓还是将信将疑，于是，宋家树就笑着把一杯处理过流到江里取样水端起来，"这杯污水是经过我们处理的，已经不会对人体有什么危害了。"说完他就把那杯水一饮而尽，当时李英杰等在场的人都愣住了。如果不是对废水处理工艺十分自信，如果不是把老百姓的安全挂在心上，他不会这样做的。就是这一杯水，彻底让不明真相的老百姓信服了。

宋家树还十分重视安全防护工作。新一代武器研制生产要用到新型核材料，这是武器理论设计的需要，宋家树作为厂技术负责人，他充分考虑到材料具有极强的放射性这一特性，在生产中必须要做好安全防护工作，他开始考虑建立专门的实验室，进行实验研究。当时宋家树并没有轻易做出决定，而是组织吴东周①等技术人员进行了大量调研和小型实验论证，经过反复调研论证，证实在实验室里采取严格的密封手段进行操作是可行的，既可保证操作人员的人身安全，又有效地控制了环境污染。最后，宋家树决定马上建立新核材料实验室，并与厂领导达成共识。在实验室建设时，由于特制阀门无法购置，他果断组织人员自行研制。很快，一分厂的

① 吴东周，宋家树同事，曾任九〇三厂厂长、总工程师。

新核材料实验室建立起来并为后期的武器研制生产发挥了积极作用。

一分厂正式投入生产后，宋家树每天深入生产一线现场指导工作，办公室里基本上看不到他的身影。

活用同位素交换法

1976 年 3 月，宋家树带领技术人员到西北参加二机部组织的某部件研制攻关大会战。

当时，全国的道路交通运输还是比较紧张和落后的。四川开往西北的火车很少，不但卧铺票很难买，就连硬座票也一票难求，为了不让先期到达的九院领导邓稼先着急，厂里决定让参加攻关试验的人员先坐火车到宝鸡中转，请宝鸡部队招待所同志帮助买卧铺票。但宋家树等人到了宝鸡，等待了约 4 天，还是没买到卧铺票。宋家树有点着急，他决定不再等，请部队招待所的同志把他们先行送进人山人海的火车站。进站一看，各车厢门口人挤人，根本无法上车。他们找到事先联系好的餐车服务员帮忙，才让他们从餐车车窗爬进火车，宋家树一行便在火车餐车车厢里一路颠簸到西北。

到西北后，宋家树不顾一路的辛劳，立即投入到紧张的攻关工作中。由于他在二二一厂时对聚变材料部件曾做过深入研究且积累了丰富的经验，后续又紧密跟踪相关研究的进展，对国外已发表的一些聚变材料文献资料进行过初步调研，总结出了聚变材料的特点。因此，在讨论攻关试验方案时，宋家树针对试验方案提出了重要的意见和建议，得到与会领导和科研人员的赞同，邓稼先高度赞扬并加以采纳。在后来的工作中，邓稼先经常找宋家树商量技术问题，宋家树也成了邓稼先的一名得力爱将。

对于这次西北之行，宋家树写下一首《塞外行》①：

① 宋家树：塞外行，1976 年，未刊稿。存于中国工程物理研究院。

又上丝绸路，已过十三年；少时志犹在，未知有衰颜。

有家不曾顾，仍是能向前；相逢多老友，塞外亦春天。

诗中可见他“而今迈步从头越”的自信与从容。

聚变热核材料具有很强的吸湿性，因此要求制备、样品加工及试验小室的相对湿度都很低，否则不仅产品的品位无法达到设计要求，而且还无法保证所有贮存试验数据真实可靠。为此，西北某厂同志为确保聚变攻关所有试验样品质量，他们采取了许多措施把加工聚变样品的小室及贮存试样的手套箱内的相对湿度都降到要求值以下。加工试样或部件时还尽量采取微正压操作，以防大气漏入手套箱中。这些办法虽有它好的一面，但也存在很大的安全问题，如加工大厅的空气辐射剂量常会严重超标。当时，宋家树总感到兄弟单位所用的工艺存在较大缺陷：工序长，用量多，剂量大。回到九〇三厂后，他就开始思考寻找一条新工艺路线来制备部件。

为此，宋家树又进行了大量的调研。在调研文献中发现国外已有用同位素交换反应计算来制备实验件的报道，于是，宋家树“敏锐地感到，这种方法可以创新的加以利用”[①]。他根据这些资料又重新推导出同位素交换反应方式，他认为同位素交换反应不仅可直接制备出低密度聚变部件，若通过多次交换还可大大提高新型核材料 B（简称 B）的利用率，节约材料，节约成本，而且这种新工艺只有最后一道工序才是带氚操作，既安全又环保。

后来，宋家树在文献调研时，注意到国外曾有用氢同位素交换法制备聚变材料的先例，他提出用压制成一定密度的聚变部件与 B 进行交换，直接制备聚变部件的设想，还专门就气—固相交换反应理论做了研究，提出了新型核材料 A（简称 A）与 B 交换反应的理论计算方法，为制备工艺奠定了理论基础。

同位素交换法原理简单，但必须对其物质的均匀性进行充分的证明，为此，宋家树组织吴东周等人做了大量的实验。

---

① 沈灿生访谈，2016 年 5 月 5 日，四川江油。资料存于采集工程数据库。

在做第一次实验的时候，宋家树也很紧张，一直在实验室外面等着，并告诉实验室里面的人有什么实验数据了及时打电话向他报告，就怕出什么问题。果然，交换完成后就出了问题，B放出去后收不回来了。为了弄清楚是什么原因导致的，宋家树一边查资料，一边与大家讨论，最终查明原因，是因为材料衰变的问题，形成了屏障层。宋家树等人对症下药，又开展了相关实验。

实验数据出来后，宋家树就和当时负责实验的吴东周等相关技术人员讨论，把有价值的数据和讨论意见记下来。同位素交换的一些数据计算起来很复杂，仅仅靠当时那几台小计算机很难完成。宋家树数学功底很好，他利用数学归纳法加以推导论证，把基本的条件归拢到数学中去进行演算，最后得出一个或几个实值，再请技术人员用数学归纳法进行含B量、气体里面的用B量的计算。经常是宋家树晚上用笔在纸上进行演算推导，吴东周拿回去再重新推导一遍，整理成大家都能够理解的原理。吴东周说："宋家树的数学推导，原理很简单，但是他对高等数学归纳、近似计算等很熟，而我们就还要查数学手册，才能知道多少东西归纳到一起、近似到什么程度误差会有多大。"对于整个实验研究的所有工作，宋家树都会尽量做到能够让大家看懂，然后整理成一篇计算方法，归纳成为一篇文章。

因同位素交换的实验周期较长，计算相当麻烦，有时宋家树和他的团队在实验室一待便是一周。宋家树做开创性研究工作极有耐心，非常注重资料调研和前期实验论证，他相信只要坚持从实际需要出发，坚持科学的研究方法，做艰苦细微的分析和实验工作，而且持之以恒，把大量的资料和数据逐渐积累起来，最后总会取得有价值的成果。当技术人员在观察现象、测试数据时，他则动手计算，查阅相关资料，对实验数据深入分析，务求获取关键的信息。当时，在二机部情报所工作的王佩璇还为九〇三厂开展相关工作提供了两本关于热核材料的调研资料，宋家树消化吸收后，将其整理成缩微卡片，提供给大家借鉴。为了更好更快地计算，他还推导出一串计算公式。许多技术人员经常下班后去宋家树家里研讨交流，并根据他写在卡片上的推导公式汇成了一本《同位素计算方法》，这本资料至今仍对相关研究的计算具有指导意义。

曾参加过氢同位素质谱分析的蒋国强[①]回忆说：

> 我永远都不会忘记那一段美好的岁月，宋家树提出了氢同位素气—固交换反应的新方法，做出这一抉择是要有非同常人的胆识的。这一阶段是我们学术思想最自由奔放的时期。每逢星期六晚上或星期日，参加实验的相关人员总是不约而同地聚集到宋家树那间不是太大的卧室兼客厅里，就一个星期来的实验数据与出现的问题进行热烈讨论。在这里，每个人都无拘无束，没有职位高低之分，无内行外行之别，有的是自信，折服，坚持真理和修正错误。

蒋国强还对这类“神仙会”写下赞美诗句：

> 学术争论百家鸣，上下求索本构清；
> 电闪雷鸣阴阳会，心灵感应一点通。

大量的试验证明同位素交换法这种新工艺不但可行，而且还有很多优点：一是生产周期短，方法简便，可减少杂质对部件的污染，保证部件有较高的品位；二是较好地解决了B污染的问题，仅最后一步带B，并且是在严格密封的条件下进行的，因而大大减少了环境污染，安全生产有保证；三是在生产过程中，不会产生废料，原材料利用率高。

图7–4　国家发明奖三等奖奖章（1987年，宋家树提供）

正是宋家树正确地把握方向以及团队的通力合作，终于出色地实现既定的目标，如期拿出合格的产品，在国家热试验中得到应用，因此获得国家发明三等奖。他主持开展的研究课题《同位素交换扩散法直

① 蒋国强，宋家树在九〇三时的同事，曾任九〇三厂科技委副主任。

接制备热核部件》荣获核工业部科学技术进步奖二等奖。在后来的工作中，宋家树认为聚变部件要实现定型和武器化，除了进行热试验和要有大量贮存试验数据，也要有理论支撑，为此，他又开展了自辐照肿胀和放气问题的研究，撰写了“同位素交换法的计算问题”“部件肿胀现象的机理及动力学方程”等研究论文，并利用他推导的方程解释了体胀现象的一些规律。

武器小型化

在核武器问世之初，由于核弹头重量大、体积大，因而难以携带或投送。美国当年派往日本广岛执行轰炸任务的B–29轰炸机，虽然号称二战时世界最先进的轰炸机，也只能携带一枚威力为1.5万吨TNT当量的原子弹。因此，任何迈入核门槛的国家，都将核武器的小型化作为核武器发展重点，以建立或强化核威慑力。核武器的小型化水平也成为衡量一国核武器发展水平的重要指标之一。

所谓的“小型化”，就是如何在保持威力不变的情况下，把核武器做得小而轻，这是原子弹、氢弹原理突破后相当长时期内的一个研究重点。

随着导弹、战斗机技术的进步，核武器使用的平台也越来越多，要想更好地用于实战，小型化非常重要。只有核武器尺寸和重量变小，才能作为更多武器的战斗部，或者用更多的平台投射，更好地适应灵活机动、快速反应的战场环境。例如对于弹道导弹来说，核武器小型化之后，用同样大小的弹体携带可以打得更远，或者实现多弹头分导。再例如对飞机来说，核武器小型化之后，就可以在飞机

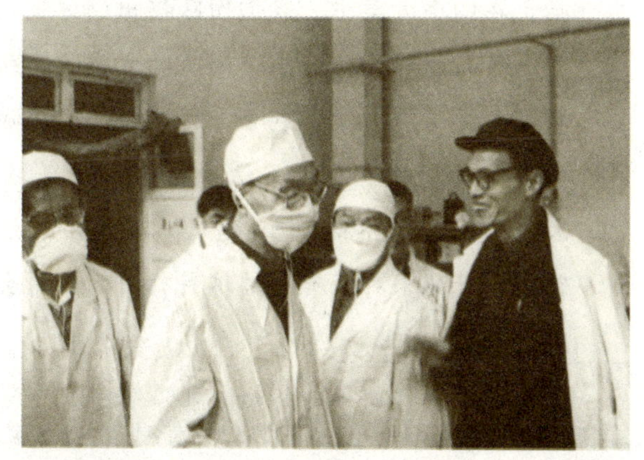

图 7–5　向张爱萍汇报工作（左二张爱萍、右一宋家树，1983 年 5 月 24 日，宋家树提供）

上搭载更多的数量，使一次攻击的效能得到飞跃性的提升。

为了保持有效的核威慑力，小型化也是我国核武器发展的必由之路。

核武器研究设计院根据国家的要求和国防事业发展的需要，按照“小型、机动、突防、安全、可靠”的核武器发展方向，组织攻关团队对核武器的各个相关学科和技术进行了大量深入的预先研究，探索新的设计理论和制造技术。

攻关团队花了好几年时间，在理论方面进行探索，并开展了系列试验，但“结果不理想，结构比较大，没有达到真正武器化小型化的要求。”①

攻关团队遇到的最大困难是某个关键部件到底采用什么材料？由于美国、苏联、法国、英国都已经实现了小型化，我国的核武器小型化急需在理论上有一个突破性的设计思想。核武器研究设计院加大研究力量，组织了四个团队，同时攻关。

宋家树在最后确定采用哪种材料上发挥了重要作用。据参与攻关的其中一个团队负责人张信威②回忆：

> 当时二机部军工局陈常宜总工程师、邓稼先院长和宋家树“三巨头”非常关心进展情况，专门组织了一个汇报会，四个团队分别介绍进展情况。虽然是一个汇报会，但会上仍然穿插着非常激烈的讨论和争论，大家各抒己见，对理论设计四个方案进行了分析、研讨。最后，在四个方案中，我们团队提出的方案比较大胆，改变最大，使用了一种新材料，其他三个团队的方案虽有所不同，但都沿用原来的材料。我把这个方案拿到会上讨论时，心里也很不确定。专家对于我们的方案反对声音很高，认为这个方案在材料结构方面面临的难度很大。第一，能不能做出来？第二，即使做出来以后，性能是不是就行？而且从来都没有用过这种材料。当时会上没有最后下结论，谁也

---

① 张信威访谈，2015 年 9 月 19 日，北京。资料存于采集工程数据库。

② 张信威（1938-　），湖南娄底人。著名爆轰力学专家，中国工程院院士。1960 年毕业于北京大学物理系，后到第二机械工业部北京第九研究所工作，曾任所科技委主任。长期从事核武器理论研究和设计，在原子弹、氢弹的研制中做出了富有创造性的工作。

不敢拍板。但是宋家树对两种材料的性能进行了分析，并从工艺角度认为，我们方案中的材料和结构实现的可能性更高。同时，宋家树从国家当时的情况和九〇三厂自身力量分析，建议在使用传统材料的三个方案中优选出一个方案与我们的方案进行试验对比，一个作为主要方案，另一个为次要方案，不能平行地铺开。邓稼先非常重视宋家树的意见，陈常宜也很赞成宋家树关于工艺上如何实现的分析。①

在这次汇报会上，陈常宜、邓稼先、宋家树三人没有明确说赞成哪个方案，否定哪个方案，但张信威团队的人都知道，他们的"方案最后一定会被采用"②。

正是因为宋家树在这次汇报会上极为关键的分析阐释，对理论方案的决定起了很重要的作用。三个月后，核武器研究设计院对核武器小型化攻关方向做出调整，张信威团队的方案作为第一方案，并成立武器小型化研制技术攻关领导小组，技术攻关负责人是邓稼先，宋家树被任命为负责核材料攻关的副总技术负责人。这次调整对我国核武器小型化研制成功具有极其重要的意义，大大缩短了研制进程。

张信威非常钦佩地说：

宋家树非常有眼光，一是在两种材料的性能、工艺方面，他都有很深刻地了解，对这个极复杂的材料有深刻地把握。他是学物理的，物理功底很好，核材料的物理性能、化学稳定性、力学机械性能，说得非常准确，能够从材料的基本性质上去分析去判断。当时，如果两种材料都做的话，从工艺上来讲，要推迟，时间又得拖长。小型化的突破，那肯定要推迟若干年。二是表态很科学，他在会上没有说两个对立的方案，要选哪个？淘汰哪个？但是他分析了利弊，把问题说清楚了，答案已经出来了。对两个完全不一样的理论设计到底选哪一

① 张信威访谈，2015 年 9 月 19 日，北京。资料存于采集工程数据库。

② 同①。

个，提供了一个最重要的工艺上的根据。[①]

张信威团队的方案，采用的新材料，以前没有做过，而且对工艺技术要求非常高，在随后的攻关过程中，老邓还是非常担心。张信威回忆说："记得有次开完会以后，邓院长问我，'你这个方案能不能做出来？'我马上就跟他说，宋家树都给你打了保票，你还有什么担心的。后来，老邓坚持做了正确的决策，虽然反对的声音还是很强。"[②]

回到九〇三厂后，宋家树按照张信威团队的方案，组织科技人员开展核部件及组件的技术攻关。由于核部件及组件的技术要求很严格，在研制过程中遇到许多技术难题，宋家树以高度的责任心和严谨的科研作风，团结和带领广大科技人员及职工，夜以继日地奋斗在科研生产一线。他对于出现的每一个科学问题都有一个很清醒的认识，根据自己理论实践基础加以把握，采用科学分析的方法给出科学解决的路径。

参与攻关的车间领导庞仲清回忆："当时新一代产品组件的高真空电子束焊接是一项关系到新一代产品成功与否的重要技术手段，质量要求很高，技术难度大。在宋家树的指导下，进行了多次工艺试验，取得了大量技术数据，制定了完善的工艺流程及焊接技术参数，为组件焊接成功做了充分的准备。组件在正式焊接的时候，虽然操作人员严格按工艺参数一丝不苟地进行操作，设备运转正常，但是意想不到的事还是发生了，组件焊接未获成功。当时已是深夜了，邓稼先等领导都在现场，紧张的气氛可想而知，我们已经无法用语言表达当时的心情及承受的巨大压力，大家沉默不语，都在思考着问题出在什么地方。多日的连续加班，人们的精神极度紧张，可又无法接受这个现实。此时此刻，宋家树身上的压力比我们大得多，他连续在各生产研制单位奔波和现场指导，多日没能好好休息了，睡眠时间极少，身体相当疲劳。尽管如此，他仍显现出大将气魄，非常冷静，在认真听取各方面的汇报后，并不匆忙下结论。和我们讨论焊接环节时一再表示，要认真检查焊接前和焊接时各工序的技术参数及操作情况，进一步采

① 张信威访谈，2015 年 9 月 19 日，北京。资料存于采集工程数据库。

② 同①。

取技术措施，安排产品转移到上道工序进行解剖分析，进一步分析查找焊接失败的原因，全力以赴确保产品质量。在他的严格要求和精心指导下，研制工作有条不紊地进行，产品经过认真地解剖分析，最终找出了焊接失败的原因。”①

图 7-6　国家科技进步奖特等奖奖章（1987 年，宋家树提供）

无论是作为领导还是下属，宋家树都是一个值得信赖的人，他经常深入一线与大家一起现场解决问题，为各项工作的顺利完成起到重要的促进作用。在某次试验之前出现一个小插曲。当时产品组件的各项准备工作正在有序进行，但进行到正式组件充气前的一次充气模拟试验时，发现有漏气现象，经检查是一件未经热处理的垫片质量不合格，不能保证组件密封效果造成的。虽然重新更换了经热处理的垫片，但仍需要重新测试密封性的数据。宋家树在了解到这种情况后，立即深入组装现场，和大家一起研究对策。这无疑增强了参试人员解决问题的信心。在他的指挥部署下，利用基地现有条件，克服物质条件上的诸多困难，进行了多次气密性试验，确保了产品组件的密封性，为核试验的成功提供了合格的产品组件。宋家树这种缜密而又遇事冷静的科研作风让具体操作的人员心理压力减小，能以更加平稳、自信的心态把事情做得更好，庞仲清说：“下面干活的人是没有任何负担，反而更快地找到原因，把问题解决了。”

在国防科工委和二机部的组织领导下，核武器研究设计院与核试验基地协同配合，进行了一系列试验，检验了设计原理的正确性，突破了关键技术，使中国核武器的发展步入了新的阶段。②

① 庞仲清：无私敬业为人师表。见：《宋家树院士八十华诞文集》编委会编，《宋家树院士八十华诞文集》。北京：中国原子能出版社，2012 年，第 66-67 页。

② 《当代中国》丛书编辑部：《当代中国的国防科技事业（上）》。北京：当代中国出版社，1992 年，第 223 页。

宋家树在核武器小型化核部件研制过程中发挥了重要作用，他“对我国核武器小型化的工艺走什么道路，争取时间起了非常重要的作用，也是关键性的作用，”① 因此获得国家科技进步奖特等奖。

总揽全局

顶层设计谋未来

1980 年，张兴钤赴京任职，宋家树接任九〇三厂总工程师兼副厂长，他一手抓科研生产，一手抓事关单位未来发展的学科建设和规划、人才培养、学术交流等重大事项。

对于九〇三厂的生存和发展而言，首要的任务是要集全厂干部职工的智慧和力量保质保量保安全地组织完成党和国家下达的各项军品科研生产任务，同时，还要着眼未来，高屋建瓴地做好单位的学科规划和顶层设计。宋家树时时刻刻关注着世界局势的动态和相关学科的发展。在深入分析当时中国核武器事业的发展水平后，宋家树认为：中国与美苏有 20 年的差距，为尽早缩小这一差距，作为总工程师的宋家树开始谋篇布局。一是力主工艺改革，开创具有中国特色的现代化的核武器工艺技术、试验技术改革发展路线，特别是与武器化相关的基础科研项目做出自己的特色；二是集中力量打歼灭战，解决当前急需的，兼顾长远的，集中精力做出成果；三是建立试验基地，引进热等静压、加速器、电子扫描显微镜、核磁共振仪等先进的实验设备，提出实验室与车间相结合、科研与生产相结合的改革发展新思路；四是加强人才队伍建设，特别是要采取多种措施招揽、培养科技人才，提高科技人才队伍素质，为事业长远发展储备力量。

在他的工作笔记中，经常能看到他对阶段时期内科研任务的规划，生产任务的安排，出现问题的解决思路，实验结果的分析，甚至对于具体工

① 张信威访谈，2015 年 9 月 19 日，北京。资料存于采集工程数据库。

艺路线及参数的见解。在生产中遇到棘手的问题，他往往先进行调研，再结合生产的实际情况，分析原因，找出解决问题的办法。他还记录了大量的生产实践或试验的小结。例如，在某次产品生产后，他总结了五点经验和教训：一是认真讨论工艺以及工艺装备，既不违反过去的经验，又要考虑新的情况；二是任何操作一定要通过试验，不能从估计出发，要从数据出发；三是做必要的备品，以防万一，多设想不利的因素，做好几手准备；四是对设计要求充分重视，要留有余地；五是要选择必要的可靠的人员。最后他总结到：先试后做，从难从严，有备无患，稳中求快。这些阶段或具体实验的总结为后来人的工作提供了很有价值的参考。

八十年代初，“以经济建设为中心”成为国家一切工作的重中之重，一度全面铺开的国防建设则在“军队要忍耐”的口号下全面收缩。各大军工企业在有限的国家统一拨款下无法维持生计，整个核工业系统下属的厂矿、企业面临着社会主义商品经济带来的冲击。同时，国家发展核武器事业又面临着上台阶的关键时刻。抓住机遇迎接挑战，继续按照国家要求组织好核武器小型化攻关，并在短期取得成效才是九〇三厂的生存之道。当时我国核武器生产任务仍然分散到各个厂矿企业，停留在原有的水平，特别是由于强调保密，技术上的交流极少，对国内外技术进展情况了解不够，人才吸引和培养也缺乏办法，以致出现“后继少人”的严重状态，九〇三厂的生存愈加艰难。

图 7-7　参加“质量月”表彰先进大会（左起：何文钊、宋家树，1980 年，宋家树提供）

在这个关键时期，宋家树等领导为厂的持续发展做出了很大的努力，他认为，如果仅仅把九〇三厂定位为一个生产加工厂，其发展潜力是不够的，不利于单位的长远发展，应该把厂定位于融生产、科研为一体的单位。宋家树说：“我一直觉得九〇三厂不应该是一个孤立的、单纯的核部件及组件生产加工厂，应该是带有研究性质的，要加强核材料和核部件的研究。”为加强单位的科研力量，宋家树力主将其他厂从事相关科研工作的人员合并过来，并得到上级批准。很快，全国各地主要的核材料研究生产力量集中到了九〇三厂，从而大大增强了单位的科研生产实力，这对核武器发展是极为有利的。

> 从现在看，这个决定关乎九〇三厂的生与死的问题，是非常英明和高瞻远瞩的决策。这些单位并入九〇三厂以后，随之也带来了一些重要材料部件的加工和装配任务，在当时非常困难的环境下，增强了九〇三厂的科研生产实力，为今后科研生产体系的建立和完善奠定了基础。①

在规划九〇三厂基本建设和科研生产的同时，宋家树十分重视科技图书馆的建设。

原九〇三厂情报室工作人员张晓光回忆："厂科技图书馆是在总工程师宋家树亲自过问和关心下才建成的，他对该大楼的规划建设提了不少建议和指导意见，当时是全厂最新、最漂亮的大楼，面积比厂办公楼还大。"②

宋家树对图书馆大宗图书资料的入口问题也给予了帮助。他经常凭借自己的关系、能力，广开图书收集渠道，为图书馆藏书增量奔波。他组织图书馆的同志和外出的科技人员奔赴全国各地的图书馆，收集采买各图书馆要处理的或者重复的书籍。而且宋家树会经常关注新书目录，圈定要购买哪些书，要购买哪些杂志。③他自己也做了大量的期刊资料收集工作，比如他收集来许多关于核材料的外文图书杂志，当时就连在川的许多大单位，包括九院都没有的期刊，九〇三厂科技图书馆都有，而且是原版。

科技图书馆开馆建成后，科技人员非常珍视这难得的宝贵资源，"每天晚上去科技图书馆的人员很多，有时甚至爆满，各车间和研究室调研、查

---

① 蒙大桥访谈，2016年5月9日，四川江油。资料存于采集工程数据库。

② 张晓光：我心目中的宋家树，2012年，未刊稿。存地同①。

③ 秦有钧访谈，2016年5月9日，四川江油。存地同①。

阅、翻译外文科技文献已蔚然成风。”[1] 原厂科技委主任蒋国强就“经常抱三、四本摞在那儿，从早上开始研读到晚上，边看边认真做笔记。新建成的图书馆不但对科研生产起了关键性的作用，而且对于确定科研方向、课题起到很大的作用。”[2]

延揽培养优秀人才

人才是事业发展的第一资源。为了单位的长远发展，宋家树除努力争取和完成国家下达的科研生产任务外，对单位人才队伍建设和稳定也倾注了大量心血。

九〇三厂地处深山峡谷，很多新来的同志一看到这里的条件和环境，报到第二天便拎着东西走了。宋家树清醒地认识到，没有人才，单位怎么能够长远发展？他采取了许多办法，以情留人、以事业留人，既解决了当时人才短缺问题，也为后来单位的持续发展留住了一大批骨干力量。

八十年代初期，大家都住老式筒子楼，只有几栋新盖的单元式楼房。在宋家树等领导的坚持下，把当时最好的单元式楼房分给从外单位搬迁过来的职工住。作为技术负责人，宋家树与科技人员共同工作和生活，非常关注他们的思想动态，经常与科技骨干进行思想交流、工作交流，及时帮助他们解决现实困难和问题，以此稳定和吸引人才，留住人才。对于要求调走的科技人员，厂劳资人事组织部门或基层单位领导，只能按组织程序和相关规定以及国家需要等说辞尽量做思想工作，但收效甚微。宋家树知道后，亲自找这些科技人员谈心，耐心、细致地介绍厂的科研需要和发展方向，不仅以理服人，以情留人，更以事业留人。

有一次，青年科技人员蒙大桥在厂区散步时遇到宋家树，从交流中宋家树了解到蒙大桥的父亲在西安生病住院，他的爱人也在西安工作，其家人都希望蒙大桥回西安工作。宋家树把这个情况向劳资人事部门反映，并

---

① 陈述桃：我们心中的“老宋”。见：《宋家树院士八十华诞文集》编委会编，《宋家树院士八十华诞文集》。北京：中国原子能出版社，2012 年，第 118–119 页。

② 张友寿访谈，2016 年 5 月 5 日，四川江油。资料存于采集工程数据库。

帮助解决了实际困难。科技骨干吴东周的家人为其在广东联系好工作单位准备调走时，宋家树找到他对他说："这里需要你，大家一块在这里干吧。"话虽不多，但感情真挚。吴东周说："在这里就觉得宋家树真的是我的老师，有值得我学习佩服的地方，他吃了那么多苦还留在这里，我也就心软了，在他的影响下，也就留了下来。"①

宋家树的真情实意与恳切挽留感动了许多想离开的科技人员，这些留下来的科技人员后来都成为厂里的科研生产管理中坚力量。

除了留下人才，宋家树也非常关心人才成长，促进人才个人成长和单位事业发展共赢。

有一次单位选派基层科研人员李炬外出学习，宋家树就专门委托吴东周找李炬谈了一次话。李炬说："宋总关注我出去要学什么、考什么证，有什么样的要求。当时我觉得他作为大领导，在一个刚来的本科生出去学习的时候做这样很细致地交代，让我体会到了老一辈领导确实是关心年轻同志的进步。"②

宋家树十分注重在科研生产实践中培养人、锻炼人，他经常深入一线了解科研生产进度，及时进行技术指导，用最简洁却最有效的方式解决一个又一个难题，也使科技人员获益匪浅，深受启发。

蒙大桥回忆说：

> 我有幸在宋总指导下参与到武器小型化攻关工作之中，我承担的课题是研究两种气体混合后的物理状态。宋总经常深入一线了解科研进度，进行技术指导，听取汇报。一次，我做完实验，给宋总汇报，他总结道："这个实验有一个压缩升温过程、一个膨胀降温过程。"随即信手在我的实验记录本上书写了一个数学公式，说："整个实验过程应该符合这个公式，你做完实验后可用这个公式进行实验总结！"果不其然，我根据这个公式对实验进行了很好的总结，对宋总佩服得五体投地。如此迅速准确地用数学公式总结物理过程，宋总扎实的物理

---

① 吴东周访谈，2016 年 5 月 5 日，四川江油。资料存于采集工程数据库。

② 李炬访谈，2016 年 5 月 6 日，四川江油。存地同上。

基础和深厚的数学功底，善于举一反三、触类旁通，其目光和思维可以在不同学科间游刃有余地自由跨越联通，他超凡脱俗的大科学思维和敏锐活跃的科研洞察力让我深深震撼并深受启发。①

自此以后，蒙大桥每次实验后总是力求用数学公式表达物理过程和实验过程，因为这是最简洁、最科学的总结、提高的办法。

这种亦攻关亦锻炼的工作方式和亦师亦友的相处之道，使大家非常乐意与宋家树进行交流研讨，宋家树所住的小屋成为大家学术交流的园地，每天凌晨两三点都还能看到房间的灯亮着。据吴东周回忆："为了一个个攻关项目，我们经常一两个星期不能回家，经常到几位专家那里去讨论问题，宋总通常都是认真倾听我们的讨论，偶尔发言都是启发性的，有什么想法就尽快告诉我们。他总是把一些问题列出来，让我们第二天早上再去找他，而他就会利用晚上的时间思考，第二天早上会给我们几张用铅笔演算的稿纸，上面有他推导计算的结果，我们根据他的提示往往能够得出正确的结论。"②

交流调研阔视野

长期在国防军工保密单位工作，宋家树认识到由于保密原因，很多技术文章、科研论文是不能发表的，同时，科研人员长时间封闭在深山峡谷工作，极少接触外边的"世界"，眼界会越来越窄，知识更新跟不上，就会落后。为了事业的发展与进步，他认为必须要走出去与外界多进行学术交流，增长知识，开阔视野。

中国核学会下设有一个核材料学会，九〇三厂是理事单位，张兴钤、宋家树大力倡导科技人员参加该学会开展的学术交流活动，使得参加中国

---

① 蒙大桥：学识深蕴风范高存。见：《宋家树院士八十华诞文集》编委会编，《宋家树院士八十华诞文集》。北京：中国原子能出版社，2012 年，第 49 页。

② 吴东周：先生之风厚德载物。见：《宋家树院士八十华诞文集》编委会编，《宋家树院士八十华诞文集》。北京：中国原子能出版社，2012 年，第 86 页。

图 7-8 与张沛霖、张兴钤讨论核材料学会工作（左起：张沛霖、张兴钤、宋家树，1996 年，宋家树提供）

核学会的学术交流成为九〇三厂的一个传统。宋家树先后于 1980 年至 1984 年，带队参加了中国核学会核材料分会以及核燃料元件、核燃料成分等学术交流活动。大家收获很大，对承担的相关研究工作有了新的思考，提出很多促进科研生产发展的意见和建议，由此相继引进了专用焊机、万能材料试验机和高分辨电子显微镜等先进设备，它们对科研生产能力的提高发挥了重要作用。

1985 年，宋家树当选为中国核学会核材料分会副理事长。作为副理事长，他利用这个平台积极推动并组织开展学术交流活动，促进厂科技人员加大对外交流，增长见识，活跃学术思想，提升了核科技人才的研究水平，对我国核科学技术的发展和应用起到了积极促进作用。

秦有钧①回忆说，为了让科技人员有更多接触外界的机会，宋家树会把一些参加学术交流和培训的机会让给他们。在宋家树的推荐下，1986 年，秦有钧就曾随同中国核材料学会理事长张沛霖院士赴美国芝加哥参加第二次国际核聚变反应堆材料会议。而为了使秦有钧的出访和学习更有成效，宋家树还支持秦有钧去四川外语学院的英语口语培训班学习了半年，以提高英语水平。此次赴美，秦有钧等人访问并参观了分布在美国各地的八个核燃料研究生产单位，还获得了大量关于核燃料研究生产领域的新技术、新工艺和新设备等的信息，为单位的生产进步提供了参考。

事实证明，形式多样的学习和交流活动，对科技人员丰富知识面、拓宽眼界、提升业务能力水平，以及促进单位事业的发展都起到了积极作用。

---

① 秦有钧，宋家树同事，曾任九〇三厂副总工程师。

宋家树把系统的文献调研作为科学研究的一个重要组成部分，他经常亲自调研文献资料，撰写综述报告。

张友寿回忆说："八十年代初，我被研究室临时抽派到九〇三厂干部处建立科技干部的考绩档案时，看到了宋院士这方面工作的业绩：在数年的时间里，宋院士撰写了二十余篇文献综述的学术报告，其中有十余篇得到上级的表彰与肯定。这些资料是核武器研制过程中的宝贵财富，对后来核材料的研究和发展具有明确的指导性。当时有很多科研人员在进行一项新的科研工作时都要参考宋院士的文献资料。"①

在九〇三厂工作期间，宋家树不但重视科技情报室的硬件建设，也非常重视软件的建设，为科研人员查阅文献、开展文献调研创造各种条件，同时对必要设施的配置给予了大力支持。针对当时大部分科技人员英语水平较低以及对外交通不便、获取信息有限的情况，宋家树提出组建专门的科技情报组，他还说："这么大一个单位，情报资料做不好，我们就是瞎子。"②

原九〇三厂科技情报室工作人员张晓光等人回忆：

> 当时全厂有高级工程师职称的还不多，为了加强情报调研力量，宋家树先后从各单位为情报室调进了如刘明、相守臣、张晶、高国桐等多位专家。宋家树还对成立声像部门给予了很大的支持，当时在经费很紧张的情况下拨了几十万巨款购买了摄像机、编辑机、监视器等设备，使科研生产情况能够以声像的形式记录下来，留下了许多宝贵的声像资料，当时如果没有宋家树总工的支持，情报室声像部门是很难成立起来的。③
>
> 宋家树积极支持科技图书馆杨少华同志负责的翻译出版工作，鼓励开展内部资料交流。他多次给我们讲："作为科技人员要及时跟踪国外科技动态，要经常查阅国外有关专业文献资料，你只有了解人

① 张友寿：学贯中西耳濡目染。见：《宋家树院士八十华诞文集》编委会编，《宋家树院士八十华诞文集》。北京：中国原子能出版社，2012 年，第 125 页。

② 陈述桃访谈，2016 年 5 月 6 日，四川江油。资料存于采集工程数据库。

③ 张晓光：我心目中的宋家树。2012 年，未刊稿。存地同上。

家，才能超越他。对有价值的东西，可以及时把它译出来，供大家阅读参考。”①

1982年，在宋家树的力主下，九〇三厂创办了内部刊物《特种材料》，他亲自任第一届编委会主编。刊物主要通过编译刊载国外特种材料方面公开发表的论文、科技报告和专题文献等，是科研人员及时了解特种材料及相关科学技术的研究、成果与动态的重要渠道，对特种材料研究与生产有着较高的参考价值，同时对厂里的学科建设、学术交流和人才培养方面发挥了积极的作用。

帅茂兵说：“我来到单位后，首先接触的文献资料也是这本内部刊物。虽然该刊物当时基本上是外文文献的翻译，但通过该刊物我了解了许多与核装置材料相关的知识，这为我后来的科研工作提供了重要参考。”②

宋家树还亲自翻译了英文《表面原子及电子——一个新的科学革命》一文发表在《特种材料》上，重点介绍了定量微观表面分析技术的发展，借此启发和推动科技人员把特种材料腐蚀与保护研究由宏观深入到微观结构研究。受此影响，后来九〇三厂相继引进了先进的表面分析仪器和表面改性设备。

后来，宋家树担任期刊顾问，一直关注期刊的发展，并不遗余力地进行学术指导。

原科技图书馆的情报调研人员张晶清楚地记得：“宋家树在情报调研上一直都比较关心，一般作为厂的领导不会具体就这几个方面的工作下题目、下任务，但是宋家树对于科技情报还是亲自下任务。有一次宋家树提出了许多课题，科技情报室人员每人都分到课题，要求科技情报的收集、调研最终都要形成一篇正式的调研报告，并作为科技成果参与评奖。这样既有效调动了科技情报人员的工作积极性，又确保了科技情报调研工作的质量。”

---

① 陈述桃：我们心中的“老宋”。见：《宋家树院士八十华诞文集》编委会编，《宋家树院士八十华诞文集》。北京：中国原子能出版社，2012年，第118–119页。

② 同①，第100页。

在我国的核事业发展和九〇三厂的建设发展过程中，宋家树倾注了大量的心血，他在一篇手稿中总结了对核材料、核部件研制的一些认识、经验和教训。

对核部件成型加工的认识：

核部件的研制不能简单视为一个成型加工问题，它涉及许多方面的特殊问题，应该把它看做一个综合性的任务，至少要考虑到以下四个方面：

1. 特殊的成型加工问题：由于核材料的特殊性质，首先就不能简单的选用普通设备而必须自行设计或进行改装。主要考虑确保产品质量、操作安全及人身的安全防护。

2. 质量标准及分析、检验方法：核部件的质量标准很难套用一般工业使用的标准，经常是在部件的研制过程中由理论、设计、制造三方面协同制定的，而且还要研究出专门的分析与检验方法。

3. 储存问题：大多数核材料是不稳定的，特别是化学活性大，这就给储存带来很多麻烦。有的部件甚至在加工过程中如不采取特殊措施就会“变质”，因而储存问题不仅是“交付”以后的长期储存。解决“储存”问题的途径有二：一是改善部件本身的稳定性（包括材料问题与表面处理）；二是研究出合适的储存条件。这包括环境条件要求，特定的包装方法以及特定的操作维护方法。

4. 安全问题：所有核部件材料带来放射性或化学毒性，有的还是高度化学活泼材料。可以说愈是重要的核材料其危险性就愈大。如何确保操作中的安全是个很复杂而必须解决的问题。核材料的安全问题可以分为下列几个方面：一般安全（如自燃、燃烧、爆炸等）；辐射安全；临界安全；人身安全及防治；紧急事故的处理。

经验、教训主要有以下几条：

近二十年来核材料部件的研究工作，在各级领导关怀下，在广大科技干部、工人的努力下成绩是显著的。这一实践提供了丰富的经验和教训，主要有以下几条：

1. 核材料和部件的研制始终有明确的目标与方向，这是工作取得成效的前提条件。

在原子弹与氢弹的研制中，设计、实验与制造几方面是紧密配合的，任务统一安排，因而材料工作始终是围绕各阶段的中心任务进行，不存在“方向不清”的问题。从事材料工作的同志通过任务交底与各种会议随时清楚设计者所关心的问题，能主动考虑自己该做什么和不需要做什么。这就使大家能集中有限的人力、物力于研制的最关键的问题。

2.“集中力量猛攻技术关”的做法是富有成效的。这在初期几个部件的研制上都有所体现。如北京四室的攻关，在二二一厂对轻材料的攻关，较后的热核部件攻关也是如此。这一工作方式的指导思想是“自力更生”和“大力协同”的精神，充分发挥一切可以利用的人力、物力条件。我们之所以能在较差的基础上很快的突破原子弹与氢弹的难关即是靠的这一精神。

当然，在“攻关”中问题不可能研究得很细很彻底，往往一旦问题得到起码的解决就转而研究其他问题。这是一个缺点，使得我们在材料问题上研究工作不系统，不深入，研究的面也不够广，没有建立必要的技术储备。不少同志认为，长时期没有建立专门研究核材料的研究单位是一“失策”，因此“攻关”时所留下的问题及材料方面的基础研究都未能很好进行。

3. 在科技力量成长上,“在干中学”是我们的特点。应该说这二十多年是培养了一批技术骨干，建立了一支能战斗的工人、技术干部队伍，他们通过实践成为本行的专家。但是在有意识的提高他们的科技水平上做得不够，特别是由于强调保密、技术上的交流极少，对国内外技术进展情况了解不够，对新参加工作的年轻同志的培养也缺乏办法，以致现在出现“后继少人”的严重状态。此外也有些同志改行太大，原有专长未能充分发挥影响了他们的积极性。总之，在人才的使用方面值得总结一下教训。

4.“质量第一”和“安全第一”的口号对从事核材料工作是极为重要的，这是因为许多核材料极端宝贵又是有危险性的。

我们从事的许多工作在国内是没有先例的，国外资料又不具体，为了确保质量与安全，除严格遵守已有的规章制度外，多年来确定了一条原则：即“先试后用”，先做单项试验，模拟试验，模拟操作，等到这些成功后再做正式试验，正式产品。这种程序看来比较费事，实际上比较稳妥、可靠，总的来说还是快的。违反这一原则而出事故、出问题的例子是不胜枚举的。

图 7–9　核工业部劳动模范奖章
（1985 年，宋家树提供）

对于放射性与有毒物质一般在开始工作时畏惧心理占主导，而在开展一段工作之后又转而产生麻痹思想。经过多年的工作，包括严重事故的教训，我们认为无论何时均不能对“安全第一”的思想有任何忽视，但过分害怕，以致不敢开展必须的研究工作那也是不对的。只要领导重视，措施得当，操作注意，放射性物质的大量操作也并不可怕，完全可以控制它和完全可以保证操作者的安全。

5. 基地建设问题。核材料车间的建设问题上可以总结出许多经验与教训。①核材料的特殊性带来建设上的特点是不容忽视的，除了一般安全防护及三废处理等要求很高，对车间划分与组织管理上都有不少特点（如按材料布置建筑物），与一般成型加工工厂很不一样。这就造成设计上的复杂性与建设周期长、消耗资金大的情况。②培养一支能进行放射性材料操作的技术队伍是一件艰巨的工作。现在的队伍是长时期逐渐形成的，他们能适应这一工作的特点也是长期实践的结果，因此保留这一支队伍的骨干力量和培养新生力量很值得重视。

1985 年 11 月 1 日，宋家树荣获核工业部劳动模范荣誉称号。在核工业部劳动模范登记表上对宋家树的事迹进行了较为详细的记载，部分摘选如下：

图 7-10 调离九〇三厂时与同事合影（前排左起：翁阳初、刘介明、宋家树、任成、孙永才、余仲明；后排左起：高同佐、王崇良、陈玉凡、杨福先、鹿武奎、吴东周、张育佐、庞仲清、王建华、张秀侠，1986 年 1 月，宋家树提供）

> 宋家树同志在我部工作二十多年来，先后参加并组织了浓缩铀部件、非核部件、热核材料部件的技术攻关，为最初几次核试验的成功做出了应有的贡献。其间，他撰写了多篇科研报告和论文，对科研、生产都有较好的指导作用。宋家树同志参加了新一代产品研制，被任命为新一代产品技术领导小组副组长。他在核材料研究和应用方面，以及核武器部件研制方面都有独到的见解和较突出的贡献，在同行中有较大的影响。

1986 年年初，核工业部决定调宋家树到北京任军工局总工程师，参与核工业部军用工业的技术领导与管理工作。从此，他离开了核事业的第一线，步入“军备控制”这个崭新的研究领域。

宋家树调离后，九〇三厂仍然按照他设计的路线图发展着，直至二十世纪八十年代末九十年代初，根据国家战略和机构调整，九〇三厂完成历史使命，正式退出历史舞台。

第八章 步入军控

二十世纪八十年代中后期，在朱光亚的引领下，宋家树步入军备控制这个崭新的研究领域。这是他科学求索路上的又一次转行。虽然宋家树以前从未从事过军控研究工作，但他积极倡导科学研究与政策研究相结合，不仅使军控研究得以一步步深入，还对国防建设和外交斗争相关问题提供了决策咨询，发挥了积极的作用。

初 涉 军 控

军备控制自十九世纪开始，发展至今主要涉及核军备控制、生物和化学武器军备控制、常规军备控制和外空军备控制等方面。二十世纪以来，人类经历了两次世界大战的浩劫，饱尝战争苦难的人们强烈盼望通过军备控制、裁军防止再次发生世界大战。1945 年原子弹的首次使用，更加唤起了国际社会的军备控制和裁军意识。

所谓军备控制，是指限制某类武器的部署、贮存、生产或试验，限制武装部队的人数、装备和部署以及制定一些控制军备竞赛和防止战争的安全保障措施。它的主要作用在于：减轻军事形势所孕育的某些危险性，降低军事上的不稳定性，以减少全面战争的可能性；当冲突真的发生时，增加执行切实可行政策的可能性。由于核武器和核战争的巨大破坏性，大量研制和贮存核武器给全世界人民的生存带来巨大的威胁，因此，核武器的军备控制成为军备控制的核心和主体。① 在很长一段时期内，核军备控制也是美苏两个超级大国限制对方发展，保持自身优势的一种手段。

自二十世纪八十年代中期，朱光亚、宋家树等开辟并带领中国自然科学家进入核军备控制领域，我国核军备控制科学技术的研究和发展已走过近三十年。核军备控制斗争是核军备竞赛的另一种表现形式，是管控核威慑的一种手段，是追求核优势的一种延伸，是国家安全战略和核战略的重要组成部分。核军备控制有社会科学与自然科学相结合的特点，是国家安全问题与国际外交斗争的密切结合，同时涉及核武器装备发展与国际核裁军斗争的战略博弈。②

军控发展概述

历史上，美国和苏联很早就在核领域开展了军控谈判。1945 年美国原子弹爆炸后，为了垄断原子弹的技术秘密，美国制定了原子能法，并联合英国和加拿大提出在联合国内成立原子能委员会，以便于控制有关原子能的研究和生产。1946 年 1 月，第一届联大通过决议成立原子能委员会，讨论从各国军备中取消原子武器和监督、保证原子能和平利用等问题。而后美国代表伯纳特·巴鲁克在原子能委员会第一次会议上提出“原子能管理计划”，即著名的“巴鲁克计划”，其主要目的是想通过操纵联合国有关机构来限制苏联发展核武器。这一计划遭到苏联的拒绝，三年的美苏谈判没

① 杜祥琬：《核军备控制的科学技术基础》。北京：国防工业出版社，1996 年，第 15–16 页。

② 田东风：《核军备控制监测与核查技术》。绵阳：中国工程物理研究院科技信息中心，2015 年，第 1 页。

有取得任何进展。1952 年，联大通过决议，解散原子能委员会，成立了裁军委员会。之后，美苏在裁军委员会内就核武器控制和常规军备裁减等问题进行了谈判。五十年代中期，国际社会上要求禁止核试验的呼声越发强烈。1958 年，苏联、美国和英国相继宣布单方面停止核试验。同时，为了维护核垄断，限制中法两国拥有核力量，六十年代，美、苏、英三国签署了《禁止在大气层、外层空间和水下进行核武器试验条约》(简称《部分核禁试条约》)，但并未完全禁止地下核武器试验。1967 年，美苏两国共同提出了《不扩散核武器条约（草案）》，并经 22 届联大表决通过。由于条约的歧视性，法国、巴西等 10 国投了反对票。

因古巴危机事件刺激，苏联和美国开展了激烈的核军备竞赛。到 1967 年，双方的核武器数量各达到了三四万枚。此后，核军备控制态势有所变化。为了减少不必要的消耗，同时集中力量提高核武器质量，从 1969 年 11 月开始，美苏就限制战略武器分两阶段进行了会谈，并于 1972 年 5 月签署了《美苏关于限制进攻性战略武器的某些临时协定》(简称《临时协定》)和《美苏关于限制反弹道导弹系统的条约》。由于分歧较大及美苏关系恶化,《临时协定》期满后双方并未达成新的协定。美苏经过多次会谈，1979 年情况有了好转，并于当年 6 月签署了《第二阶段限制战略武器条约》，对战略运载工具、装备远程巡航导弹的重型轰炸机等数量进行限制，但仍只限数量不限质量。

八十年代中期，核军备控制步伐加快，美苏就削减战略核武器问题进行多次谈判，并于 1987 年 12 月签署了《消除美苏中程和中近程导弹条约》(简称《中导条约》)，这是核武器问世以来第一次销毁一个类别核武器的条约。美、苏两国也转入实质裁减阶段。

1991 年年底，苏联解体，整个国际格局发生重大变化。随着冷战的结束，国际形势不断走向缓和，大国间开始积极调整关系，核军备控制与裁军工作取得了一定进展，先后达成了一些重要的双边和多边协议。比如，在战略核武器方面，美苏（俄）先后签署了第一阶段削减战略武器条约和第二阶段削减战略核武器条约，进一步减少了进攻性战略武器的数量限额；在禁止核试验方面，各国逐渐改变以往坚持的核试验的立场，推进了禁止核试验的发展进程。在各类条约的制约下，国际核裁军不断向深度、广度发展，进程不断加快，范围不断拓宽，务实性增强，也日益涉及我国的国防和安全利益，在许多问题上面临着一系列新的挑战和问题，如禁止核试验、防止核扩散以及军备透明度等。

在军备控制问题上，中国也做出了积极的努力。我国在恢复联合国的席位之前，尽管没有参加联合国系统裁军活动，却仍然通过各种方式表明了我国争取真正裁军的愿望和主张，特别是强调要禁止使用核武器和其他大规模毁灭性的武器。建国初期，我国承认了禁止生物武器和化学武器的1925年《日内瓦议定书》①。1963年，美、苏、英签订了歧视性的部分禁试条约后，中国政府发表声明，提出了全面、彻底、干净和坚决地禁止和销毁核武器的建议，并倡议召开世界各国政府首脑会议来讨论这一问题。

1971年，联合国恢复了我国的合法席位后，我国开始参加联合国系统的各种裁军和军控活动。1978年5月，我国参加了第一届裁军特别联大，积极宣传我国的裁军和军控主张，并在大会通过的《最后文件》中得到了反映。1986年，中国政府首脑在中国人民维护世界和平大会上的讲话中阐明了中国政府在军控和裁军问题上的基本立场和主张。

美苏冷战结束后，国际形势发生了巨大的变化，国际军控重点有了一些调整，我国的军控政策和立场也随之进行了调整。1993年9月29日，钱其琛外长在第四十八届联合国大会上的发言，针对新的国际形势，进一步阐明了中国政府在军控与裁军等重大国际问题上的基本立场和主张：和平与发展仍然是当今世界的两大主题；以和平方法解决国际争端是联合国宪章规定的一项重要原则；中国赞成不扩散各类大规模杀伤性武器；中国政府一贯主张在全面禁止和彻底销毁核武器的范畴内，实现全面禁止核试验；我们反对打着控制武器转让的旗号，危及有关国家的主权和安全……这些观点反映了我国对建立世界新秩序、和平解决国际争端、防扩散、核禁试等问题的立场和主张。当然，要实现这一终极目标将是一个漫长的过程。

---

① 《关于禁用毒气或类似毒品及细菌方法作战议定书》。

“军控科学技术”由来

1986年，由于国际形势的深刻变化，国际上禁止核试验的呼声非常强烈。朱光亚敏锐地意识到军备控制研究的重要性，他强调，“要维护好国家的安全利益，不能光埋头搞科研，不但要做好科学技术工作，还应该关心国际形势的变化，研究军备控制的发展态势以及各国核武器发展研究动态，不然我们会吃亏的。”① 因此，朱光亚非常重视军控研究这一新的方向，并动员宋家树也加入军控研究的行列。

随着军控斗争越来越直接地涉及各国的安全利益，更多的国家，首先是第三世界国家更加重视并积极参与裁军和军控的谈判活动。这种形势对我国既提供了机遇，又形成了挑战。在是否参加核不扩散条约、是否应加入导弹技术控制制度以及如何参加化学武器条约谈判等问题上，我国承受着很大的压力。

从本质上看，军备控制研究不仅涉及国际政治、外交等方面的社会科学问题，还涉及越来越多的自然科学问题。当时朱光亚因接触到各方面情况，发现技术问题在军控领域越来越重要，特别是在核军控和外空军控方面，涉及非常深入的技术问题，所以朱光亚希望有一些技术人员加强这方面的研究。朱光亚特别强调要从技术切入，突出军控研究的技术特点，“带头提出‘军控科学技术’这个概念”。②

1991年，为加强军备控制研究，朱光亚等领导决定专门组建一支队伍开展军控研究，为国际安全和维护国家安全利益提供更好的对策建议。由于军控研究工作是社会科学和自然科学相结合的跨学科的事情，研究者既要懂得科学技术，又要了解国际形势、国际核战略等问题，且需从事超前性和基础性研究，因此，对专业组参与人员要求极高，专业组组长人选尤为重要。

对研究队伍组长的抉择，朱光亚反复斟酌。此时有两个比较好的人选：

① 邹云华访谈，2017年6月27日，北京。资料存于采集工程数据库。

② 宋家树：自述。见：《宋家树院士八十华诞文集》编委会编，《宋家树院士八十华诞文集》。北京：中国原子能出版社，2012年，第4页。

一个是胡思得，时任中国工程物理研究院副院长；另一个是杜祥琬，时任中国工程物理研究院科技委副主任。他们都从事核武器科技工作，且前期已经介入了军备控制研究领域。在二十世纪八十年代中期，我国新一代核武器研究进入了非常关键的阶段，国际上关于禁止核试验的呼声不断高涨，中国工程物理研究院的邓稼先和于敏两位科学家冷静地分析了国际国内关于核禁试的形势，认为美苏等核大国的核武器发展水平已经基本接近理论极限，核禁试对于他们来讲影响不大，但是我国新一代核武器研究正处于关键时期，如果一旦被迫禁试将对国家造成无法弥补的损失。为此，他们组织相关人员就此事进行了深入调研。充分调研后，邓稼先和于敏出于对国家安全和利益的高度责任感，起草了建议书，提出争取时机、加快研制步伐的战略建议，并指出了需要集中攻克的主要目标以及实现目标的具体途径和措施。这份建议书所涉及的内容和所起的作用，已经大大超过军备控制研究的范畴，是中国军备控制和战略研究领域最优秀和最有重要意义的研究成果。胡思得和杜祥琬都参加了前期的调研工作，从此开始介入军控研究，他们是中国工程物理研究院最早一批从事军控研究的代表。但由于胡思得和杜祥琬二人均有其他工作安排，朱光亚经过再三斟酌，决定任命宋家树为专业组组长，此时宋家树刚从核工业总公司调到中国工程物理研究院任科技委委员。

至此，在朱光亚的指导下，宋家树再一次服从国家和组织的需要，正式步入军控研究这一崭新领域，在专业人员少、底子薄的情况下，组织并开展了一系列研究工作，为军控研究打下了坚实的基础。

对于此事，钱绍钧[①]曾谈道：

宋家树从 1988 年开始就参与这个工作了，一直都很认真。当时全身心地投入这种工作的人并不多，而且对组长的要求比较高，要找一个不仅学术水平比较高，还能花足够多的时间在专业组工作的人。宋家树曾是朱光亚的学生，而且在核武器研制工作中共事了 20 多年，

① 钱绍钧（1934－　），浙江平湖人。实验原子核物理学家，中国工程院院士。

朱光亚对宋家树的工作能力非常了解，明确地提出要让宋家树来做这件事情。……

所以朱主任看人还是很准确的，他知道难度很大，因此把宋家树请来了，虽然宋家树1988年以后才开始参加军控研究工作。[①] 但是，在朱光亚的领导下，他和专业组的同志一起，为专业组乃至国防科工委军备控制研究的健康发展做了大量的基础性工作，做出了重要贡献。[②]

专业组组长

军备控制科学技术专业组是一个专家组织，主要是为军备控制研究提供咨询和参谋。专业组成立初期，国际军备控制研究比较活跃，研究重点主要涉及核、生物、化学武器及弹道导弹的控制、核裁军（特别是禁止核试验）、军备透明、地区安全机制等方面。从军控研究发展情况来看，西方国家军控研究开展较早，投入也较多，尤其以美国的研究工作规模为最大。美国研究大体上分为两个层次：基础及学术性研究和咨询性政策研究，主要在大学及独立的研究机构中进行；政策及具体对策研究，在政府、国会的研究机构中进行。美国从事军控研究的人员相当多，如研究核扩散问题的知名专家大约100人，研究核查技术的仅利弗莫尔[③] 就达150人，而且发表了大量的高质量的研究报告。为加强军控研究，美国专门成立了军控与裁军署，开展军控与裁军研究工作，为军控谈判提供对策方案。美国的重要武器型号研制是否上马，也要军控与裁军署提出意见。而我国军控研究开展较晚，且以围绕军控外交谈判的具体对策研究为多，主要是外交界人士在做，技术干部和科学家参加较少，基础研究和技术性研究的基础较弱。

---

① 钱绍钧访谈，2017年6月27日，北京。资料存于采集工程数据库。

② 钱绍钧：宋家树院士和军备控制研究。见：《宋家树院士八十华诞文集》编委会编，《宋家树院士八十华诞文集》。北京：中国原子能出版社，2012年，第37页。

③ Lawrence Livermore National Laboratory，简称LLNL，中文一般译为劳伦斯·利弗莫尔。

图 8-1 朱光亚给宋家树（左）颁发专业组组长聘书（1999 年 9 月 24 日，宋家树提供）

军控研究队伍也比较小，且绝大多数是兼职的。如何在军控研究人员少而且又分散的情况下将军控研究工作搞上去，面临的困难大且多。宋家树作为专业组第一任组长，在一无军控研究专业基础，二无经验可循的情况下，边学边干，全身心投入军控研究的领导和组织工作中。1991—1999 年，宋家树担任了两届军备控制科学技术专业组组长。

组建研究队伍

专业组成立之初，首要的任务就是组建好研究队伍。军备控制既属于国际安全问题，又与科学技术密切相关。对于专业组人员的构成，当时朱光亚有一个基本思想，就是要把从事社会科学研究和自然科学研究的专家结合起来，共同做这件事，以充分发挥两者的优势和长处。由于在确定加强军控研究之初，朱光亚明确从技术角度切入，发挥技术优势的研究思路，所以最初的军控研究队伍主要是由技术专家组成，他们可以从技术方面进行深层次的探索，但对军控的发展历程、内容不是很熟悉。而社会科学家对当前的国际形势、国际国内相关政策熟悉，在军控理论研究方面有经验，有的还参加过一些裁军或军控条约方面的谈判，比如从事外交工作的相关人员，请他们加入对专业组的工作有非常重要的促进作用。因此，迫切需要社会科学方面的专家加入专业组，充实研究队伍力量。

为此，宋家树和钱绍钧等专业组成员一起走访了外交部的国际问题研究所、现代国际关系研究所等多家研究单位以及国防大学、军事科学院等高等院校，希望能够邀请更多的社会科学专家加入。每走访一个单位，宋家树就向有关领导介绍开展军备控制研究的重要意义，呼吁他们投入人力物力，积极关注和支持军备控制研究工作，并邀请他们指派相关方面的专家参加专业组工作，充实研究队伍，提高专业组研究水平。

他们走访的这些单位都对军控研究非常感兴趣，但是都不愿意投入专门的人力物力去从事这方面的工作。在宋家树等人的吁请下，许多单位抽调社会科学领域的专家加入了专业组，但都是兼职从事军控研究工作。比如，“有航天、核领域等方面的技术专家，还有社会科学层面的专家。航天系统的人比较多，有梁思礼院士、庄逢甘院士，他们都是‘两弹一星’的专家。核领域方面主要有九院、核总等单位的专家。社会科学方面有现代国际关系研究所、外交部、中联部等单位的专家。”① 他们都是所在单位或部门相关领域的代表，具有很高的学术造诣和水平。钱绍钧委员曾谈道：“要把这些专家学者组织起来做好军控研究，不是随便找一个高水平的人就可以胜任的。”②

“经过一番努力，终于使专业组成员中社会科学方面的专家达到了三分之一左右，形成了自然科学和社会科学两类专家互相学习、互为补充、共同研究的机制。”③ 专业组成员不断增多，形成了强大的军控科学技术专业组班底。在第一届专业组成员中，最年轻的51岁，最大的62岁，他们在相关研究领域成果卓著，且经验丰富，对推进军控科学技术专业组初期的工作起到极大的促进作用。

后来的实践证明，正是这样的机制有效地促进了研究工作的深入开展和研究水平的提升。④

---

① 钱绍钧访谈，2017年6月27日，北京。资料存于采集工程数据库。

② 同①。

③ 钱绍钧：宋家树院士和军备控制研究。见：《宋家树院士八十华诞文集》编委会编，《宋家树院士八十华诞文集》。北京：中国原子能出版社，2012年，第36–37页。

④ 同③。

制定研究计划指南

专业组成立后的另一项重要任务就是梳理并确定军备控制研究的方向、目标以及主要研究内容。根据朱光亚提出的指导思想，军备控制科学技术专业组的研究侧重从科学技术的角度，运用系统分析的方法，结合政治、军事、经济和外交等因素对军控问题进行综合分析研究，提出有价值的研究报告与对策建议，为外交斗争服务，为制定国防科学技术发展战略服务。其研究范围应包括：基础研究、政策研究和技术研究。由于我国军控研究起步较晚，在这三方面的研究都不够深入，需要大力加强。而且研究工作进展也不平衡，超前的、中长期的问题研究极少，全局性的问题和基础性研究不够。因此，宋家树等人四处奔走呼吁社会科学专家加入军控研究队伍，组织专业组成员加强对国外特别是美俄等核大国开展军控研究状况的调研，了解掌握国际军控斗争形势和发展趋势。同时，积极走访国内相关研究单位，加强交流研讨，深入分析和掌握国内军备控制研究状况。在全面把握当前我国军控研究现状的基础上，宋家树遵循朱光亚提出的研究方针，组织专业组制定了较长期的军控研究计划指南，明确了军控科技研究的目标、方向及重点。

确立指导原则。随着国际国内政治、经济、军事等形势的深刻变化，军控斗争越来越涉及国家国防、安全的根本利益，专业组的研究工作也必须围绕国家安全等问题开展。为此，专业组确定了四大指导原则：一是正确预测军控形势的发展，在此基础上进行超前研究，以我为主，提出我们的军控方案建议；二是突出重点，深化研究，注意基础性的研究与对策研究的结合，逐步提高研究水平；三是加强自然科学与社会科学的结合，加强对各单位研究工作的协调，发挥专职和兼职研究人员两个积极性，逐步壮大研究队伍；四是加强国内外交流，积极开展各种形式的学术活动，加强我国军控主张的宣传。

确定研究方向。专业组成员都是各个领域的大家，充分发挥其专业优势，同时结合国际军控形势进行预测性研究，势必对军控工作起到事半功倍的效果。宋家树组织专业组成员进行反复研讨和修改后，确定了近几年或更长时间内的主要研究方向。在基础研究方面，主要是研究国际安全理论与军控理论，研究世界主要国家的军事战略，从理论上阐明世界各大国安全战略和军控政策调整的原因、国际政治经济新秩序对军控的影响，以及各种安全机制和信任措施提出的依据等。在政策研究方面，总结我国几十年来在核裁军、核禁试、外空军备控制和防止武器扩散等方面军控决策中的经验教训，深入分析现行政策的适用性，了解西方国家在这些方面的政策、主张、建议以及其演变的背景、意图、作用和对我国的影响，在此基础上，研究我国未来军控斗争总的政策和策略以及各方面的具体对策。在技术研究方面，侧重预测相关技术的未来发展前景，研究其对武器结构、军事战略以及军备控制带来的影响；从分析研究现有的军控协议的核查程序、手段、方法及其有效性着手，探讨核查技术可能的发展方向和途径，对我国核查技术的发展战略提出建议等。

强化组织和保障措施。专业组的成员都是各个领域的专家代表，分散在各个单位，他们平常还肩负着大量的本职工作，大多数都是兼职从事军控研究，在军控研究方面投入的时间和精力是不可控制的。如何有效组织大家将有限的精力投入到军控研究中，为我国的军控发展和外交斗争提供咨询和建议，是摆在宋家树面前的另一个难题。宋家树按照朱光亚的相关思想，结合专业组成员实际工作，初步确定了专业组的组织和保障措施。第一，做好选题计划。每年年末在全面分析形势的基础上，根据专业组研究指南要求，确定下一年度的研究课题计划并报批。第二，协助做好课题计划审核及落实，分配相应的经费，对计划完成情况进行检查。第三，研究课题承担者在研究工作完成后按商定的成果形式提交成果，专业组根据需要组织或委托有关专家和部门按照军控研究为外交斗争和武器发展战略服务的要求对成果提出评价意见。第四，加强国内外交流，定期出版刊物，提高信息利用率。第五，继续扩大研究队伍，通过实际工作提高队伍的整体学术水平。

军备控制科学技术研究指南较好地处理了基础研究、近期研究和中长期研究的关系，专业组每年召开总结会议，对指南执行情况和研究工作进展进行总结，不断修订和完善指南，到 1997 年初步构建了涵盖基础理论、对策研究和技术研究三个方面，重点方向明确的研究体系框架，为后来专业组的发展打下了坚实的基础。

营造宽松的研究氛围

专业组的研究内容以基础性、超前性研究为主，强调创新，研究可供选择的对策思路。只有在宽松的学术环境中才可能出新思想、新观点、新主张。为充分发挥专业组成员的优势特长，形成好的研究成果，宋家树多次组织专业组进行讨论研究，采取了许多办法，为从事军控研究的成员营造宽松的学术研究氛围。

第一，自主选题。在课题选择上，不采取指令性的方式，每个专业组成员可以根据专业特长自主选择需研究的课题。专业组成员选题后，各自回到本单位组织相应人员进行研究，给予每位专业组成员足够的空间和时间，在规定的时间内完成。同时，定期或不定期召开会议，了解课题进展及存在的困难和问题，保证研究工作效果，逐步推进军控研究。

第二，学术自由。坚持百家争鸣的方针，鼓励学术上的创新精神，倡导不同意见之间的切磋和争论，不设置框框，不强求一致，努力保持活跃的学术氛围，以利于研究工作的深入。

第三，优势互补。由于军备控制本身就是一门自然科学与社会科学相结合的综合学科，专业组注重加强组内两类科学家之间的结合，使之互相学习、互相渗透、取长补短、协同工作，提高研究工作的水平。为此，每年组织多次学术报告，由相关军控研究单位具体承办，内容涉及核查技术、核裁军、具体条款的核查研究等，有效地发挥各研究单位专家的优势领域，促进自然科学与社会科学的有机结合。

第四，统筹兼顾，重点突出。在计划安排上，专业组注意尽量覆盖各单位兼职研究人员的课题，努力调动他们的积极性，形成了以专职研究人员为骨干的 100 多人的军控研究队伍，较好地保证了年度研究计划的完成。在兼顾各方面军控研究课题时，相对集中力量，根据上一年度的经验和当年的实际情况，适当地控制研究课题的总量，并根据选题预案和各单位申报的研究课题，选定当年的研究重点，不盲目求大、求全。

第五，重视学术讨论和交流。除每年组织相关专题报告外，在宋家树的领导下，专业组组织了多层次的学术交流，还与相关部门共同举办军控年会，给从事军控研究的成员一个交流展示研究成果的平台，通过交流还针对某些问题进行深入研讨，及时总结研究成果的优缺点，提升军控研究水平，也吸引了国内更多专家参加军控研究。专业组还积极组织编印《军控研究通讯》《裁军选读》等材料，编写《军控信息简报》（不定期活页资料），提高信息利用率。

第六，倡导创新。专业组从我国国情和战略利益出发来研究问题，在研究和借鉴国外军备控制研究的成果和方法的同时，倡导组员独立地进行研究，敢于提出独创的思想。

在努力营造宽松的学术氛围的同时，宋家树作为专业组组长，还善于总结专业组发展中存在的不足，并亲自撰写相关文章，组织大家进行交流研讨，共同推进专业组建设。例如，1993 年，他撰写了《科学家与核军备控制》一文，回顾了科学家对核武器控制的最初探索，总结了九十年代初期国内外科学家参加军备控制研究的现状，回答了八十年代我国为什么组织科学家参加军控研究，指出专业组肩负的使命任务与现实差距，比如基础研究最难深入，政策研究需求急、超前研究不够，技术研究起步困难且支持力度不够等。通过这种系统地梳理和对比，使大家从宏观上把握当前面临的形势、微观上了解自身存在的不足，从而促进了专业组的发展和研究工作的深入。

总之，当时学术交流比较活跃，通过这种形式把大家团结起来……，凝聚力还是不错的，到现在很多人退休了，但见面时都会聊聊那时候的工作。[①]

① 钱绍钧访谈，2017 年 6 月 27 日，北京。资料存于采集工程数据库。

从1991年起，在宋家树精心组织下，军控科学技术专业组在十分有限的人力物力财力条件下，艰难地闯出了一条发展道路，获得很多单位对军控工作的支持，营造了相对宽松的学术研究环境，初步探索了适应于军控专业组的工作模式，“形成了以专业组成员为中心、具备自己的特色、包括十多个单位上百名专家、国内最大的军备控制研究群体，向外交部等业务部门提供了一批重要的研究成果，在国家安全和外交斗争中起到了一定的作用”。[①] 虽然这些方面还有改进和发展的余地，但是在宋家树领导下，专业组八年的工作基础和经验为后续的研究工作创造了有利条件。胡思得院士谈及宋家树在军控工作中的成绩时说道：

> 我觉得最重要的是，他把握了我们整个军控研究的方向，这个很重要。我们和国外科学家交流，很多问题他都是亲自参加、策划、领导。在这些问题上，我们不断向中央、向上级领导提供咨询，都可以看到宋家树同志的影子。一方面，他在主持我们这个队伍，保持我们这个队伍发挥了很大作用；另一方面，他本身也提出了不少好的看法，军控里面的一些见解，特别是和国外专家之间交流的一些策略上的问题等，我基本上是按照他那一套干下来。总的来说，他维持了整个这支队伍，筹建这个队伍，能够把大家都团结在一起……我觉得他在组织这个队伍的同时，也把这个交流延续下来，所取得的这些成果都可以看作是宋家树同志的作用。[②]

组建军控核查技术专业组

1996年9月，联大以158票对3票通过了《全面禁止核试验条约》

① 钱绍钧：宋家树院士和军备控制研究。见：《宋家树院士八十华诞文集》编委会编，《宋家树院士八十华诞文集》。北京：中国原子能出版社，2012年，第36-37页。

② 胡思得访谈，2015年9月26日，北京。资料存于采集工程数据库。

（CTBT），1996 年 9 月 24 日该条约开放供各国签署。[①] 我国于 1996 年签署了该条约。为了进一步建设未来条约的核查能力，1997 年成立了军控核查技术专业组，宋家树兼任第一届组长，是该专业组的奠基人之一。军控核查技术专业组的组成方式类似于军控科学技术专业组，其成员都是相关单位某领域的专家。第一届军控核查技术专业组成员都是研究员级别。

万事开头难。如何研究军控核查技术，使研究适应国家安全需要，大家的想法与意见很多，还不尽相同。宋家树作为组长，站在全局的高度，统筹谋划，将各单位专家团结起来，充分发挥集体智慧与力量，确定了军控核查技术专业组的研究方向、研究重点，为专业组的建设开好头、起好步。

> 老宋总是在重大问题上统一大家看法，使我们能有一个全局统一的观念，如禁止核试验的核查技术、禁止为武器用生产裂变材料公约可能的核查技术、核裁军的核查技术，老宋都十分专业地指导研究方向，选定重点，使我们的研究有一个很好的开头。“九五”的研究是我国在该领域研究的起航阶段，有的还属填补空白，但“九五”末的研究成果演示表明，我们的研究方向是对的，成绩是显著的，为今后的发展奠定了坚实的基础。[②]

中国工程物理研究院原科技委副主任孙颖谈及此事时说道：“在担任军控核查技术专业组组长期间，老宋的贡献就是以协作、包容、求实的精神，将多个单位的相关专家团结在一起，为开创军控核查技术研究开了个好头，为专业组培养了好风气，同时也为国家安全做出了很大贡献。当时专业组对我国周边国家（印、巴）核试验的分析形势研究取得了好成绩，形成的报告得到了中央军委副主席的充分肯定。”[③]

---

① 邹云华：美国在全面禁止核试验条约政策上的走向。《国际问题研究》，2002 年第 2 期。

② 刘恭梁：我所认识的宋家树院士。见：《宋家树院士八十华诞文集》编委会编，《宋家树院士八十华诞文集》。北京：中国原子能出版社，2012 年，第 130 页。

③ 孙颖访谈，2017 年 11 月 22 日，四川绵阳。资料存于采集工程数据库。

除了组织和领导专业组外，作为专业组的一员，宋家树依旧保持其凡事亲力亲为，努力探究事物根本的习惯，在军控核查技术、核裁军等方面开展了大量的研究工作，提出了许多可供借鉴的对策和建议。

1998 年，在国际核军备控制领域里，随着 NPT 条约（核不扩散条约）无限期延长、CTBT 条约签署、CUTOFF 公约（谈判缔结公约）即将在 CD（日内瓦裁军谈判会议）谈判，国际社会对核裁军的呼声愈来愈高，各种核裁军方案纷纷出笼。许多国家公开其官方的核裁军立场及一些具体的裁减步骤，还有一些非政府组织或研究团体提出了许多核裁军的建议和方案。有的方案要求分步骤进行核裁军，有的方案要求一步到达无核武器世界。在当时的条件下，虽然一步到达无核武器世界的建议有一定的吸引力，但不具有现实性。美俄核裁军虽然是按照分阶段逐步实施，但仅仅涉及其“部署核武器”的裁减。且随着核裁军进一步深入，必将涉及核武器的更深层次问题及多边问题，加上受到国际政治、国家安全、有关国家的核武器政策以及相关技术问题等因素的影响，其“匆忙确定‘时间表’是没有任何实际意义的”。

虽然许多方案和建议不切合实际，但有些方案在一定程度上带有利益倾向性，对我国不利。根据当时形势发展判断，宋家树、田东风等人认为中国也应尽早适时提出更进一步的核裁军主张。在充分认识全面核裁军进程的复杂性、艰巨性和长期性后，宋家树、田东风认为“真正的核裁军应当是核武器能力的削减，其关键是削减、控制进而销毁核武器用裂变材料。否则，任何其他形式的核裁军都是不彻底的，其直接的后果之一是将使得核裁军进程易于可逆。……在追求核裁军最终目标时的关键是确保核裁军进程的全面性和彻底性。”因此，他们提出了分三阶段核裁军方案的建议，即削减“核装备”阶段、实质“核裁军”阶段、禁止“核武器”阶段，其核心是以核武器能力的削减程度为各分段的判据。在当时强烈的核裁军呼声和巨大的核裁军压力下，这一重要建议为我国积极参与国际军控斗争，以保持我国对重大国际核军备控制的发言权，影响核军控方向，实现“保护自己，限制别人”的战略目标提供了重要参考。

2000 年，宋家树卸任军控核查技术专业组组长职务，截至目前，虽然军控核查技术专业组组长已经更换了4届[①]，但宋家树仍以顾问身份，在重要问题上起到了指导性作用。[②]

在刘恭梁等人撰写的《核军备控制核查技术导论》序言中，对宋家树在军控核查领域的贡献给予了评价：

> 二十年来，在钱绍钧、宋家树、胡思得院士及田东风等一批优秀专家的指导下，在徐宏广、宋英、解东、龙燕秋等具体组织和方向引导下，核军控研究取得了超出 预期的好成果，它不仅包括了对可能核查技术的应对储备研究，而且开展了紧密涉及国家利益的广泛的监测工作，多次获中央领导的肯定。

军控交流

扩大交流是推进军控研究的一个重要手段，宋家树非常重视对外交流这个宣传自己和了解别人的窗口，自1988年开始介入军控研究后，投入了大量精力在军控交流工作中。

西西里之行

1988年8月18—28日，宋家树与王淦昌、张信威一同前往意大利西西里参加第八届国际“核战争”讨论会。这次会议是意大利非政府组织的一个民间会议，在意大利的西西里岛爱里切市（Erice）召开，因此也叫爱里切国际核战争问题研讨会。

爱里切国际核战争问题研讨会是由意大利著名物理学家A·齐吉吉教授倡议于1981年8月首次召开，之后每年8月召开一次，许多著名科学

① 现由中国工程物理研究院副院长田东风博士担任组长。

② 田东风访谈，2017年11月，四川绵阳。资料存于采集工程数据库。

图 8-2 与王淦昌、丁肇中合影（左起：王淦昌、丁肇中、宋家树，1988 年 8 月，宋家树提供）

家都曾出席过此会议。会议有相当的影响力，历次会议均有部分国家首脑来电致贺。1982 年由英国的保罗·A·M·狄拉克等著名科学家起草的“爱里切宣言”呼吁各国政府削减核武器，禁止核试验，防止核扩散，并且不要限制科学信息、思想和人员的交流，也表明了研讨会的宗旨。

1988 年宋家树应邀参加了这个研讨会。出席此次讨论会的共有 47 人，苏联以科学院副院长凡利科夫为首 14 人，美国 11 人，欧洲 12 人，日本 2 人，印度 1 人，我国有王淦昌、钱嘉东、宋家树、张信威、裘照明等 7 人参加。

这是宋家树第一次出国参加军控学术交流，也是他第一次走出国门。到了会场后，他们碰到了外交部驻日内瓦裁军大使钱嘉东。当钱嘉东问及是否准备了发言稿时，宋家树和张信威才知道需要在会上发言。这个情况让他们俩有些措手不及。当天晚上，他们一起商量讨论后，连夜形成了发言稿，并请钱嘉东帮忙提修改意见，最终形成了一篇核裁军方面内容的报告。

此届“核战争”讨论会以“从对抗到合作”为主旨。一些议题看起来属于军事性质，如外空、化武、中导等，但实际多从科学角度交换意见和探讨国际合作。讨论中最值得注意的问题有三个方面，一是核武器的和平利用，二是核反应堆的安全问题，三是激光技术。宋家树在会上以和平利用核武器为主题进行了发言，他提出中导以及今后洲际导弹的核弹头含有大量核材料，可用于发电等和平用途。当时美苏核裁军都是裁减运载工具，但不涉及核弹头。宋家树在发言中进一步指出，美苏核裁军不够彻底，不能光裁减一点运载工具，应该裁减核弹头。“这个观点引起了与会专家的激烈争论。苏联科学院副院长凡利科夫表示，苏联赞成中导的核弹头也应该予以销毁。但美国人不同意，认为核弹头不能裁减，这里面问题很复杂。西德的一位专家也反对裁减核弹头，说弹头涉及结构和电子装置。总之，在裁减核弹头这件事情上，美苏矛盾比较大，因此双方讨论非常激烈。”①

图 8-3　与外国友人合影（左一宋家树，右一张信威，1999 年 8 月，宋家树提供）

虽然宋家树 1988 年刚被朱光亚拉入军控研究领域，但在介入军控研究之初，他就凭借自己扎实的理论知识和技术储备，一针见血地指出核裁军的关键所在，他认为核裁军最终必须与裁减核弹头挂钩。他的这种敏锐观察力和预测能力在以后的工作中也表现突出。

对于第一次出国开展军控交流，宋家树印象非常深刻，还专门写进日记中。

> 这是我第一次参加军控方面的会议，还有王淦昌教授及张信威。
>
> 我们到罗马后，住大使馆预定的饭店。……然后飞西西里（Trapania，Cicili）。来接的人开车送我们去位于山上的一个小镇—ERICE 镇，参加第八届国际“核战争”讨论会。这是意大利著名的物理学家 A · 齐吉吉教授组织邀请的。会议有苏联代表团参加，团长是 E · P · Velikhov 院士，并有库尔卡托夫研究所的副所长 V · D · Pismennii，理论部主任 A · M · Dykhne 等。多年来这是第一次见俄罗斯人，有亲切感。俄文好久不讲了，竟然还可以应付一阵子。美国代表团主要是利弗莫尔实验室的人。我在会上做了发言，美

① 宋家树：参加第八届核战争讨论会简况，1988 年，未刊稿。资料存于采集工程数据库。

国人反对，而俄国人支持，引起热烈讨论。西西里岛黑手党出没，会议到处是荷枪实弹的卫兵，戒备森严。……搞得我们也很紧张。我国驻日内瓦裁军大使钱嘉东也参加了，我的发言由他改过就放心多了。乘小船回来时，在风浪中夜游地中海，别有风味。[①]

此次西西里之行开启了宋家树参与军控交流会议之路，回国后他又开始了与美国科学院国际安全与军备控制委员会（简称 CISAC）长达十几年的双边军控交流。

与 CISAC 交流

CISAC 成立于 1980 年，是美国科学院的一个常设机构，其成员多有官方背景，包括原美国总统科学顾问、国家安全委员会成员、美裁军署副署长和美苏战区核力量会谈美方首席代表，美国利弗莫尔核武器研究所所长和美苏限制战略武器会谈美方代表，以及美军高级将领等。CISAC 首任主席潘诺夫斯基[②]教授更是负有盛名的世界顶尖级科学家，曾是美国总统的科学顾问，也是我国科学院外籍院士，为我国电子对撞机的建造和运转做出了重要贡献，并多次受到党和国家领导人的接见。CISAC 的成员中有的是常任的，有的经常流动。在中美科学家小组建立双边军控交流活动这件事情上，潘诺夫斯基教授起到了非常重要的推动和促进作用。[③]

潘诺夫斯基（Panofsky）教授长期从事加速器物理、核物理和粒子物理方面的理论研究和实验探索。曾参与建造能量为 32MeV 现代质子直线加速器，领导建成能量最高的电子直线加速器、SPEAR 正负电子对撞机、PEP 正负电子对撞机和斯坦福线型对撞机（SLC）等，提出了 Panofsky-Wenzel 定理、束流崩溃效应的渐近理论和环形加速器消色散聚焦结构理

① 宋家树：西西里之行，1988 年，未刊稿。资料存于采集工程数据库。

② 潘诺夫斯基（1919–2007）美国国籍。物理学家，长期从事加速器物理、核物理和粒子物理方面的理论研究和实验探索。美国科学院院士，2002 年当选为中国科学院外籍院士。

③ 邹云华：关于我科学家军控小组与美国科学院国际安全与军备控制委员会进行双边军控学术交流二十周年的回顾及建议，2008 年，未刊稿。存地同①。

论，发明了以 Panofsky 命名的四级矩磁铁结构等。他曾在艾森豪威尔、肯尼迪和约翰逊三届政府担任过总统科学顾问委员会委员，为美国原子能委员会和能源部在核武器和军备控制计划方面提出过许多重要建议。潘诺夫斯基教授对中国科学技术事业的发展十分关注，先后数十次访问中国，热情培养中国高层次科技人才，曾担任中国科学院院长顾问，特别对北京正负电子对撞机的研制给予了大量具体的帮助。①

1988 年，在潘诺夫斯基力主下，“经过美籍华裔科学家李政道教授和原中国科学院周光召院长的铺路搭桥，以原国防科工委科技委主任朱光亚为首的科学家军控小组与美国著名物理学家潘诺夫斯基教授为主席的美国科学院国际安全与军备控制委员会开展了双边军控学术交流活动。”②

在李政道 1988 年 6 月 28 日写给朱光亚和 1989 年 10 月 19 日写给聂荣臻元帅的信中记录了部分经过：

> 潘诺夫斯基教授与您午餐后，对您的学者作风极为赞佩。潘教授很想知道中方与 CISAC 在十月份是否召开一次会议？因为 10 月份潘教授要在北京参加两个会议，假如中方想与 CISAC 召开会议，应即做安排，10 月底潘教授较为方便。③

李政道写给聂荣臻元帅的信件内容如下：

> 目前，祖国在国际上面临了相当大的困难，作为海外的炎黄子孙，理应效力。我将竭尽全力为国分忧。盼望得到祖国的支持，特别希望能继续得到您的帮助。
>
> 潘诺夫斯基教授是国际极有成就的著名物理学家，多年来一直十分热情地帮助北京正负电子对撞机的建造工作。4 年前他在心脏手术 3 个月后就赴北京工作，得到了中国领导人和科学家的广泛赞扬。潘

① 宋家树：军控人物简历，2000 年，未刊稿。资料存于采集工程数据库。

② 邹云华访谈，2017 年 6 月 27 日，北京。存地同①。

③ 李政道给朱光亚的信，1988 年 6 月 28 日。存地同①。

教授将在今年10月底至11月上旬又去北京继续协助北京正负电子对撞机物理实验的工作。此外，他将和中国有关专家讨论核裁军问题。他十分希望朱光亚先生能作为中国方面正式成员之一，参加这个讨论。

在今天西方一边倒抵制中国形势下，潘教授能去北京工作和访问，是很难得的。也可以转变其他美国上层科学家（因受到大规模的不利中国的电视和其他报道宣传）的偏见。

潘教授希望朱光亚教授能作为正式中方成员，和他正面讨论对中美两国互相有利的问题，也是合理的（并不过分），使他的这个愿望达成，对做好国外科学家工作也是十分有利的。因此我十分诚恳的请您和丁衡高主任能在百忙中给予关心、帮助和促成。①

为了使这一交流机制正规化，1990年4月24日，经国家相关部门批准，开创了中美科学家以民间渠道形式、就国际军控问题进行持续性的不定期磋商和交流的活动机制（约每一年左右举行一次双边交流全会，其间有时增加在北京举行的小型会议）。1991年，我国专门建立了中国人民争取和平与裁军协会科学家军控小组（CSGAC，简称中国科学家军控小组）与美国CISAC进行军控交流。中国科学家军控小组主要由航天和核领域的自然科学家以及少数社会科学家和外交家组成，他们均以个人身份参加军控交流。自然科学家有庄逢甘、梁思礼、陈能宽、何祚庥、钱绍钧、胡思得、杜祥琬、宋家树、吕敏、叶立润等。社会科学家有外交部前裁军大使钱嘉东、国防大学潘振强少将等。朱光亚主任担任中国科学家军控小组第一任主席。美方主席为潘诺夫斯基教授。

1991年9月，在美国洛杉矶加州大学尔湾（IRVINE）科学院会议中心举行了中美双方CSGAC—CISAC第一次正式交流会议。朱光亚为中方代表团团长。宋家树作为中方科学家代表之一也在会上做了发言。回国后，宋家树参与起草了出访美国双边学术交流报告，总结了中美科学家第

① 李政道给聂荣臻的信，1989年10月19日。资料存于采集工程数据库。

一次正式交流会议的收获和经验。在当时国际形势发展变化快、技术发展日新月异的背景下，如果不与其他国家交流，不与外界广泛联系，就无法了解国际上相关领域发展变化细节。通过交流，可以拓宽视野、打开思路，对于军控研究的深入是非常有益的。在交流中，中国科学家军控小组成员与美国科学院 CISAC 成员还建立了友好的关系，为中方提供了一个了解美国军控政策动向的机会，不断增进对美国军控领域研究的了解。同时，在交流中，中国科学家军控小组也看到了自身研究力量、研究方法的差距，发现了许多值得深入研究的问题。

“CSGAC”主席

1994 年，宋家树从朱光亚手中接过接力棒，担任中国科学家军控研究小组主席。他花了大量精力，组织我国 20 余名专家学者开展军控及裁军问题的研究，以及中国科学家军控研究小组成员定期与美国 CISAC 进行双边交流。他充分利用军控交流这一窗口和平台，了解国外军控政策和研究现状，不失时机地宣传我国在军控和安全等问题上的基本立场，同时借机锻炼了我国的军控研究队伍，收到了非常好的效果。

一方面，在与 CISAC 交流中，他们从政策上和技术上为我们提供了许多有用的信息，而且我们还可以学习和借鉴美国开展军控研究的方法，为我所用。CISAC 的成员大都是美国一些著名研究机构、大学的高级研究员或高级退休将领，曾先后在美国政府任职或参与过有关

图 8-4　与潘诺夫斯基教授合影（2006 年 4 月 5 日，宋家树提供）

政策的拟定，与美国政界和国会关系密切，对美国政府的意图和政策比较了解，从某种程度上来说，它实际是一个半官方性质的智囊组织。通过与 CISAC 的交流，促进了科技研究与政策研究的结合，使我国的军控研究不断深入。

另一方面，我国科学家军控小组成员在交流中不失时机地宣传我国的裁军立场和主张，增信释疑，很好地达到了“了解对方、宣传自己”的目的，一个突出的例子就是关于“不首先使用核武器”政策。

当时国外学术界有些人认为中国提出的不首先使用核武器政策只是形式，只是口头上说说而已。在交流中，我方科学家小组多次强调关于核国家采取不首先使用政策的重要性，逐步影响他们。在我国科学家军控小组的宣传下，CISAC 从原来的怀疑、不以为然转变为把不首先使用写入了正式出版物中，并作为他们的观点和主张向美国政府提出建议。

1991 年 9 月，宋家树在参加中美双方 CSGAC — CISAC 第一次双边正式交流时，他就在会上向 CISAC 成员宣传我国不首先使用核武器政策：

> 中国发展核武器是十分克制和慎重的，除了为保障安全的合理需求外，我们不愿多花钱来生产这种既不能吃又不能穿的武器。我们总共只进行了三十多次核试验，核武器的数量十分有限，我们无意在数量上与超级大国竞争。
>
> ……
>
> 中国发展核武器是为了最终消灭核武器。只要是真正有利于达到此目的的裁军与和平建议，我们都是支持的。1985 年由于认识到空爆核试验对环境的影响和迎接国际和平年，我们停止了一次已经准备就绪的大气层核试验，接着政府宣布今后不再进行大气层核试验。对于防止核扩散问题，在认真研究后，最近李鹏总理宣布中国原则同意将参加 NPT 条约。这些都表明中国对核裁军的积极态度。
>
> 当前世界的形势为推动核裁军进程提供了有利的条件。在当前东西方缓和形势下要大大发挥军备控制的作用。由于核武器具有巨大的破坏力，又配有多种先进投掷发射工具，使它在威慑战略中起到重大

作用。中国古代战略家在两千多年前就认识到“不战而屈人之兵”的威慑作用。现代研究核武器作用的文章很多，但归纳起来不外三个方面：一是威慑核战争，二是威慑常规战争，三是达到政治、军事上的“均势”。我看随着世界形势的变化、裁军进程的深化以及争取和平运动的努力，后两方面的作用都将逐渐消失或被取代，第一方面作用可能存在需要用一个相当长的时间。如果超级大国能在START-Ⅰ的基础上进一步大幅度裁减其核武库，如果各有核国家都承担不首先使用核武器的义务，如果能切实地防止核武器的扩散，则核武器的存在有可能在今后相当长的时期内继续起到遏制核战争的作用。当然，我们的最终目标仍是全面禁止和彻底销毁核武器，但看来这需要长期不懈的努力，不可能一蹴而就。①

当时中美在核这个方面交流渠道很少的情况下，通过科学家间深入的双边交流，使美国 CISAC 成员了解并相信我国发展核武器是有限发展，不是搞军备竞赛，是非常难得而有效的。而且，在互相了解的基础上，双方还建立了一定的信任和友谊。

图 8-5　会见李政道（左起：李政道、陈能宽、宋家树，1989 年，宋家树提供）

1998 年，由于相关工作的调整，是否继续保持与 CISAC 的交流要报领导审批。当时美方科学家潘诺夫斯基教授想继续保持交流，宋家树了解相关情况后，专门向上级领导写了一份报告材料，就此事表达自己的看法，他建议

① 宋家树：CISAC 会议讲话稿，1991 年，未刊稿。资料存于采集工程数据库。

继续保持与美国 CISAC 的双边交流，发挥其了解对方、宣传自己的作用。其主要看法如下：

> 第一，中国科学家军控研究小组与美国 CISAC 委员会进行学术交流，已经多年，交流活动是成功的，基本上达到了了解对方宣传自己的目的，对专业组研究工作有很大帮助与促进。今后这一交流活动宜继续保持，活动次数也大体保持不变为好。
>
> 第二，关于潘诺夫斯基提出的相关建议，时间安排可以暂时推后一段时间，这样可以知道相关方面的观点。今年已安排了这方面的内部讨论会，估计参加明年与 CISAC 的小型讨论会不需要太多准备了。
>
> 第三，今年 5 月份与 CISAC 在北京开会时，美方主席 John Hordren 教授提出明年秋季在美国开一次双边会议的建议。我当时未做明确答复。我认为他们提出的时间可以同意。具体会议议程，会议地点可以进一步协商。希望领导及早批示，以便我们做具体准备工作。[①]

在宋家树等人建议下，上级部门决定继续开展并加强与美国 CISAC 的双边军控交流。2000 年后，由胡思得院士担任中方主席。截至目前，虽然我国科学家小组主席已经更换了 4 人[②]，但这一双边交流仍然还继续保持并发挥着重要的作用。

> 中国科学家小组与 CISAC 的交流开创了中美在军控方面以科学家为特色的双边交流，也是迄今为止我国唯一的中国科学家与美国科学家之间建立的正式的持续性的军控交流机制。我国科学家小组与 CISAC 的军控交流，是中美之间的一种科学家之间的民间或半官方的交流，是中美军控领域交流中起步最早、交流时间最长、效果最明显的一种交流，这不但加强了中美科学家之间的互相了解和理解，更重要的是，它是中美关系稳定的一部分，在某种程度上起到了中美关系

① 邹云华访谈，2017 年 6 月 27 日，北京。资料存于采集工程数据库。

② 胡思得院士在 2000—2016 年担任中国科学家军控小组主席。2016 年开始，由中国工程物理研究院副院长田东风博士担任中方主席。

健康稳定发展的桥梁作用。[①]

宋家树在担任中国科学家军控小组主席的7年期间，共组织中国科学家军控小组和美国CISAC成员进行了7次大型军控交流会议，10余次小型交流会，中美科学家开展了多次深入的交流。为了使交流活动取得最大的成效，每次与CISAC交流前，宋家树都组织科学家军控小组成员和有关同志认真做好政策学习和研讨准备，写出有关交流议题的书面发言材料，并对材料进行研讨和修改，同时还提前思考美方可能提出各种问题的预案。通过这种不定期交流，对方正研究的某些军控问题及其研究方法也启迪和开拓了我国科学家小组成员的思路，这为我国的军控研究工作注入了新的内容和动力，对培养自己的军控人才也起到了非常积极的作用。

图8-6 与国外同行交流（左二潘诺夫斯基、左三宋家树、左五杜祥琬，1991年10月5日，采集小组提供）

图8-7 中美科学家军备控制科学技术讨论会（中为宋家树，1994年10月，宋家树提供）

宋家树在我们与CISAC的交流中十分注意培养队伍，特别注意对中青年学者的培养，有意识地锻炼他们，让他们走上第一线，直接与美方学者对话，这样既能提高他们的军控研究水平，又能增长他们的

① 邹云华：关于我科学家军控小组与美国科学院国际安全与军备控制委员会进行双边军控学术交流二十周年的回顾及建议，2008年，未刊稿。资料存于采集工程数据库。

图 8-8 与 J. Holdren 教授共同主持中美科学家第三次交流会（左一宋家树、左二 J. Holdren 教授，1994 年 3 月，宋家树提供）

> 知识和才干，包括外语听说能力、即席的语言组织能力和快速思维反应能力等。①

1999 年以后，虽然宋家树不再担任中国科学家小组主席，但作为小组成员他每次都参加中美双边军控交流，并认真准备相关研究报告，积极发表自己的意见和看法，充分发挥自己的作用。

在这期间，宋家树还参加了许多国际上非常有名的军控方面的学术交流会议，如 IGCC（The Institute on Global Conflict and Cooperation of the UCalifornia）、PUGWASH（Pugwash Conferences on Science and World Affairs）、ISIS（International Strategic Institute at Stanford）、ISODARCO（International School on Disarmament and Research on Conflicts）、亚洲区域安全及经济发展国际会议等，访问了国外许多研究军控方面的著名大学或实验室，如斯坦福大学、莫斯科列比杰夫物理研究所、开罗大学、加州大

① 邹云华访谈，2017 年 6 月 27 日，北京。资料存于采集工程数据库。

学伯克利分校、罗马大学等，每到一处他都积极宣传我国的核武器政策和在军控问题上的基本立场等，表达他在核军备控制方面的观点和看法，以及希望通过军备控制最终实现无核世界的观点和愿望。2011年后，因身体原因，宋家树不再参加军控交流活动，但他仍然保持一颗初心，一直关心并关注我国的军控研究工作。

图 8-9　主持中美科学家第五次学术交流会（左二宋家树，1996 年 10 月，宋家树提供）

钻研军控

在领导专业组和中国科学家军控小组的同时，宋家树也一直在研究军控问题。大家在谈到宋家树时不约而同地用到同一个词——实干。

> 我觉得他是一位非常平易近人、和蔼可亲的学者，而且是一位实干家。他对年长、年轻的科技人员都很尊重，特别对年青人很爱护，没有架子，说话也客客气气。无论是在他担任两个军控专业组组长的时候或者是与其他国家科学家进行军控交流的时候都是身体力行，自己组织文章。
>
> 专业组平时一些交流会，他自己也会写一篇短文发表意见。除了专业组工作上的问题，他也有自己的研究工作，这是一般专业组组长不太容易做到的。因为一般专业组长年纪比较大、资历也比较老，一般自己不写文章。宋院士每次都会自己写点东西交流一下，并且他有很多想法跟大家交流，使大家都受益。交流本来就是互相受益，这方

面他非常注意，例如讨论什么问题，他可能没有很多时间，就写一篇短文章，起到了带头作用，对大家有个引导。相对来说，在宋家树的带领下，军控研究专业组的学术气氛比较浓一些。①

宋家树这种凡事亲力亲为、身体力行的做法不仅感染着他身边的同事和朋友，对推进军控研究、营造良好的工作氛围也起到了很好的促进作用。

释疑解惑

军备控制这个问题实际上很早就有，第一次世界大战以后的《日内瓦公约》禁止使用化学武器、毒气就涉及这个。什么叫军控呢？军备发展是一个方面，但是在军备发展的过程中，大家又觉得要避免过度的、不必要的军备竞赛，所以就要形成一些条约来规范军备发展的状况，国际斗争中历来就有军控。从中华人民共和国来讲，常规军控很早就是外交内容之一，在外交上也涉及核军控这些问题。② 不过二十世纪八十年代以前，社会普遍认为军控谈判是外交家的事，似乎不属于科学技术问题。③

因此，军控研究本身不是一个新事物，但从科学技术角度来研究军控是一个新思想。如何组织相关领域的科学家从技术角度切入进行深入研究，大家都还没有经验，对于宋家树本人来说也是一项全新的、从未接触过的工作。而且军控研究至今都没有统一的定义。宋家树曾说："军控研究说起来简单，但是真正梳理起来头绪特别多，有政府之间的、有非政府的，也有个人的等。军控研究是个综合型的课题，虽然我们强调科学技

① 邹云华访谈，2017 年 6 月 27 日，北京。资料存于采集工程数据库。

② 宋家树访谈，2015 年 9 月 23 日，北京。存地同上。

③ 张敏：家国情永隽生命树长青。见：《宋家树院士八十华诞文集》编委会编，《宋家树院士八十华诞文集》。北京：中国原子能出版社，2012 年，第 28 页。

术，但实际上不是单纯的技术，涉及政治、外交等各方面，所以考虑问题要很全面。”[①] 在即将迈入 60 岁的人生阶段，宋家树坚持用自己“边学边干、边干边学”的朴素方法，逐步深入军控这个崭新的领域，并做出显著的成绩。

图 8-10 在航天一院做军控讲座（1993 年 7 月，宋家树提供）

1990 年，我国的军控研究尚处于摸索阶段，宋家树介入军控领域不久，他通过学习总结，很快就理解并掌握了军控研究的实质和重点。为了使从事军控研究的相关成员对军控有一个宏观的认识和理解，他撰写了一篇题为《军备控制与科学技术》的文章，在交流会上与大家分享。他把“军备控制”作为一个特殊的子系统看待，用简洁易懂、例证结合的方式阐述了军备控制的概念，军备控制与国家战略、国防科技发展的密切关系以及军备控制与武器发展两者互相影响的交互作用。他指出：军控研究涉及最高层次的问题，也涉及较低层次，两者联系密切，它可称为一种多学科、多层次的科学，它把自然科学与社会科学结合在一起。……军控研究离不开科学技术，它本身可分为三个层次：军控理论与基础数据、政策与对策研究、科学技术研究。……军控科学技术是提供有关技术基础（从军控角度）以及研究这些技术与军备控制的关系。没有这种科技基础的支撑，军控政策研究及条约核查将无法进行，但没有政策研究，科技研究也将失去方向，特别是目前军控重点主要在于核武器及外空问题，涉及许多最新的科学技术问题以及复杂的核查问题，没有掌握军控科技的专家参加是很难应付的。[②] 在宋家树对军控科学技术进行深入分析，指出军控科学技术的重要性和重要作用时，“军备控制科学技术”这一概念还正在形成

① 宋家树访谈，2017 年 6 月 26 日，北京。资料存于采集工程数据库。

② 宋家树：军备控制与科学技术，1988 年，未刊稿。存于中国工程物理研究院。

中，这充分展示了其丰富的知识储备以及战略和政策分析功底。

九十年代初，朱光亚提出“要让自然科学家特别是物理学家参与军控研究”，这是一个重要指导思想，为后来我国军控研究队伍建设打下了坚实的基础。宋家树则进一步发挥了他对该领域的深刻理解，并对此有一段非常经典的论述：

> 物理学家从事军控研究与社会科学家进行军控研究的区别，前者是从物理规律及物理现象学出发，从科学及技术上研究每一个军控问题的实质，它对国家安全、武器装备及发展会带来什么影响，从而得到我们应采取的应对策略与必须研究的技术问题；而后者是从各种国际法律、法规及已有的国际多边、双边协议、国际关系、形势发展及对我国的外交政治影响出发研究国家的对策。因而研究方法与目标并不完全相同。但好的研究应综合两方面的结论。①

这段论述指出了军控研究的出发点和研究结论，为从事军控研究的青年学者提供了方向和重点，起到重要的导向作用。

1992 年，宋家树与杜祥琬、李彬等人合著了《浅谈军备控制中的物理学问题》一文，首次提出了“军备控制物理学”这个概念，并将其作为物理学应用研究的一个新的分支。文章对军备控制中的许多科学技术问题进行了研究，如武器效能和战争效应、军备控制的系统分析、核查技术、武器销毁技术等，阐明了军控科学技术的内涵。文章指出：“军备控制物理学是一门应用性的学科，涉及物理学的很多领域；同时它又是一门交叉学科，与国际政治、国际法经济学以及工程技术有着密切的关系。物理学家对军备控制物理学的研究使人们了解了进行军备竞赛和发动战争对人类带来的危害，物理学家还使军备控制的分析研究开始定量化和科学化，并且能为军备控制提供有效的核查方法和销毁技术。军备控制物理学的形成和发展促进了整个军备控制研究的发展，为推动裁军进程和争取世

---

① 刘恭梁：我所认识的宋家树院士，见：《宋家树院士八十华诞文集》编委会编，《宋家树院士八十华诞文集》。北京：中国原子能出版社，2012 年，第 129-130 页。

界和平发挥了重要的作用；同时，军备控制物理学的研究也丰富了物理学的内容。”①

重视预测研究

做军控研究，其中一个非常重要的方面就是对未来形势进行预测。这需要运用系统的分析方法，结合技术、军事、经济、政治等方面的因素，把握可能出现的热点及难点问题，进而研究相应的对策、建议，才能打有准备之仗，为相关部门提供好的思想、思路和对策。而这个研究过程是漫长而艰难的。

在军控研究中主要是通过研究提供一些好的思想和思路，并不是马上就能变成什么东西。例如对未来军控形势的预测，既然是预测，很可能十年以后才能知道结果。所以，有很多东西不是很能量化出来变成什么奖、发表什么论文，但不代表要求低，反而是更高，不容易做到的。②

这又容易被人觉得好像没什么具体的成果，有些观点好像不用研究我也能够提出来。其实这些同志根本没做过军控研究，不知道这其中有很多的工作，任何一个观点、一个思想的形成实际上都是很难的。我们现在特别缺预测的能力。比如说关于核态势问题，美国现在要搞一个新的核态势评估报告，那么对我们来说很重要一点就是预测它的报告会出现什么，会有哪些新东西。现在就要研究预测它，而不是等它的报告出来以后，那就晚啦。作为专业组，你的能耐不是说问题出现了以后怎么对付，而是没出现以前就能预测到它。这个就比较难，我们现在应该说还没有完全做到这点，但是应该努力去做到。比如对将来的预测有三个判断，其中有两个错的，但是只要有一个对

① 杜祥琬、李彬、宋家树、朱光亚：浅谈军备控制中的物理问题。《物理》，1992年第21卷11期，第654–659页。

② 邹云华访谈，2017年6月27日，北京。资料存于采集工程数据库。

的，就了不起。因为至少我对了三分之一。[①]

宋家树对军控形势发展新动向特别敏感，而且非常重视对今后一个时期内可能出现的军控热点、重点问题的预测研究。在二十世纪九十年代初，美俄达成削减战略武器条约，宋家树经研究指出，美俄两国在核裁军领域的主要精力将集中于实现现有的协议上，估计不会再有大的削减，而防扩散、合作安全等将成为九十年代军控领域研究的“热点”。另外，核不扩散条约将于1995年做出是否延长的重大决定，与此有关的禁止核试验问题将处于突出的地位。鉴于此，他提出我国应该在防核扩散方面预先准备。“这个观点看起来只是一句话，但其实是长期琢磨研究的结果，论证这个观点需要写一大篇文章。后来事实证明这个观点很准确。……这个是需要长期研究的工作。”[②]

同时，鉴于军控形势的变化，宋家树还提出军控专业组应该把扩大研究队伍和深化研究工作作为当时的主要任务，以抓好课题选择、加强交流和扩大宣传为工作重点，并在选题上确定了相关的重点研究课题。

“宋院士还对我们军控所有的课题包括核弹头探测数值模拟等方面的研究方向明确提出了一些新的要求。那时候整个国家就是围绕着一些条约开展研究，现在来看这个方向也没有错。通过这十多年我们的一些研究进展和国际形势的发展，证明宋院士对军控的发展方向把握非常超前。我觉得宋院士的思想确实是很敏锐、很开放，看问题有很独到的一面。”[③] 这些重要判断和决定，为当时军控科学技术专业组的研究工作指明了方向，也为研究提出相应的对策建议提供了重要支撑。

在核军控研究发展战略和许多军控研究议题方面，宋家树也展示了其超强的洞察力和敏锐力。

二十世纪九十年代，随着美俄双边核削减的深入发展，多边核裁

① 钱绍钧访谈，2017年6月27日，北京。资料存于采集工程数据库。

② 同①。

③ 伍钧访谈，2015年9月26日，北京。存地同①。

军进程成为国际核军控的话题。“中国何时参加多边核裁军，以什么方式参与、中国工程物理研究院应如何准备”这些问题逐步提上议事日程。针对这些问题，宋院士与刘成安、田东风等研究员一道，深入调研分析了美、苏、英、法等国的核裁军历史及相关研究项目，提出了“中国参加多边核裁军进程应该是在多边、深度、不可逆核削减阶段，中国工程物理研究院应该围绕多边深度不可逆核裁军核查技术开展技术评估与技术储备”的观点。由于这些观点符合国际核裁军发展趋势和我国核战略指导原则以及核力量现状，有利于维护我国安全利益和外交形象，因此很快成为中国工程物理研究院军控研究特别是核查技术研究的主要指导原则。宋院士在核军控研究发展战略方面的洞察力由此可见一斑。①

无核世界

和平与发展是当今时代的主题，从古至今对于和平的向往是人类共同的美好追求。美国前任总统奥巴马曾因提出“无核世界”而获得诺贝尔和平奖，其实这不是他的“专利”，早在 1964 年我国就提出了这一思想。但二者不是同一概念。中国第一颗原子弹爆炸成功后，1964 年 10 月 17 日，周恩来总理就致电世界各国政府首脑，阐明中国对于使用核武器的基本立场：中国政府一贯主张全面禁止和彻底销毁核武器，中国进行核试验、发展核武器，是被迫而为的。中国掌握核武器，完全是为了防御，为了保卫中国人民免受核威胁。这是我们国家的第一次全面郑重声明，表达了对维护世界和平的庄严承诺。

诚然，未来理智的人类要建立无核世界，不再需要核武器，但是这一天还很遥远，在这一天没到来之前核大国都不会放弃核武器，防核扩散仍然是国际上的一个重要趋势，其研究动向、对我国的影响以及对国际态势

① 孙向丽、伍钧：春雨润物细无声。见：《宋家树院士八十华诞文集》编委会编，《宋家树院士八十华诞文集》。北京：中国原子能出版社，2012 年，第 131–132 页。

的影响方面的研究是很重要的。

步入军控研究领域之前，宋家树一直奋斗在核武器科技事业前线，在核领域介入很深，朱光亚动员宋家树参加军控研究之初就强调要从技术角度切入，因此他在军控方面的研究主要集中在核裁军、防核扩散等重点军备控制问题上。多年来，在核军控方面他撰写过多篇文章和报告，有的公开发表过，有的作为内部资料在各种会上与大家进行交流、讨论。在与国外军控科学家进行交流时，他也在不同场合就核裁军和防核扩散等问题做了发言，特别是关于核裁军的相关研究内容产生了较大的影响，曾引起了国内外专家的热议。

1994 年 7 月，宋家树受邀参加了在希腊克里特岛举行的 44 届国际帕格沃什（PUGWASH）会议，他做了《关于无核武器世界问题》的发言。他认为在当前新的国际形势下实现无核武器世界的可能性大大增加，他相信人类可以发明制造出核武器，也有办法控制它、消灭它。但实现无核武器世界也存在一定的困难，一是有核国家裁减核武器的不可逆转性没有得到充分保证，核不扩散更是一个难题，二是无核武器世界的稳定性难以保证，至今没有一个十全十美的方案。为了逐步实现无核武器世界，宋家树认为有必要提出分阶段的目标，同时他提出了几个观点①供大家讨论：

> 1. 抓住“禁止使用核武器”这一决定性问题。核武器的使用问题是最关键的，要通过逐步限制核武器的使用范围，直到完全禁止使用它，使核武器成为一种实际上无用的东西。“不首先使用”核武器及不对无核国家使用核武器的保证将是第一步。在核武器作用大大降低的条件下，深度、持续地裁减，保证裁减的不可逆转、防止进一步核扩散等都比较容易解决。
>
> 2. 争取实现无核战争世界。可以通过缔结各种国际条约、国际法来确保有核国家不得使用核武器。当这种保障达到相当可靠时，可以认为实现了无核战争世界。当前，普遍认为世界核大战的可能性已经

① 宋家树：关于无核武器世界问题，1994 年 7 月，未刊稿。资料存于采集工程数据库。

很小，不少国家认识到核武器作用正在下降。一些大国认为，核扩散已经成为对他们现实的威胁。在难以完全阻止核扩散的情况下，禁止使用问题就会更加突出。如果世界各国一致努力，近期缔结一个禁止使用核武器的公约还是可能的。无核战争世界将是实现无核武器战争世界的重要阶段。

3. 对核裁军措施的“无核武器世界评价”。为了较快地走向无核武器世界，应对各种核裁军措施要进行评价，以对实现无核战争世界、无核武器世界的贡献大小为标准。具体评价因素为：对实现“禁止使用核武器”的作用；对进一步裁减核武器以及保证裁减的不可逆转的作用；防止核武器进一步扩散的作用。综合评价后决定其重要性、先后次序。

这是一个科学家为维护国际和国家安全、追求世界和平的有益探索和责任担当。宋家树自己统计的发表在期刊、内部通讯上军控方面的文章，或者是在会上做的有关军控的报告，仅从 1988 年到 2000 年就有数十篇，其中大部分是他自己撰写的，还有部分是与其他同志合作而成，如《大规模裁减核武器中的核弹头销毁与裂变材料处置问题》[①]、《关于停止裂变材料生产问题》[②] 等，以及在国外一些著名大学或国际会议交流时的学术报告，如 1997 年 6 月访问美国参加诺福克（NORFOLK）会议上的讲话“Verification of reducing nuclear weapons in the future—Remarks on the technical challenges”、1998 年 7 月在意大利参加核裁军钚处理研讨会时的发言“Some thoughts on the prospects of nuclear weapons reduction”、2000 年 11 月在意大利科学院 AMALDI 国际安全会议上的报告“Chinese nuclear policy and the views on the NMD”等，这些文章和报告基本上都是关于核裁军、防核扩散等方面的，他希望通过军备控制和裁军等方式真正达到一个无核世界，维护世界和平。

---

① 陈学印、宋家树：大规模裁减核武器中的核弹头销毁与裂变材料处置问题。《军备控制研究通讯》，1992 年 3 月。存于中国工程物理研究院。

② 宋家树：关于停止裂变材料生产问题，1994 年 2 月，内部资料。

宋家树在回忆自己这一生所从事的事业时，曾满怀感触地说道："想起在核武器攻关的时候，我们信奉的首先是要能保卫国家安全，不受敌人的威胁与侵略，但更长远的目标却是禁止其使用和最终消灭它，维护世界和平。现在来搞核裁军，前后似乎还是一种呼应吧！"①

2012 年，宋家树八十华诞时，胡思得院士专门写了一首诗以表祝贺，对宋家树在我国两弹研制和军控领域的贡献做出了高度评价：

突破两弹风雷动，材料攻关立奇功。
而今笑谈天下事，军控界中一劲松。

① 宋家树访谈，2015 年 9 月 23 日，北京。资料存于采集工程数据库。

第九章
跟踪前沿

二十世纪八十年代中期后，宋家树同时应邀兼任国务院发展研究中心国际技术经济研究所研究员和国防科工委军用新材料专业组成员等职，主要从事新材料、能源等领域宏观分析和发展战略的研究。期间他还参加了国家军用新材料计划、高技术计划、科技攻关计划的编制工作，发表了许多关于新材料发展、材料科学规划、我国技术政策思考、能源发展战略等方面的文章，为国家制定相关政策提供了一定的参考。

材料及能源发展战略研究

参加“863”计划

新材料是指那些新近出现的和仍在发展中的具有优异性能的材料，它具有传统材料所不具备的高性能。新材料按照其基本组成，可以分为新金属材料、无机非金属材料、高分子材料和复合材料四大类。按照材料的性能分为结构材料和功能材料两大类。我国历来重视新材料技术的发展，新

图 9-1 “863”会议代表合影（一排左一于敏、左七王淦昌、右一陈能宽；二排右四宋家树，1986 年 4 月 23 日，宋家树提供）

材料技术一直作为优先发展领域，被列入 1956 年以来的历次国家科技发展规划。从 1982 年起，新材料的研究与开发正式列入国家科技攻关计划。

1983 年 2 月，美国总统里根抛出了 SDI（星球大战）计划，紧接着欧洲提出尤里卡计划。面对国际上高技术竞争与挑战，我国王大珩、王淦昌、杨嘉墀、陈芳允四位著名科学家于 1986 年 3 月 3 日联名上书党中央提出了“关于跟踪世界战略性高技术发展”的重要建议。1986 年 3 月 5 日，邓小平同志指示：“这个建议十分重要，……此事宜速做决断，不可拖延。”

1986 年 4 月，国务院组织了全国 200 多名著名专家学者进行了充分的专题研究，制定出我国高技术研究发展计划建议，拟在生物、航天、信息、激光、自动化、能源、新材料 7 个领域组织跟踪研究。朱光亚作为国防科工委科技委主任，亲自参与组织和指导专家论证工作。宋家树作为材料科学方面的专家，此前一直在材料领域攻关，且取得了丰硕的成果，1986 年 4 月 7 日，他应邀参加国家制定“863”计划工作班子，制定新材料领域规划。为了做好此项工作，宋家树在新材料方面做了大量的调查研究和分析工作。期间，他对敏感元件材料、复合材料、光学镜材料、激光材料等十几个方面材料的国内外发展近况进行了广泛调研，还参加了多次材料规划和发展方面的会议，从应用研究和开发等方面对新材料进行了深入分析，为制定“863”计划新材料领域规划做出了贡献。为此，作为专家成员之一，宋家树还受到赵紫阳、李鹏等党和国家领导接见。

1986 年 11 月 18 日，中共中央和国务院正式批准了《高技术研究发展计划纲要》(简称“863”计划)，并把新材料及时列入我国高技术研究发展的七个重点领域之一。从此，我国新材料的发展也进入一个新的发展阶段，在为国家高技术计划各相关领域提供关键新材料，并促进我国现代材料科学技术发展、国民经济建设和国家安全等方面做出了重要贡献。

追踪新材料

我国新材料的研制、开发、应用和发展，最初主要是由于军事需求而立项研制的。军用需求历来是新材料发展的强大动力，满足国防建设需要是我国新材料的一个重要任务。军用新材料是新一代武器装备的物质基础，也是军事领域的关键技术之一。任何一种新的武器系统或装备离开新材料的支撑将无法存在和发展。正是由于军用新材料对武器装备和军事威胁力量的重要意义，各个国家都非常重视军用新材料的研究、开发和应用。我国也十分重视军用新材料研究，把先进材料技术作为国防科技关键技术之一给予重点支持，为军用新材料的发展提供了良好的机遇。军用新材料应用研究是从材料到型号的中间环节和纽带，它的范围是从材料研制部门经过科技攻关研制得到的新材料到把这些材料真正用到武器装备上，做成这种或那种零部件和构件的这一段研究工作。其科研成果可用于改进和提高武器性能，使之转化为生产力。“其发展水平一定程度上反映了一个国家的军事科学技术水平。”①

1988 年 2 月，为加强军用新材料研究，国防科工委成立了军用新材料应用研究专业组，它是向相关部门提供军用新材料应用研究的发展战略、方向和重点的宏观决策意见的技术咨询和参谋的专家组织。①其成员也是

① 军用新材料应用研究专业组工作总结，1991 年。资料存于中国工程物理研究院。

不同领域的专家学者。1988 年 3 月，宋家树被聘为军用新材料应用研究专业组成员，主要是作为材料方面的专家，兼职从事新材料应用研究。

调查研究是做好各项工作的基础。军用新材料应用研究工作与航天、航空、兵器、电子、舰船、核工业等每一个部门都有密切关系。军用新材料应用专业组成立之初，宋家树同组里其他成员一起，先后到航空、航天、兵器、舰船、电子、核工业等三十多个院、所、厂、校调查学习，对各部门的基本情况、优势、特点、长处、薄弱环节等有一个基本了解，对从事军用新材料应用研究的主要单位建立了较全面、综合的了解。在此基础上，专业组根据我国武器发展对新材料预研工作的发展战略决策和不同时期宏观决策的需要，对国外军用新材料发展情况进行调查研究，开展咨询论证，提出了军用新材料应用研究发展战略、方向、重点和对策建议等供有关部门参考。“专业组的工作，对加强在军用新材料应用研究领域的宏观管理及其决策科学化、民主化和促进新材料有效地在武器中的应用，使科研成果转化为生产力，起到了很好的参谋和咨询作用。”①

1988 年，“超导热”在全球掀起。钱学森等在分析了国内外超导技术、材料研制和应用研究的发展趋势后，提出了如何开展超导材料在军事上应用的问题。鉴于此材料的重要意义，宋家树开展了超导材料方面的研究。在广泛调研国内外超导材料发展现状等基础上，宋家树指出：

> 超导研究方向不止是提高 Tc 这一点，更为广阔的是应用研究及机理研究。因为目前对这种新材料的认识还是十分初步的，既要看到它有极重要而广泛的实用价值，又不要忽视实际应用时可能遇到的困难。当前对高 Tc 超导材料应开展应用研究，即首先探索各种制备工艺的可能性（如单晶、线材、片材、各种薄膜等），搞清它的基本性能及获得应用所需的各种数据。在此基础上才能选择主要的应用方向及进行开发工作。新超导材料的实际应用是需要较长时间的，而且首先可能用于尖端技术与军事方面。广泛用于国民经济将是下世纪初的

① 军用新材料应用研究专业组工作总结，1991 年。资料存于中国工程物理研究院。

> 事。需要有长远的研究规划与合理的组织。应当集中力量形成一支稳定的研究队伍进行应用开发研究。它们应具有较强的工艺研究能力，最好能够进行产品开发。避免许多单位争搞低水平的重复，而真正需要做的难度较大的工作却没有人做[①]。

1988 年 9 月，专业组在兰州召开超导材料在军事上应用座谈会，经讨论与修改完善，最终提出超导材料要坚持应用研究为主的方针，重视相关技术，搞好配套发展，在确保关键项目发展的同时，适当进行跟踪，并且安排了多个以应用为主的课题。

宋家树特别注意了解高技术的发展动态，时刻保持对新鲜事物的敏锐触觉，然后一步步去探知材料科学的奥秘。在担任专业组成员期间，宋家树就对复合材料的发展和应用进行了深入的调研和分析，形成的调研成果得到了一定的应用。

1989 年，宋家树随国防科工委代表团去美国参加了国际新材料与加工工程促进学会（SAMPE）第 34 届会议及展览，了解到国外高级复合材料如纤维增强材料，树脂基体、树脂基复合材料，金属基复合材料，碳 / 碳复合材料等材料发展的最新情况。回国后，他和赵稼祥、周瑞发等四人从

图 9–2　国防科工委军用新材料应用研究专业组委员合影（左二起：宋家树、赵稼祥、丁衡高、周瑞发、唐明杨、朱光亚、于翘，1988 年 2 月 9 日，宋家树提供）

① 宋家树：超导材料及其新进展。《国际技术经济研究学报》，1988 年第 1 期，第 7–11 页。

复合材料的表征与质量控制，测试、检验、分析，损伤的愈合与修复以及建立复合材料中心等方面进行了详细的汇报。专业组立即召开了复合材料在军事上应用座谈会，明确提出要做好复合材料在军事上应用研究，从型号需求出发，以构件为对象，抓好性能、表征、质量控制等研究，提高武器装备的战术技术指标。

1993 年，宋家树再次与专业组其他成员一起到美国参加第 38 届国际尖端材料学会年会与展览（The 38th International SAMPE Symposium and Exhibition），会后考察访问了美国几个著名的从事新材料研究的大学与中心，如美国加州大学洛杉矶分校材料科学与工程系、美国特拉华大学复合材料中心、美国宾州州立大学材料科学与工程系、工程科学和力学系、先进材料中心、复合材料制造技术中心，美国佛罗里达大学工程科学和力学系、材料科学与工程系等，并与美国材料界的知名专家、学者、教授就新材料及其应用研究的现状，发展动向与趋势以及进行技术合作的可能性交换了意见。

回国后，宋家树等人总结了世界先进复合材料及其应用研究的现状与发展趋势，指出：

> 在 327 家展出的单位中，没有一家展出的产品与先进复合材料完全无关。从这次年会与展览上可以得到这么一个结论：先进复合材料是新材料研究的重点与方向。从发表宣读的 200 篇学术论文中可以看出，除了先进复合材料及原材料，加工与制造技术和应用占论文报告的百分之五十一，测试分析与无损检验占百分之十二，充分说明新材料应用研究的必要性与重要性。一个值得注意的动向是先进材料、先进复合材料除了国防与航天应用，逐步向“军民两用”或“民用”转移。①

为加强军用新材料应用研究决策与宏观控制，宋家树等人还进一步给出了决策建议：

① 赵稼祥、周瑞发、宋家树：先进复合材料及其应用研究的现状与发展趋势。《复合材料学报》，1993 年第 3 期，第 35-37 页。

> 要狠抓先进复合材料，重点抓树脂基复合材料、碳化硅颗粒增强金属基复合材料和多功能复合材料，加强功能复合材料如电子、防热和隔热等材料的应用研究，开发军民两用新材料与加工技术，促进科研成果转化为生产力，填补新材料应用研究成果和型号上真正应用间的空隙，建立新材料应用开发中心。①

专业组结合调研情况和我国军用新材料应用研究发展需求，从宏观上提出了继续抓好重点国防关键技术先进复合材料应用，适当加强功能材料的应用研究，促进新材料应用研究成果转化为生产力，开发军民两用新材料与加工技术等四项“九五”军用新材料应用研究计划要点。宋家树等人赴美考察活动给编制‘九五’军用新材料与技术计划指南提供了重要参考依据。

在从事军用新材料应用研究期间，宋家树参加了许多专业研讨、规划会议，参与了国家新材料攻关计划编制等工作，他的笔记本中记录了许多当时的思考、观点和工作思路，还摘录了许多有关国际国内科学技术发展新动态的科学类新闻报道、学术文章等，很好地保留了当时工作的“足迹”和材料科学发展的历程。

1997 年以后，宋家树不再担任军用新材料应用研究专业组成员，但他一直用行动去诠释“活到老，学到老”的真谛，充分利用报纸、互联网等媒介持续关注国内外材料科学发展动态，搜集材料科学领域资料，时刻跟踪国际前沿，并积极为曾经工作过的单位建言献策，支持单位发展。

“兼职顾问”

从 1986 年以后，宋家树先后被多个单位、部门聘任为“研究员”“委员”等，开展技术政策和发展战略研究，为相关单位决策提供咨询服务。

① 赵稼祥、周瑞发、宋家树：先进复合材料及其应用研究的现状与发展趋势。《复合材料学报》，1993 年第 3 期，第 35–37 页。

宋家树形象地称自己为“兼职顾问”。[①]

1987年8月，宋家树被聘任为国际技术经济研究所研究员。国际技术经济研究所成立于1985年11月，是隶属国务院发展研究中心的非营利性研究机构，主要从事科技、经济、社会问题的政策性和战略性研究，跟踪和分析世界科技、经济发展态势，为中央政府和有关部委提供决策咨询服务。除了宋家树，当时还有张兴钤、张万箱等都在国际技术经济研究所当客座委员。他们非常关心新技术发展，在这方面写了很多技术分析文章，发表在各类期刊、学报上。如《我国发展新材料的战略设想》《发达国家发展新材料的道路及其经验》《两种复合材料近期发展的技术经济分析》《中国能源开发及发展战略问题的探讨》《21世纪能源结构与可持续发展问题》等。在这些公开发表的文章背后，其对应的有一份更为详尽的内部报告。这也是宋家树等专家发挥的更为深层次的作用。宋家树说：“我们主要是一个咨询机构，出文章，写报告。因为它是国务院发展研究中心下面的一个所，所以我们发表的文章都有一个内部报告，送到上级，给他们起咨询作用。”[②]

在兼职期间，宋家树调研了大量国内外有关技术发展的资料，撰写了许多内部参考资料，内容涉及新材料发展、技术政策思考、能源发展等方方面面，为国家和相关部门制定政策提供了一定的参考。特别是《九十年代材料科学与工程发展的展望及对我国技术政策的思考》一文中的许多观点，是宋家树、张兴钤等人从我国国情出发，认真考察现代材料科学技术的特点与将来的发展趋势的基础上，进行总结和分析提出来的，在当时受到极大的重视。宋家树在自己所写的活动纪要里记录了此事：

> 1993年9月参加国家科委的“863”讨论会。我的一篇文章（关于材料科学）受到国家科委领导（朱丽兰）的重视。[③]

① 宋家树访谈，2015年9月23日，北京。资料存于采集工程数据库。

② 同①。

③ 宋家树：活动纪要，1993年，未刊稿。存地同①。

现摘录文章主要观点和建议如下：

二十世纪九十年代材料科学技术将发生“革命性”的变化，从宏观层次来看这种发展趋势可以概括为如下几点：

（1）材料科学与工程正迅速形成一门统一的学科，并更加重视与实际应用的结合。

（2）深入微观层次，有目标地发现和开发新物质、新材料。……新材料与器件的紧密结合也是另一重要发展趋势。

（3）材料复合化是一个重要发展趋势。由于多种材料多学科的交叉、融合，使材料的复合化成为发展新材料的一种重要手段。材料与部件（元件）的融合将改变“材料”的老概念，创造出诸如集成电路这样的新器件。

（4）理论—计算机模拟—实验的结合是未来发展新材料的重要研究方法。……现代计算机技术与材料科学结合将建立材料科学的理论基础与提供新的研究方法，从根本上改变新材料研究与开发的面貌。

（5）出现新材料的研究—开发—生产—应用一体化的趋势，材料研究与生产紧密结合将使材料科学的成果快速的发挥作用。

（6）加强国家对材料研究工作的组织、领导。

要以当前国家重点发展的产业需求、引进生产线国产化的需求以及国防科技的重点需求为主线，以工业发达国家用之有效的先进、适用的新材料及技术为背景，有步骤的发展有中国特色的新材料体系，使新兴的材料科学技术在九十年代对中国的经济腾飞起到更大的保证与促进作用。我们建议：

——国家要有一个总体设想及长远规划，把材料研究与工业发展联系起来，大力解决好材料研究—生产—应用这个大系统的结构与运行机制问题。

——要结合我国国情决定材料科学与工程的重点发展方向，特别要考虑我国的资源、人口、工业发展阶段、科技水平的实际情况，提出我国自己的发展道路。新材料研究要解决好军民结合问题，要重点发展军民两用新材料。

——要提倡材料研究与应用的结合，重视新材料的推广应用。在发展新产品时重视设计与材料、工艺的早期结合，鼓励工业企业采用新材料。要大力组织企业、研究单位与大专学校的合作。

——重视材料科学的基础研究及学科的发展，注意人才的培养，当前特别应加强培养能从事新技术开发与推广应用的人才。[①]

虽然许多思考建议得到国家和相关部门采纳，但谈及此事宋家树只是轻描淡写地说道："这些文章现在过时了没有什么（参考价值了）。那个时候他们觉得还有些参考价值。"

因为一直从事核事业的缘故，宋家树对于核能的民用很早就有关注。在国际技术经济研究所当兼职顾问期间，宋家树对核能的利用方面进行了十分细致的研究，在《科学对社会的影响》《世界科技研究与发展》和《国际技术经济研究所学报》上面发表了多篇研究论文，如《核能源发展的回顾与展望》《谈未来核电的发展》《核能、核技术与防范核恐怖》等。从美国、俄罗斯等核大国专家及国际原子能机构对未来核能发展前景预测来看，核能发展有很大的不确定性，是一个很难预测的问题。宋家树从宏观层面对核能发展现状、和平利用核能面临的问题进行了客观分析，认为核能发展不能单纯着眼数量的需求，而要全面考虑它与环境、安全、经济、政治等方面的相互影响[②]。首先要加强研究世界各国特别是核电大国的历史经验与教训；其次要从中国的现实出发，态度积极，决策审慎，适当地发展核电；要把核电安全性问题当作战略问题对待；核能发展与核能研究密切相关，培养人才是关键。[③] 这些观点在当时研究核能源热潮中显得客观而可取，即使在今天看来，这些思考和建议仍然有极大的参考价值。他的学生沈姚崧谈道："宋老师一直对我国能源发展，特别是核能的发展非常

① 宋家树、张兴钤、张万箱：九十年代材料科学与工程发展的展望及对我国技术政策的思考。《国际技术经济所要报》，1993 年第 3 期，第 18–22 页。

② 宋家树：谈中国的能源问题。《国际技术经济研究所学报》，1994 年。

③ 宋家树：核能源发展的回顾与展望。《世界科技研究与发展》，1998 年。

关注。……他对核能发展有一些非常客观的看法和观点，认为目前杂志和期刊上关于核能发展的许多文章，比如快堆、乏燃料后处理、核废料处理等等，过分报道和分析了主要的优点，对其缺点一般轻描淡写，甚至不说等，不反映客观状况，实际上核能发展中有一些问题是非常难以解决的。他赞成通过节约能源的方式，而不是无限制的发展来解决我国的能源需求矛盾。"①

作为一名长期从事核武器科技事业的科学家，宋家树了解核武器对于维护国家安全、促进经济社会发展、保障社会民生等方面的重要意义。同时，他也清醒认识到核材料一旦被坏人利用，将造成一些可怕的后果。出于一位科学家的责任和担当，宋家树提出在和平利用核能时，要正确和清醒地认识核恐怖问题，注意发挥专业部门及专家的作用，加强国际合作与交流，加强核设施的保安和有效的探测与监控技术。他多次在相关部门、高校、科研院所等单位和机构做学术报告，阐述自己对于核能开发利用的看法观点，呼吁大家正确认识和合理利用核能。摘录其部分足迹如下：

1990 年 8 月，宋家树参加在美国普林斯顿大学举行的国际能源、裁军会议，做"The Relationships between Nuclear Materials and Nuclear Disarmament"报告。

1990 年 8 月 30 日，应苏理万教授邀请，宋家树到伊里诺伊大学做报告——"Arms Control and Nuclear Technologies：A Chinese Perspective"。

1999 年 3 月 17—18 日，宋家树应邀参加中国核工业总公司北京地质研究院建院 40 周年座谈暨学术报告会，做"回顾与展望——谈核能科技的进展"的学术报告。

2000 年 9 月 21 日，应邀到中国青年政治学院做"中国能源政策问题"演讲。

2005 年 9 月 26—28 日，参加全国材料科学与工程学术会议暨庆

① 沈姚崧：师者风范。见：《宋家树院士八十华诞文集》编委会编，《宋家树院士八十华诞文集》。北京：中国原子能出版社，2012 年，第 137 页。

祝中国金属学会材料科学分会成立20周年大会，做大会特邀报告“核材料防扩散宇宙射线”。

……

1991年7月，宋家树任中国工程物理研究院科技委委员，后又被聘为中国工程物理研究院专家委员会成员，他多次参加院科技发展战略研讨会、科技成果评审会、深化科技发展战略研讨会等单位学科发展规划、科技发展战略方面的会议，充分发挥了其在材料科学领域的宏观把控能力，为中国工程物理研究院材料科学工程发展提出了许多规划建议。

1992年，为做好中国工程物理研究院材料科学与工程方面的学科规划，宋家树对材料科学与工程学科的研究内容、发展趋势及我国在此领域研究现状进行了深入研究，同时分析了院里该学科的优势与不足，形成了《材料科学与工程的发展与我院的选择》的发展规划要点。在规划要点中，宋家树提出以国家和单位的需要为导向，结合院优势学科，以材料的应用研究为主，并由此扩展到部件研究；适当开展基础研究，加强国内外的交流与人才培养，充分发挥全院综合优势，形成矩阵式的管理网络等建议。目前，中国工程物理研究院材料科学与工程研究工作不断深入，并取得了不错的研究成果，运用在科研生产工作中。这些成绩的取得与宋家树他们老一辈科学家的长远眼光和统筹规划是分不开的。

作为军控研究方面的专家，宋家树还对中国工程物理研究院加强军控研究及设立军控研究博士点等方面工作提供了指导和建议。到现在，宋家树也一直关注曾经工作和指导的单位发展情况，在中国工程物理研究院和其他单位领导到北京看望他，向他咨询单位发展事宜时，他结合自己掌握的情况给出了许多中肯的看法和建议。

1991年7月，宋家树被聘任为国防科工委科技委兼职委员。任期为五年。在此期间，他曾多次参加国防科工委年会、高技术发展会议、新材料发展战略研讨会等技术发展规划方面的会议，参与国防关键技术项目计划报告、战略武器技术政策等研讨修改，负责国防科工委“863”计划新增项目论证工作，并担任“军用新材料”项目论证组副组长，为材料、武器技术发展研制目标、发展方向等制定做出了贡献。

1993 年 10 月，宋家树当选为中国科学院学部委员（后改称院士）后，几乎每次中国科学院院士大会召开他都积极参加，积极为国家科技发展战略规划提出建议，并多次在会上做报告。

1997 年 3 月，又被续聘为国防科工委科技委兼职委员。

1997 年 8 月 4 日，任遥感信息与图像分析技术重点实验室第一届学术委员会副主任。

1998 年 1 月，任国际技术经济研究所顾问。

1998 年 10 月，中国科学院和中国工程院启动了《中国材料发展现状及迈入新世纪的对策》一书的编写工作。1998 年 11 月 20 日，宋家树任"中国材料发展现状及迈入新世纪的对策"咨询项目执行委员会常务委员，参加了此书的编写工作。该书共一个总报告，7 册分报告，2002 年编写完成并出版。宋家树作为 7 位常务执委会成员中的一员，因在此项工作中做出了重要的贡献，还获得奖状。

1999 年 1 月 29 日，被聘为总装备部科学技术委员会首批兼职委员。

……

宋家树曾在自述中写道："时间过得飞快，一转眼人已老大，顾问之职渐多，朋友都成退休之人。值得庆幸的是思想尚能超脱。当然，我说的'超脱'与佛教的解脱不同。1993 年我被中科院选为院士，此事我原本不大看重，算是很不积极。知道比我强的人多的是。一般说，等到当上院士时已经是退休年龄，所谓'大势已去'，做不了什么重要的事了。但只要头脑还能够用，总可以找些事做。"

生命不息，奋斗不止。宋家树一直保持对科学技术的热忱之心，坚持实事求是的态度，用现代科学技术方法，不断追踪材料发展的足迹，探寻能源之本。如此，做一个明白的人，一个有智慧的人，成为一个幸福的人。①

① 宋家树：回忆录片段，2000 年，未刊稿。资料存于采集工程数据库。

以学传人

多年的工作和实践的积淀，使宋家树形成了自己的科研方法和思维方式。他曾说：“不管搞什么东西都在于讲究科学的方法。什么叫科学的方法？其本身很难说，总之就是一条——脚踏实地，实事求是。这个是主要的。”无论是以前从事核武器科技事业，还是后来转战军备控制和材料、能源研究领域，宋家树一直坚持脚踏实地、实事求是这一最朴素却又不简单的理念，坚持边学边干，以自己的变化去适应事业发展的需要。他总是能从纷繁复杂的问题中找准核心所在，然后去研究其来龙去脉，经过理论－实践－验证的过程，将问题研究彻底，同时对其未来走向进行预测，提出相应的应对措施。但是一个人、少数人的力量是有限的，宋家树清楚认识到要使科技事业不断发展壮大，必须后继有人。因此，无论是在军控研究中，还是在新材料、能源发展中，宋家树不仅亲力亲为，也善于培养、提携年轻一代，用自己的科研方法和学术思想去影响身边的人，为国家科技事业不断发展贡献了自己的力量。

技术前沿的“引路人”

时刻关注国内外发展最新动态，跟踪科学技术前沿，这与其说是宋家树的一个优点，不如说是他的一个习惯。这个习惯一直延续至今。在工作之余，宋家树不断阅读与收集军控研究、材料科学等领域的国际前沿资料，一如既往地密切关注国内外发展动态，不仅对具有战略性的重大学术问题思考周密而深远，而且他还用自己的这个习惯去影响周边的人。他经常提醒身边的科技人员要多关注自己领域科学技术发展动态，并且提供研究方向和研究资料，供他们参考，并鼓励他们拓展思路，跟踪先进的技术，找出适合自己发展的研究方向。

当本世纪初美国军控界刚刚提出核取证分析（Nuclear forensic analysis）概念时，他（宋家树）即建议我关注这方面的研究动向，以拓宽我们对核裁军核查技术研究的领域，并具体告知相关的参考文献。我当即让在美国工作的儿子代为购买《Nuclear forensic analysis（核取证分析）》一书，使我们得以及时掌握该领域的最新研究动态，扩展了我们对核裁军核查技术研究的深度和广度。①

几年后，美国科学院的科学家与我们联系，就开展核取证技术进行学术交流，我们的研究成果在与美国同行的交流中获得高度评价。现在核取证在美国和世界其他国家都受到广泛重视，联合国反核恐怖主义倡议也多次组织世界各国专家讨论核取证问题，美国已经把核取证研究列入国防预算。核取证技术已经成为带动核技术应用的重要学科。②

那时候在香山开会，我觉得宋院士对军控问题的把握非常敏锐，一旦有一些新的知识、新的方向他都能很敏锐地把握到。1996年时，他就跟我们说，现在核取证大家都做得非常快，指导我们对核取证方面的文献进行调研。实际上在九十年代美国也是刚开始研究这个问题，宋院士就把握住了这个东西并领导我们开始关注了解。我们也开始组织室里的人对这方面资料开展了一些调查、研究工作。后来到2010年左右国内才刚开始立项（研究核取证方面的内容），我们实际上比国内立项要早十多年。还有一个例子，美国刚开始做核探测这方面的问题，就是用什么核材料探测，美国的科学杂志上刚发表用某探测器去探测方面的研究文章，宋院士就看到了。从这两件事我觉得可以表现出两个方面的问题，一个是宋院士对资料的掌握非常全面，我们都不知道这个材料从哪儿来的，我们还是在第一线干的，然后宋院士一下子就发现了这个东西。第二个就是宋院士对这些军控的问题非常敏锐，一看到有这个问题就觉得这个问题很重要，我们就应该要关

① 刘成安：良师与挚友。见：《宋家树院士八十华诞文集》编委会编，《宋家树院士八十华诞文集》。北京：中国原子能出版社，2012年，第134-135页。

② 韦孟伏：夯实基础不断拓展。见：《宋家树院士八十华诞文集》编委会编，《宋家树院士八十华诞文集》。北京：中国原子能出版社，2012年，第122-123页。

注起来了。(核探测)这个问题，在2007的时候我们国家就开始关注某探测器的问题，也开始在做研究。[①]

1986年,“超导热”在全球掀起后，鉴于Tc材料具有重要意义，宋家树于1987年4月就倡导由应用物理与计算数学研究所和材料研究所两个单位合作，共同开展高温超导材料研究。原材料研究所副总工程师秦有钧回忆说：

一个月后我们就研制出Tc为90K的YBaCuO超导体。继而由武胜院士提出用等静压工艺制备棒材，我们在国内首先研制出尺寸为φ11mm×110mm的大型高温超导棒材。后来又相继研制出高温超导磁屏蔽筒、微波谐振腔和射频谐振腔等功能器件，这项研究获多项部级科技奖。[②]

2002年，宋家树为某单位的内部刊物《工程材料》寄语，希望该单位重视新材料、新技术的发展，更好地完成历史赋予的重大任务：

材料与制造技术是21世纪新经济的物质基础。未来各种高、新技术(如电子信息、能源、制造业以及航空、航天、海洋、军事技术等)都将对材料及工艺提出更高的要求。

国防科技及武器装备的发展在很大程度上也要依赖于新材料和先进制造工艺。美国国防部历年的“关键技术计划”都把“材料与制造”放在重要地位。它与70%的新技术都有密切关系，因为许多新材料本身就是技术关键突破的主要内容，而另一方面它又是大多数先进技术转化为新武器装备的关键支撑条件。

……当前我国经济正在快速发展，但工业竞争力与先进国家相比还有很大的差距，特别是产品质量与生产的效率较低，而能源消耗很

① 伍钧访谈，2015年9月26日，北京。资料存于采集工程数据库。

② 秦有钧：师者风范学习楷模。见:《宋家树院士八十华诞文集》编委会编,《宋家树院士八十华诞文集》。北京：中国原子能出版社，2012年，第70页。

高。因此在21世纪我们将面临更大的挑战，当然也有机遇。为使我国工业技术在未来具有竞争力，应该抓住机遇，重视材料科学与工程这一新兴学科，狠抓新材料与制造工艺这两项关键基础技术，使之尽快赶上现代国际水平。

即使到现在，宋家树依然时刻关注国内外科学方面的新闻报道、文献资料，了解当前相关科学技术发展状况，时不时与旧时的老友一起交换想法和意见，也为曾经工作过的单位提供一些好的建议。他曾经共事的同事或领导过的下属有什么不懂的地方咨询他，他也会知无不言，畅谈自己的思考和看法，提问者犹如醍醐灌顶，一下就通透了。

言传身教，春风化雨

宋家树非常注重学习，在他那些记录完整、时间清晰连贯的笔记本中，有许多学习笔记和学习思考。他非常善于总结，经常对自己从事的研究领域的工作进行评论和分析，吸收其中精华为自己所用，并在此基础上对我国相关领域的工作进行思考总结，形成了许多有关科研方法、管理经验等方面的文章和报告，从而对于自己多次转行、踏上新的征程具有很好的借鉴作用。

二十世纪八十年代初，宋家树从书中看到了1962年9月美国召开的全国先进技术管理会议的二十八篇文章，作者都是一些尖端技术方面的重要人物，如格罗夫斯、爱德华特勒、布朗等，他们总结了原子弹、氢弹、北极星与民

图9–3 应邀为广西科协学会代表作学术报告（2007年6月27日，宋家树提供）

兵导弹、阿波罗登月飞船等研制过程中的经验，认为管理工作的主要任务是使利益冲突的团体成为一体，共同完成具体的目标。在学习研读后，宋家树总结了其中一些文章中比较有特点的经验和方法，并对其进行了评论。在此基础上，他进行了深入的思考：我们从事核武器科技事业二十年来的经验教训是什么？从管理的角度也许没有人认真地总结过，也没有人衡量过，取得的成就与投入的力量是否相称？在决策上有哪些重要成果和重要失误？他结合自己的思考，对我国核武器科技事业发展中经验与不足进行了总结，希望后来者对此问题进行深入的研究，必将对相关研究的深入有非常重要的促进作用。在文章中他谈道：

上述会议发言中许多东西都是我们曾感受到的，最大的一个特点便是：对一个毫不熟悉的任务要求在很短时间内完成，而这一任务涉及众多的专业与技术领域。我们同样是采取了：理论先行，分头攻关，最后集合的办法，最早的四个部（理论、设计、实验、生产）反映了这一情况，这是一个把从抽象的理论数值到具体加工出“产品”汇集在一起的总体战，把昨天的理论结果，在明天就变为实验结果的现实的飞速过程，这要求每一个局部都十分明确总体的目标，从而自觉地服从这一目标的要求。因此这要求：理论和实际最好的结合，局部与整体最好的结合。

从这种要求产生了一种特殊的工作方法——权且可称为适度实验方法：一般的任务要求先进行实验室的工作，然后是扩大的试验，然后试生产，再才轮到正式生产。按这一生产程序办事无论如何是不行的，因为没有时间，如一种从来未见过的材料要求在一年之内就会出产品，于是我们创造出一种新的工作方式：先做最低限度的探索试验摸清方向，一旦有了最低限度的信息，即可转入 1∶1 的试验，而且在此试验成功的基础上就会出产品，我们有时也称为“技术攻关”，它与一般科研不同的地方便是实际目的清楚，只做适度的（最低限）实验，不要求完备的认识与数据，这种带有一定风险的办法我们屡试不爽，以致产生一种信心：通过适度试验，什么材料都会找到一种可行的塑造方法。

在此，对过程分析与最后的质量检验方法有重大作用，还有便是经验。不是用统计分析，而是对成型加工过程的物理化学分析，(理论模拟）很有作用，这种办法不仅工厂同志不习惯，研究院的同志仍不能适应。它完全是在完成任务过程中逼出来的，它的一个显见缺点：各个局部的研究都不能很深入，形成整体成果与局部成果不相符。这一种应该是可以补救的，但未引起注意。另一点便是普遍不注意管理（而一般工厂管理的确也套不上），造成许多漏洞，但却培养了不少务实的人才。

如果有人有足够的时间进行具体总结（不是口号式的），那是很有意义的事。

多年来在材料领域的深耕细作，使宋家树对科学实验有深刻的认识。他专门撰写了一篇题为《科学实验的方法问题》，深入浅出地介绍了科学实验的特点、程序、经验与教训以及如何做好总结，对技术人员实验操作有重要的指导意义。

此外，宋家树还经常给科技人员做报告，有时候是科普类的，有时候是实际应用类的，具有非常好的操作性。比如 1982 年宋家树就专门为九〇三厂的科技人员做专题讲座——“科研报告与论文编写方法”，详细讲解如何一步一步脚踏实地地写出一篇高质量的科研报告和论文，使年轻的科技工作者受益匪浅。

这些文章和报告，既是宋家树多年来一直坚持的科研方法和工作方式，也是他致力于材料攻关中的经验总结。而他毫无保留，将自己的工作经验和工作方法全盘托出，对年轻的科技工作者倾囊相授，展示了老一代核科技工作者特有的热爱事业、淡泊明志、脚踏实地的工作作风，对身边的年轻科研人员产生了潜移默化如春风化雨式的影响。

研究生培养

宋家树亲自培养的研究生不多，一共两位，一位叫沈姚崧，是 1996 年师从宋家树攻读博士学位；另一位叫李凯波，是 2002 年开始师从宋家树攻读博士学位。他们都是中国工程物理研究院军控核查技术方面的博士生。在带研究生这件事情上，宋家树也坚持像对待科研的方法一样，那就是实事求是。

1996 年时，宋家树作为院士，而且身兼多职，既是中国工程物理研究院的科技委委员，也是国防科工委科技委顾问、国际经济技术研究所兼职顾问，还担任军控科学技术专业组组长，凭他的学问和资历，培养研究生是完全符合要求的。当时有很多人想报考宋家树的研究生，但是宋家树认为有些是自己“没法”带的。原因是他自己是搞实验物理的，而想报考他的研究生的人大部分都是搞理论研究的，术业有专攻。所以他认为自己不能胜任导师一职。后来之所以答应带了两名研究生，是因为此时宋家树的主要精力都放在军控研究上，而沈姚崧和李凯波他们的专业和“军控研究和核能有一点关系”。因此，宋家树才“勉强”带了两位研究生。

既然答应培养研究生，宋家树就坚持自己做人做事的一贯态度，以最大的努力尽到导师的责任。所以，为了真正做好研究生教育培养工作，宋家树请刘成安研究员帮助他一起带好自己的学生。理由：“他们做的工作都是计算机程序，沈姚崧当时开始是搞一个大程序，我对程序不是很内行，我只能出个题目，大概怎么做，给他布置一个任务，具体一些问题我是请刘成安帮助我一起带。”①

图 9-4　给研究生颁发荣誉证书（2011 年 9 月 9 日，黄克强提供）

在研究生教育方面，宋家树主要是从大的方向上对学生进行引导，审慎地为他们指明研究方向和正

① 宋家树访谈，2015 年 9 月 23 日，北京。资料存于采集工程数据库。

确的研究方法，细节方面的工作由刘成安具体负责。宋家树总是要求学生多做基础性的、带有创新和前沿的工作。比如在沈姚崧的博士论文选题上，宋家树就进行了细致地考虑。他结合学生以前的专业背景和今后专业发展趋向，最终确定了一个比较前沿的研究题目——《加速器驱动次临界反应堆概念研究》。

之所以选择这个研究题目，是因为“军控研究里面主要包括两大类，一类就是核查，一类就是核材料处理”。[①] 一方面，宋家树他们希望沈姚崧能够在核材料的处理方面做点深入的研究工作，在研究方面要有自己的特色，为军控研究提供技术方面的支持；另一方面，希望能够开拓学生的思路，做一些创新性和前沿性的探索工作。当时加速器驱动在国内外还是比较新的一个研究方向，在国内也就是刚出现的一个概念，主要就是用一个质子去打靶，打出一堆中子来，然后用那些中子，后面接一个反应堆，这个堆可作为能源方面的应用，也可以在核材料的处理方面进行应用。所以，宋家树和刘成安商量后，为沈姚崧选择了一个军控方面的比较前沿的应用研究题目，既符合学生个人的专业特长，也对实际工作应用有重要的作用。

沈姚崧对老师所选的这个研究题目也非常赞同：“主要还是因为做这个实际上对我来说有个好处，虽然和我原来的专业有一点不同，但是只是理论和应用方面的不同，很多知识是相通的，不用再学很多的其他东西。”[②]

除了从方向上进行把握，宋家树还经常关心了解学生的研究进展，及时帮助他们解决研究中的困难和问题，遇到自己不能解决的，他充分利用自己的资源，找相关领域的专家帮助解决。

他总是教导学生不要贪多，科学研究永远都有做不完的工作，要学会抓大放小，有新的想法可以在以后的工作中逐步解决，不能“一口吃个大胖子”，结果是什么事情都没有探究明白。

宋家树的第二名博士研究生李凯波，他在读博士之前就已经从事军控方面的研究工作，因此在做博士毕业论文期间，想法特别多，思维比较发

① 沈姚崧访谈，2015 年 9 月 21 日，北京。资料存于采集工程数据库。

② 宋家树访谈，2015 年 9 月 23 日，北京。存地同上。

散，结果导致毕业论文的研究课题一直做不完。到了第三年的时候，宋家树考虑到学生今后的发展，及时指出学生的问题所在。他提醒学生说道：

> 你想解决的问题太多了，没有抓住主线路。实际上搞科研你想解决的问题太多，是永远解决不完的。要抓住研究的主脉络，解决能够解决的问题。做课题研究要一步一步地不断地解决，并不是说在限定时间内把所有问题都解决，这不是科学的研究态度。应该是按照自己的能力，按照现有的状态，既有的步骤，一步一步地来。不能够急于求成，把所有的问题都解决了。①

图 9-5　在国防科技图书出版基金第四届评审委员会上发言（2000 年 7 月 26 日，采集小组提供）

同时，宋家树看了李凯波的研究论文后，给予了非常具体的指导。他将研究结果进行了归纳，很清楚地指出每一章节该写什么，逻辑清晰，内容连贯。最后李凯波按照这个思路按期完成了毕业论文，而且毕业论文答辩非常成功。

> 在我写博士论文的时候。比如说分段，他（宋家树）给我特别具体的指导，因为我的思路太发散了。他很清楚地给我指出第一章该写什么、第二章该写什么、第三章该写什么，很连贯的。印象当中，前面几个章节专门讲的是理论研究。中间章节就是构建理论体系，然后把理论体系串联起来，通过编程把它实现。最后一步我们把这项工作

① 李凯波访谈，2015 年 9 月 22 日，北京。资料存于采集工程数据库。

从理论变成实际。实现完了之后到底是正确不正确？就需要验证，用一些已有的实验数据来验证它，不是一个凭空的东西。从理论到实践到最后验证，一套完整的东西，这指导我以后的工作也应该这样。也就是刚开始要制订计划，制订计划之后要实现它。我们这边实验比较少，要回到院里去，找兄弟单位合作帮我验证一下。我提出理论方案，然后将理论部分编成计算机程序算结果，算完结果之后第三步就是验证，看我提出来的东西到底对不对。宋老师教给我的使我受益最大的就是这个。①

宋家树在培养研究生时，对学生的研究方向进行总体把握，并细致引导，这点作为导师来说特别重要，避免了学生多走弯路。而且他一直坚持脚踏实地、一步一步走踏实的科研态度，使学生获益匪浅，对其今后的科研生涯有着重要的影响。目前，宋家树的两位博士研究生都活跃在军控领域第一线，脚踏实地地从事军控研究工作，为中物院的军控发展做出自己的贡献。

俗话说，“送人一鱼仅供一餐之容，授人一词则终身受用无穷。”除了加强研究生培养，宋家树还经常鼓励其他科研人员拓展思路，跟踪先进的技术，找出适合自己发展的研究方向。在学术交流中，他认真听取现场交流报告和每一位发言者的观点，并给予客观、详尽的点评，使报告者和与会人员受益良多。作为国防科技图书出版基金评审副主任委员，他多次参加国防科技图书出版基金评审会，对每一份被评审的文稿都认真阅读、审视，并给出公正客观的评价，对那些有价值的图书积极进行推荐，争取能够出版，这既是对图书作者的肯定，也对科学技术的研究和发展起到了促进作用。

① 李凯波访谈，2015 年 9 月 22 日，北京。资料存于采集工程数据库。

第十章
臻于至善

学无止境、臻于至善，方为大家。

宋家树对新生事物常怀好奇之心，对名利荣誉始终淡然处之；对新知识的学习总是孜孜不倦，对国防事业的发展倾注毕生心血。宋家树在科研领域的成就，可谓一树擎天，圈点文章；而他生活中的闲情雅致，却是满山晴翠，橙黄橘绿。

博 观 约 取

书香为伴

宋家树祖辈对子女的教育十分重视，世代书香门第，家中自办私塾，孩子从小就接受国学熏陶。父亲虽高中肄业，但国学基础深厚，文化素养较高，曾在江苏扬州中学担任语文老师，讲起课来旁征博引、深入浅出、神采飞扬，很受学生的欢迎。母亲自幼在家读私塾，毕业于安庆师范学校，文字功夫扎实，字写得很好，兴趣很广泛，爱好文学、写作、书法和京戏等，曾担任文艺刊物《潇湘涟漪》的总编。

受父母潜移默化的影响，宋家树喜静，尤爱读书。

妹妹宋家珩回忆说："家中有一种热爱国学、喜爱读中国历史和文学的氛围，我们以后的兴趣和这种家庭的氛围有关。另外就是父母亲特别喜欢读书，他们言传身教，对我们有很大影响，这些影响有些是有形的，有些是无形的，无疑，对我们后来的人生道路都有重要的影响。长大以后，我们都是喜好读书之人。家树哥尤甚，可以说是手不释卷，博览群书。即使到了下一代，像我的儿子李宁，他到姥姥家，母亲就一篇篇地给他讲解'古文观止'，从此培养了他对古文和国学的兴趣，这种爱好影响了他一生。" ①

在求学期间，宋家树阅读了大量的中外文学名著，尤其是苏联文学作品。大学同学王煜明回忆："那时候规定要午睡，当时我们都不睡，躺在床上看小说。特别是苏联文学，像《战争与和平》《安娜·卡列尼娜》《钢铁是怎样炼成的》《静静的顿河》，还有高尔基的《童年》《在人间》《我的大学》等我们都看遍了。" ②

这些作品中无论是浪漫主义，还是现实主义，都蕴含着丰富的美学思想、道德哲理，反映和赞美了苏联人民追求民主自由、向往光明的高贵品质和坚强性格，它深深地教育和影响了新中国建立初期为社会主义事业献身的大批有志青年。当然，也教育和影响着宋家树和他的同学们。

在大学学习和工作期间，宋家树文理兼修的优秀品质吸引了当时同样爱好文学的王佩璇，为此成就了一段美好的姻缘。宋家树的夫人王佩璇回忆："大学的时候，两人都攻读物理专业，但对文学有共同的爱好，当时，苏联的经典小说在国内比较流行，对那一代青年学子影响很大。但当时整个物理系同学中真正对文学感兴趣的很少，在与宋家树的接触中，除了专业上的交流之外，共同的文学爱好使我们两人多了些话题，比较谈得来。"

宋家树在一篇日记中写道："做知识分子也有一点好处：耐得住寂寞。有的是书——历史、小说、文学、报纸杂志、科学技术等。不求甚解式的

① 宋家珩访谈，2016 年 7 月 13 日，加拿大。资料存于采集工程数据库。

② 王煜明访谈，2016 年 5 月 28 日，吉林长春。存地同上。

读书就是一种享受，间或有感还可写上一两句。偶得好书，泡杯茶或坐或躺，边看边饮，岂不快哉。”[①]

宋家树酷爱古文诗词，特别是对唐诗、宋词颇有研究，每每兴之所至，他也会赋诗一首抒发情怀。

第一颗原子弹爆炸成功后，宋家树兴奋之余忆起了张爱萍将军动员上青海草原参加“大会战”时的情景，宛如昨日，他即兴写下了两首七绝：

（一）

青海风云胜雪山，草原原是金银滩；
终军百战无衣甲，居然斩得楼兰还。

（二）

草原青青远世尘，雪山巍巍湖水沉；
将军千里来视看，宜将喜信告故人。

1967 年 5 月底，宋家树在完成我国第一颗氢弹核部件的所有研制加工任务后，他请假携妻子、女儿到厦门省亲，途经杭州，“听到外面敲锣打鼓，知道我国氢弹试验成功了”[②]，欣喜之余即兴赋诗两首：

（一）

两声春雷犹震耳，一柱红霞出天山；
“白宫”深处汗如雨，神州遍地尽腾欢。

（二）

同筹老友喜相逢，谈来心情自不同；
多少惊喜不眠夜，尽在红色此物中。

在西宁杨家庄学习班那段煎熬的日子里，“家书一封值千金”。某日宋

① 宋家树日记，1974 年 11 月，未刊稿。资料存于采集工程数据库。

② 宋家树访谈，2015 年 9 月 22 日，北京。存地同上。

家树接到北京家中书信后，思绪万千，夜不能寐，随即写下一首七律诗：①

秋风瑟瑟动窗纱，读罢家书看灯花。
夜半无声难入梦，他乡有月易思家。
千里且喜人无恙，三秋如此度年华。
披衣中庭抬首望，星斗满天正无涯。

以此来寄托对家人的思念之情和在学习班“虚度光阴”、不能正常工作的无奈。

1971 年，宋家树欣闻林彪阴谋败露，命亡大漠，心中大喜，有感而发写了两首七言绝句：②

（一）

恶鬼画皮安得久，折戟沉沙命已休。
合当身与名俱灭，不废江河万古流。

（二）

身葬塞外毒未消，余孽残渣能逍遥？
且看百花争放日，枯木朽株更萧条。

1976 年对于中国人民而言是一个悲喜交织之年，1 月 8 日周恩来总理逝世，7 月 6 日朱德总司令逝世，7 月 28 日唐山大地震，9 月 9 日毛泽东主席逝世。宋家树回顾这段往事时，在工作笔记本上写下了这样的语句：③

天空——妖雾弥漫，大地——动荡不安，
噩耗——接连不断，人们——心如麻乱。

① 宋家树：七律一首，1971 年，未刊稿。资料存于采集工程数据库。
② 宋家树：七绝二首，1972 年，未刊稿。存地同①。
③ 宋家树日记：1978 年 6 月 26 日，未刊稿。存地同①。

1976年10月，宋家树听闻党中央一举粉碎“四人帮”的消息，当时高兴的心情是难以形容的。于是在上面这段笔记后又加上了一句话：

结局——绝处逢生

以此来表述自己在这个特殊历史时期的心绪变化。

宋家树喜欢写日记、随笔、游记、杂谈，在阅读书籍或文章时，遇到值得记录的文字和自己的心得、体会，也会随时随地记录下来。他的学生李凯波说：“我有幸拜读了宋老师写的《科技杂谈》《访游观感》《塔院笔谈选集》《万柳笔记选》等几十篇文章，文章观点新颖、包罗万象、文采飞扬。”①

读过的书若不盘点，恰似行过的路或者错肩的人，那些影像、身影、书影便遁往岁月深处。闲暇时，宋家树把他所写的零碎的日记、随笔，以及阅读书籍或文章时摘录的精彩语句和所感所悟等，分门别类归纳整理成《生活的趣味》《回忆录片段》《我所读过的一百本书》《生活随笔》等电子书籍。

宋家树在《生活随笔》的开篇写道：“我高中时代开始写日记，但保存下来只有二十世纪五十年代以后的，而且六十年初调到保密单位就不大写了，到了‘文化大革命’时期更不敢多写。闲来无事只好抄点唐诗、宋词，记点魏晋和清人的笔记文，亦为‘避世’之一法。当然不是说没有什么可写，而是不想写那些言不由衷的话。故日记中有保留价值的不多。真正写点什么是1976年以后的事，原因大家都清楚。”②

《我所读过的一百本书》书中选取了宋家树读过的一部分书籍，按照科学科普、历史典故、人物传记、中国古代文学、中国现代文学、外国文学、哲学、休闲、参考备查等类分别记录了书籍的作者简介、内容简介以及自己读书体会和感悟等，涉猎之广可见一斑。他在引言中写道：

① 李凯波：知识渊博兴趣广泛。见：《宋家树院士八十华诞文集》编委会编，《宋家树院士八十华诞文集》。北京：中国原子能出版社，2012年，第138页。

② 宋家树：生活随笔，1998年，未刊稿。资料存于采集工程数据库。

中国古人从来看重读书，谈读书的警句也不少。如宋朝的诗人黄山谷（苏东坡之友）说："士大夫三日不读书，则义理不交于胸中，对镜觉面目可憎，向人亦语言无味。"赵匡胤的弟弟宋太宗每日读《太平御览》等书二卷，他说："开卷有益，朕不以为劳也"，这便是此一成语之由来。这些都是说读书的好处。当然还应该记住汤显祖说的话："开卷有益，夫固善取益者自为益尔。"这好处也不是自然而然会来的。李贽的说法则更进一步："学道贵虚，任道贵实。不虚则所择不精，不实则所执不固"，涉及知与行的问题。我所读过的书大体可分为专业的和非专业的两类，后者对我即所谓"闲书"，种类很杂，有多少是很难统计的，但认真读过、或真正喜欢的也不是太多，大半是"不求甚解"式的读读。现从我读过的这类书中挑选出 100 部，做出简要介绍及谈谈我的看法（只对部分书，且十分简单），有备忘的意思。在开始选择时也曾经参考各种推荐书目，看多了发现其中并无一致意见和标准，往往莫衷一是，我结果是干脆不遵照任何排行，不提任何标准，只是说"我所读过的书"，如此而已，这样就可避免无谓的争辩和烦恼。这 100 本书我有收藏，有些是五十至八十年代的版本，比较珍贵。这些书大致分为：科学、文学、历史、人物（传记）、哲学社科等几类，每类都尽量包括中国书和外国书。①

宋家树有极好的记忆力，尤其表现在历史和文学方面，包括中国历史、科学史、家族史，他读过许多史学和文学名著，除中国四大古典名著之外，还读过《论语》《二十四史》《资治通鉴》《左传》《儒林外史》等历史和文学书籍，这令身为山东大学历史系教授的妹妹宋家珩十分佩服，她说："我是学历史的，我的专业是世界史，对中国史也有较多的了解，但是我自感在中国史许多领域都不如他的知识广博，这是令我感到佩服的。不久前，我因要写家史，但到祖父那一辈许多事情和人物都搞不清楚，家树哥就帮我在网上查找，而且还查看了很多历史文献如清史稿等，他花了很

① 宋家树：我所读过的 100 本书，2006 年，未刊稿。资料存于采集工程数据库。

多功夫读了族谱，由于他古文功底很好，有些资料我这个学历史专业的都读不懂，他竟然都能看懂。在他的帮助下，我们祖辈的一些人和事才能搞清楚，其中大部分资料都是他查找到的。”①

王佩璇也特别佩服宋家树丰富的历史知识，直到现在还总是请教他有关的历史问题。她说：“我们俩在饭桌上、在家里谈的最多的就是历史问题，很多久远的年代和事件他都能记得清楚。”②

女儿宋晓晖分析了父亲对文学、历史具有较深造诣的原因，她说：“他青年时代受到严谨的科学理论和实践的良好训练，更重要的是他对自然和世界及新生事物的好奇心，驱使他去寻求科学的解释，及历史、文化的关联。”③

兴致广博

宋家树的爱好广泛，除了喜读书阅史、善诗词歌赋，他还对绘画、音乐戏曲表现出浓厚的兴趣。闲时吹吹口琴、拉拉京胡、打打桥牌、写写画画、哼上几段戏曲，也是他的喜好。

图 10-1　宋家树收藏的画册（2000 年，宋家树提供）

宋家树与夫人王佩璇对中外艺术作品具有一定的鉴赏能力，特别喜欢收藏油画作品。据王佩璇讲：“宋家树和我对苏联那些极具深沉、厚重、大气以及强烈的理想主义情怀的油画作品极为喜爱，收藏

① 宋家珩访谈，2016 年 7 月 13 日，加拿大。资料存于采集工程数据库。

② 王佩璇口述访谈，2015 年 9 月 22 日，北京。存地同①。

③ 宋晓晖访谈，2017 年 5 月 9 日，美国。存地同①。

了一些作品。像列宾的《伏尔加河上的纤夫》、苏里柯夫的《近卫军临刑前的早晨》，还有揭露和讽刺俄国统治者，表现劳动人民的苦难生活以及争取新生活而斗争的革命者形象的作品。闲暇时，我们会品味很久，这些作品成为我们交流思想情感的最佳纽带。可惜的是，'文化大革命'期间红卫兵以各种名目登门进行'抄家式'大检查的时候，这些珍爱的画册被当成'战利品'而被抄走了，宋家树至今还十分惋惜！"

当我国第一颗原子弹、第一颗氢弹爆炸成功的喜讯传到草原后，他会即兴演奏一曲《庆丰收》，来一段《喀秋莎》，以抒发自己内心无比的喜悦之情。当林彪折戟沉沙，宣告"二赵"垮台之时，宋家树又会召集同事们操起京胡现场来一段《沙家浜》里的《智斗》和《智取威虎山》里的《打虎上山》等"样板戏"唱段，以此来抒发那种"再狡猾的猎物也斗不过智慧的猎手"的情怀。

图 10-2　参观雅典艺术馆（1994 年，宋家树提供）

不论是顺境还是逆境，作为一名共产党员，宋家树对祖国和个人的前途和命运总是充满信心，并始终保持革命乐观主义精神。在"文化大革命""学习班"的艰难日子里，除长时间的政治学习和"阶级斗争"外，宋家树还积极参加学习班其他工作，以减缓自己内心和身体的压力。他所在的"学习班"一排的宣传墙报和"大字报"，从内容选编、排版布局、各种字体板书以及表头设计、插图、漫画绘制都由宋家树担当。每一次学习班宣传墙报评比，一排的墙报总是能获得头名。

原二二一厂技术员赵鸿德回忆那段经历时说："除了在受批判的时候他没有笑容外，我从来没有看见他愁眉苦脸。我有时候到他宿舍里去，他还向我介绍世界科学技术发展的情况，不仅有理化方面的，还有天文地理、生物和医学方面的新知识。宋老师开朗乐观的心态深深地感染了我。”

1972年，学习班生活结束后，宋家树回到车间，与叶宏才两个人被派往车间的小食堂劳动，专门为加班和夜班人员做饭做菜。好学的宋家树没有把去当“伙头军”看成是苦差事，而是当成为一线的同事服务的乐事。时间不长，“十八般”厨艺便无师自通，饭菜做得很有特色，尤其是油炸花生米十分可口，颇受好评。甚至得到朱光亚的称赞，夸他“科研做得好，饭菜也做得好”。

爱好广泛，并对生活始终保持乐观主义态度，伴随宋家树度过了美好的青春年华、“两弹”攻关的辉煌岁月，也伴随他熬过了“文化大革命”动荡的日日夜夜，一路前行。

追赶潮流

图 10-3 在家中学习电脑（1993年，宋家树提供）

“活到老，学到老”是宋家树一贯坚持的“学风”。他不但长期关注国防事业的发展趋势和前沿科学技术，而且对新时期许多高科技产品始终保持浓厚的兴趣，特别是对高科技电子产品尤为关切。他乐于钻研、探索，善于学用结合的做法被大家公认为新时代追赶新技术的“潮男”。

> 爱钻研就是他的一个优点。[①]

① 王佩璇访谈，2015年9月21日，北京。资料存于采集工程数据库。

宋家树不但对新科技兴趣浓厚，而且对新事物的学习掌控也是不甘落后。他对计算机、数码相机、因特网熟悉了解并应用自如，令许多年轻人都自愧不如。与一般人不同的是，这些东西对他来说都不是一时兴起的“玩具”，而是学习的“工具”。利用网络查询资料、学习新知识是他闲暇时的常态。

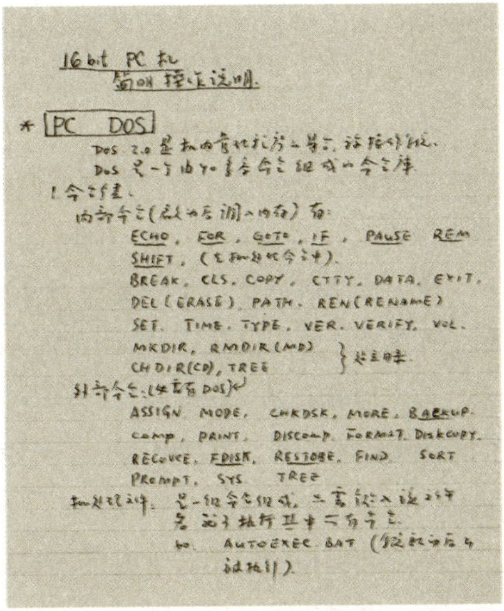

图 10-4　学习计算机知识笔记（1993 年，宋家树提供）

1985 年，王佩璇从加拿大访问交流回国，途经香港时，给宋家树买了一台当时比较先进的 8088 计算机，这是宋家树所用的第一台计算机，内存只有 256K，没有硬盘，且经常出毛病，但这是宋家树使用时间最长的一台计算机。因为可以大拆大卸自己修理，所以内存、软驱都被换过。在学习和操作中，宋家树熟悉了 DOS、中文 CCDOS 以及其他软件和硬件知识。直到 1993 年换了一台 486-SX（25MH）他才弃而不用。在宋家树众多的笔记中，有两本厚厚的笔记本记录着他学习 DOS、C 语言、Basic 等计算机语言的相关内容。

宋家树在计算机方面的学习和应用能力，令同样对计算机感兴趣的骨灰级人物[①]——其学生李凯波和清华大学计算机系毕业的女儿宋晓晖都钦佩不已。

李凯波说：“宋老师特别喜欢计算机，可以说是老一辈科学家中最赶潮的人。只要有新产品出来他都要最先用起来。据宋老师回忆，最开始时，可能起于七十年代，那时用的只是可编程序的计算器。正式说是起于 1985 年的一台 8088 机。之后陆续用到的电脑是 486、586、奔Ⅲ、奔Ⅳ等机器。因为不喜欢 Windows 的不断升级打补丁和无穷尽的病毒干扰，遂转用苹果

① 李凯波：知识渊博兴趣广泛。见：《宋家树院士八十华诞文集》编委会编，《宋家树院士八十华诞文集》。北京：中国原子能出版社，2012 年，第 139 页。

的电脑。宋老师赞叹它的图像显示精美和几乎没有病毒干扰，最终成了苹果的忠实粉丝：不仅用到苹果电脑 iMac，而且用到了 iPod、iTouch、iPad 等产品，随身携带，WIFI 随时上网……我有幸拜读了宋老师写的几十篇文章，最难能可贵的是，他竟然把他们编辑成了微软的 CHM 格式文件，令我十分折服”。①

女儿宋晓晖回忆：“父亲晚年对计算机应用感兴趣，就研究使用各种电脑操作系统、应用程序，还经常帮别人解答问题。远在电脑智能手机风靡大众之前，他就开始‘玩电脑’，会编程。有一次他把自己在 TI 计算器上写的汇编程序给我看，这种程序现在大多数学电脑专业的都不会写。”“他计算机玩得很好，专门给我们上一些课、做一些讲座，帮我们开阔了眼界。”②

因对计算机的应用非常内行，宋家树还专门给同事上过相关的课和做过讲座，帮助大家开阔了眼界。③ 而且楼上楼下的邻居常常找他帮忙解决计算机使用方面的问题。④ 他还常常将电子设备、数码相机等新产品的应用方法归纳总结出来，义务向大家推广、普及。

妹妹宋家珩说：“iPad 刚刚出来的时候，很多人都不太会用，玩得转的人更不多，他很感兴趣，几乎天天坐在计算机旁，进行钻研，还为网络解答疑难问题。最后写了 iPad 使用疑难问题解答，对于使用者很有帮助，我就是在他的帮助下学会如何使用的。”

互联网海量信息给宋家树阅读带来极大便捷。“在因特网刚进入中国的时候，他就经常在网上下载一些国际上最新的军控以及核能发展的动态信息和资料。并和年轻人一样，使用 E-MAIL 作为主要联系工具。”⑤ 同时，他也利用互联网迅捷的传递功能与好友分享好书，经常把一些电子书复制下来给老友。

---

① 李凯波：知识渊博兴趣广泛。见：《宋家树院士八十华诞文集》编委会编，《宋家树院士八十华诞文集》。北京：中国原子能出版社，2012 年，第 139 页。

② 伍钧访谈，2015 年 9 月 26 日，北京。资料存于采集工程数据库。

③ 同②。

④ 刘成安访谈，2015 年 9 月 23 日，北京。资料存于采集工程数据库。

⑤ 沈姚崧：师者风范。见：《宋家树院士八十华诞文集》编委会编，《宋家树院士八十华诞文集》。北京：中国原子能出版社，2012 年，第 136 页。

吴当时说:“我有几次到北京，他就把一些电子书复制下来，存在小U盘里送给我。回来一看，古代的、现代的小说，各种书籍都有，所以他的知识面很广。”

图 10-5 在家中摸索数码相机的使用（2009 年，宋家树提供）

二十世纪九十年代数码相机刚出来时还不具备多维度照片的拼接，他自学了一种软件把多次拍摄的数码相片拼接起来，令他的学生们赞叹不已。

新技术的应用是他关注的另一个方向。1985 年，宋家树到德国调研，无意间接触到微波炉，引发宋家树对“微波技术”的浓厚兴趣。回国后，他不但查阅大量文献资料，研究“微波技术”原理，而且思考“微波技术”在国防领域的运用。“他出国看见国外有微波炉，当时国内还没有，他回来就跟我们讨论它的原理，怎么微波炉一会儿就把食物加热了，当时感到很神奇。”①

宋家树广泛吸收前沿科学技术领域知识的欲望从未间断过，包括对少有人问津的宇宙进展学说的兴趣也很大。《进化中的宇宙》一书的作者陶同在此书的前言中提道:“宋家树对此书的写作给予了很大的帮助。”

情义无价

宋家树无论身处事业巅峰，还是处于事业低谷，他都凭借自己的智慧和敏锐，时刻关心着同事、关爱着家人。

① 李凤芝访谈，2015 年 11 月 22 日，上海。资料存于采集工程数据库。

对待家人，他用无声的爱筑起一道安全的屏障。

在“风雨欲来”的前夜，宋家树将夫人王佩璇以前的日记、学习笔记等全部销毁，使得王佩璇在“文化大革命”红卫兵抄家行动中躲过了一劫。这件事至今让王佩璇感动和钦佩：“那是‘文化大革命’期间，宋家树有一次出差回北京，在家里整理图书资料时，将我大学之前在厦门教会学校上学期间的教材、学习笔记、日记收拢起来，一把火全烧掉了，当时我很不理解，也很生气，为什么烧掉我留存的东西，而他自己的科研、学习教材、学习笔记、日记都完好地保留下来。后来，当红卫兵登门入户抄家时，我才真正体会到老宋的良苦用心。我上中学的时候，教材是教会学校发的，我的学习笔记中还有一些基督教义里的段落记录，在‘文化大革命’中都属于‘封、资、修’的东西，是要彻底破除和消灭干净的，有人因为留存有这些东西被查出来受审查。所以，现在想起来，觉得他当时还是有很强的政治敏感性，他平时言语不多，这是用自己的行动对我们家人最好的保护吧！我经常开玩笑逗他说，当时为什么只烧我的东西，而不烧他自己的时，他总是轻声地嘿嘿一笑了之。”①

在人生道路的选择上，宋家树给予孩子们正确的引导和中肯的建议。女儿宋晓晖对父亲的教诲至今记忆犹新：“1977 全国恢复高考前，我们毕业班要准备考大学，当时只有三个多月的准备时间。我的中小学基本是在‘文化大革命’期间度过，不强调数理化。记得父亲回来探亲，他说微积分要学一点，就开始给我讲微积分。我虽然学习成绩好，但因为学校学习内容不深不广，一下子学微积分有点像赶鸭子上架。但父亲的要求和讲解使我感觉在当时的高中生看来很吓人的数学其实并不是高不可攀。至于高考后的专业选择，我没有注意也从来没考虑过。父母就认为学工程，更加实用、专业性更强。后来读研究生选专业时，父亲建议选计算机专业，当时计算机在中国正在兴起，前景广阔。我至今都非常感谢父母当时的建议，最终，计算机不但成了我学习和工作的专业，也是我非常喜欢做的。父亲说，喜欢的事就能做好。”②

---

① 王佩璇访谈，2015 年 9 月 21 日，北京。资料存于采集工程数据库。

② 宋晓晖访谈，2017 年 5 月 9 日，美国。存地同上。

1982年，宋晓晖于清华大学计算机系毕业。1984年，被公派去美国留学。1992年获美国伊利诺伊大学计算机科学博士学位，后在美国3M公司和普渡（Purdue）大学等单位工作。现事业有成，家庭幸福。

对待与自己一起奋斗过的同事，他推襟送袍，肝胆相照。

1971年夏秋，西宁杨家庄“学习班”即将结束时，大家都在焦急地等待落实政策，重新分配工作。“宋家树对我们说：‘我们要坚持，相信党，相信未来，光明总会到来。’正是宋家树的一席话给了同处于逆境中的我们以精神支撑。也正是我们的友谊给了我力量，让我坚持到最后，在各自的岗位上为我国国防科技事业做出应有的贡献！”①

宋家树非常关心职工疾苦，每当职工生病，他得知消息后都会立即登门看望。曾经的老同事徐庆胜说：“有一次大食堂炖豆角未熟透，我吃了上吐下泻，只得卧床休息。宋主任到宿舍探望，嘘寒问暖，关怀备至，我感动不已。我们都远离家乡亲人，来到条件艰苦的青藏高原，头疼脑热生病了没人照顾，宋主任的看望，让我们感到十分亲切和温暖。宋家树年长我们五六岁，既是领导，更是兄长，而我们更像是他的弟弟、妹妹。大家都似兄弟姐妹，并无领导与被领导之分。当我们出差或探亲离厂时，宋家树经常到总厂火车站送行。”

老同事郝树深的膝盖一直不太好，有一次，原二二一厂102车间的同事在北京聚会，宋家树关心地问郝树深的膝盖怎么样，并幽默地安慰他：“你老运动，所以膝盖就出毛病了，我不动，所以这心脏供血就不足。”

对待好友，他用赤诚之心换来友谊的涓涓清泉。

宋家树的高中同学吴当时曾这样回忆他们两人70多年的友谊：“在学校时我和宋家树因为共同喜爱文学而关系最好。……高二分别后，我和宋家树分别于1955年、1961年和1981年因为工作的原因三次相见又三次分离。后来虽然彼此见面接触的机会不多，若即若离，但多年的友谊如君子之交淡如水，彼此之间没有任何隔阂都很真诚，除工作之外，心里的话也都能说，他有什么话都可以跟我讲，彼此就是老朋友，都很信任，有知心

① 苏恒兴：助人为乐患难与共。见：《宋家树院士八十华诞文集》编委会编，《宋家树院士八十华诞文集》。北京：中国原子能出版社，2012年，第91页。

的感觉，有一种心灵上的默契。我曾在 2011 年宋家树八十华诞时有感于和他之间多年的珍贵友情而写下‘六四友情深，三失三得奇。不信老杜语，参商亦可期’，寄给宋家树，他反用《赠卫八处士》‘人生不相见，动如参与商’赠我。我喜从中来，和了一首‘人生路漫漫，难得几知己，耄耋谱心曲，欣愉不自已’。”

对待自己的学生，他寄予厚望，身教重于言传。

李凯波回忆：

我们经常谈到人生的哲学问题，他的人生哲学给了我许多有益的启示。他说做人要老老实实：以“实事求是”的态度做人，靠现代科学方法做事。科学的世界观是人类几千年知识发展的结晶。身处现在所谓“快节奏”时代，还是要坚持这一精神，“以不变应万变”。科学的精神简单地说就是：探索的精神、求实的方法和批判的态度（科学的想法是要可以“证伪”的，它必须通过实践的考验）；对一切未知的东西感兴趣；对一切权威的东西不盲从；做事从大处着眼，从小处着手；不图虚名，务求实效。它使我们不为一时的成功而“不可一世”，因为真理是不可穷尽的；也不会为一时的失败而灰心丧气，因为真理的确证需要时间。有了这种精神和方法，你就是一个明白的人，一个有智慧的人，也就可能成为一个幸福的人。这些都是宋老师对我的谆谆教诲。宋老师比较超凡脱俗，早早就把他的“官职”辞掉了。他说：值得庆幸的是思想能十分超脱。当然，宋老师说的“超脱”与佛教的解脱不同，后者一味消极，什么都无意思，那就不如早点去死，何必还活着？我从宋老师这学到了不少做人的道理，在现实生活中积极完成自己的工作，从不与人争夺名利。虽然有时心理也有些不平衡，但一想起老师的教诲，也就坦荡了许多。

他的另一学生沈姚崧感叹道：

宋老师对于国际上出现的一些新的技术和手段，他总是先去研究学习，并把资料给我们去研究研究。宋老师常说，有些问题我们这一代人解决不了，可以让你们年轻一代来解决，如果你们也解决不了，就让你们的后代来解决，总有一天，后代人能解决我们现在看来无法解决的问题。我们所能做的，就是尽可能给后人留一些好的条件，不要搞个烂摊子让后人来收拾。可以感受到宋老师这一代的老一辈国家核事业的开拓者们实事求是的科学作风，以及脚踏实地的工作态度。

对待年轻的科技人员，他不仅信任，而且经常给予鼓励，甘当“绿叶”。与他共事过的谢建源深有感触地说：

我刚走上工作岗位，他便安排我完成某材料切屑处理的任务，给我压担子。在完成任务的过程中，又多次给予指导，解决了很多关键的难题。几乎每次大试验他总要到现场，实地给予指导。我有什么想法他总是给予鼓励和支持，让我放手大胆地干，试验总结时他又帮着概括提高。早期102车间的化学、质谱、物性和探伤成立一个大组，他亲自任大组长，让我担任副组长兼化学专题组组长。为研究特种材料的安全性能、制定安全生产的保证措施，并管理轻材料的原料和废料而专门成立了安全组，又安排我负责这一工作。轻材料各部件第一次正式投产时，让我担任调度，负责协调生产各环节，以便生产出质量合格、各项检测数据完整的产品，并进行物料的衡算。总之，他不断给我压担子，对于我所承担的工作总是给予有力的支持，及时地指导。夸张些说，科技、生产上的问题有问必答，工作上提的条件有求必应。这一段时间的锻炼，为我适应今后的各项工作打下坚实的基础。

还有一件事令我难以忘怀。二十世纪八十年代末国防科工委的“军用新材料”向宋家树同志征稿，他很忙，找我商量，让我执笔写一篇“贫铀的特性及其应用前景”的文章。因为在1964—1965年我们完成了某材料切屑处理的攻关任务，对贫铀的特性及应用做过调研且有一些实际的认识和经验，不过这是多年前的事，后来未对它进行调研，很难写出新的应用前景及进展。他鼓励我就按过去掌握的资料写，然后由他补充应用前景及进展部分，最后由他审核、补充、定稿。署名时我将宋总排名第一，但宋总却将我列为第一，他列其后，当清样校对稿取回时，编辑将署名改为他在前，可他执意让编辑部又改过来，由此可见他甘当“绿叶”，扶持年轻人的高尚品格。

即使如此关心和帮助年轻人，宋家树依然觉得自己做得不够。在与谢建源的一次讨论时，他说：“我对不起你谢建源，应该从专业技术角度更多地培养你。”

原九〇三厂副总工程师邹觉生曾动情地回忆：“在九〇三厂工作期间，一位技术员肺部动了大手术，宋总知道后就让我领他到这位技术员的家中看望和慰问，令他们全家十分感动。因我当时也是单职工，宋总常关心我的工作、生活和健康，经常嘱咐我有什么困难随时找他。宋总无论是在小平房住所里说话，还是在山边的小路上、田埂上散步，总是让人感到那样的亲切。”①

2012 年，宋家树曾经工作过的单位九〇三厂想在四川绵阳为他举办一次学术交流活动，征求他的意见时，宋家树只提了一个要求，想请老同事郑坎均聚一聚。郑坎均 1961 年大学毕业，一直在宋家树手下做科研工作，是宋家树的得力干将，因各种原因，郑坎均八十年代调离核事业单位回到南方老家，这些年过得不是很好，宋家树非常关心，提出很想见一面。后来由于各种原因，此次学术交流活动最终未能成行，没能见到郑坎均成为他心底的遗憾。

淡漠文竹

宋家树曾在一篇日记中写道：“我信奉两句话：‘知足知不足，有为有

① 邹觉生：平易近人诲人不倦。见：《宋家树院士八十华诞文集》编委会编，《宋家树院士八十华诞文集》。北京：中国原子能出版社，2012 年，第 114 页。

不为’但这只提出了问题，还要有解释。古人说：‘于境知足，于学知不足’，对己知足，则知足常乐。为人谋则知不足，这是第一句的解释。关于‘有为—无为’问题很难说清楚。晏子曰：‘为者常成，行者常至。’荀子：‘锲而不舍，金石可镂。’此言适用于‘该为’者。问题是何者该为，何者不为？这是做事前要考虑的第一要务，如老子的一概不为也不对，所以要有一标准，但很难有普适的。只有多思考，‘多谋善断’而已。”①

这既是宋家树对古人“知足常乐”“有所为有所不为”的理解，也是他谦和做人、善谋做事、低调处世的原则之一。

宋家树与老一辈科学家一样，在我国“两弹”攻关以及强我国防的伟业中做出了重要贡献，完全可以诸多荣誉加身，但他无论是在吉林大学任教、在北京第九研究所攻关，还是在草原会战、深山创业，始终坚持“集体集体集集体”的理念，直到今天，宋家树还在反复强调：工作是大家一块干的，成绩是大家的！

他在一篇手稿中写道：

> 为了搞原子弹，我们这支从全国各地集中起来的优秀队伍有着高度的积极性，这种积极性的源泉是什么？不是为了个人名利，而是为了祖国和人民的利益，为了能建立一支核威慑力量，使我国能够昂首屹立于世界先进国家之列，而甘做一辈子无名英雄。因此，大家都感到这是一个光荣的事业，伟大的事业，决心为之而献身。这种对事业的自豪感与对国家兴亡的责任直到今天仍是鼓舞许多同志的精神支柱。从个人来说，我们曾遇到许多困难，遇到‘文化大革命’，‘二赵’时期的不幸，但是我们从不后悔。在中国历史上第一颗原子弹的爆炸成功只有一次，献身于这样的事业我们是终身不悔的。这是一个有觉悟的中国人的高尚情操。②

---

① 宋家树：生活随笔，1998 年，未刊稿。资料存于采集工程数据库。

② 宋家树：关于第一颗原子弹的回忆——纪念第一颗原子弹爆炸二十周年，1984 年 10 月，未刊稿。存于中国工程物理研究院。

宋家树这种甘于奉献、不计名利的精神令与他共事的同事深深地佩服。

> 宋家树是车间副主任，是技术攻关的主要负责人。102车间技术人员从没有对宋主任不服气的，在技术上都很尊重他，对他是心服口服。之所以这样，是因为大家为他孜孜不倦、勤奋学习的钻研精神，埋头苦干实干的工作作风，不计个人名利为核事业奋斗的牺牲精神所折服。[①]

中国科学院院士，是国家设立的科学技术方面的最高学术称号，为终身荣誉。1993年，中国科学院的学部委员改称“院士”。这一年11月，宋家树当选中国科学院技术科学部院士。

中国核学会核材料分会在给宋家树写推荐意见时这样评价：

> 宋家树是我国五十年代自己培养的研究生，早期在金属物理方面的研究中做出了成绩。60年中央作为技术骨干调他参加第一颗原子弹攻关。30年来他在军用核材料及武器核部件这一重要领域进行了系统的开创性研究工作，负责组织并亲自参加解决了原子弹、氢弹核心部件关键技术及制造工艺问题，并完成多次生产任务，在发展我国核武器事业中发挥了作用，做出了贡献。为此他多次获得国家级科技奖及部级劳动模范称号。宋家树同志有坚实的理论基础与丰富的实践经验，学风正派，善于把理论问题运用于实际问题中，他的研究工作目标明确，体现了科学、技术、生产的一体化精神。同意推荐他为学部委员候选人。[②]

面对这一学术荣誉和高度评价，宋家树看得非常淡，从不向人提及，只把它当作是国家对从事核武器事业集体贡献的肯定。他说：“我申报院

---

① 谢建源：良师益友半生情缘。见：《宋家树院士八十华诞文集》编委会编，《宋家树院士八十华诞文集》。北京：中国原子能出版社，2012年，第60页。

② 宋家树干部人事档案。存于中国工程物理研究院人事教育部。

士，总的说起来比较被动，没有过多地关心这个事，所以当时也觉得比较突然。大家对我认可了，但是我也没有特别地高兴。因为我一直认为这个工作是一个大科学，是集体完成的，个人作用是比较小的，所以我一直认为我只是核材料方面的一个代表，所以不能把自己估计过高了。”①

图 10-6　中国科学院院士证书（1993 年，宋家树提供）

宋家树是这样说的，也是这样做的。“很多工作他都觉得是集体的事业，不是一个人完成的，当然大家都说好话，说他出了很好的主意或者其他的作用，但他头脑很冷静。这是我年轻时就看中他的一点，有见识。”②

宋家树珍爱自己的名誉，给自己定下了身为院士的处事原则，绝不出席应景活动、商业活动，谢绝与自己专业不相关、不能胜任的兼职或者邀请。

宋家树严于律己，低调为人的作风，还体现在他从不在别人面前展示自己的工作成就以及为国家核事业做出的贡献，即使对自己的子女，他也守口如瓶。宋家树的女儿宋晓晖在采访中说：“我们对自己父亲的事业了解不多，也从未听父亲提及，大多都是在网络上知道的一些信息。”

2017 年 9 月，当采集小组在北京老科学家馆藏基地学习交流结束后，便电话联系宋院士，打算第二天前往老人家中就有关问题进行请教。宋院士在电话中听到我们的来意后，缓缓地说：“一桥回来了，就在家里，他从美国回来，你们来了我们就不要谈工作上的事。”

① 宋家树访谈，2015 年 9 月 23 日，北京。资料存于采集工程数据库。
② 王佩璇访谈，2015 年 9 月 21 日，北京。存地同上。

宋一桥是宋院士的儿子，因成绩优异，在美国博士毕业后多年来一直在国外从事科学研究工作。宋一桥出生未满月，父亲宋家树就上青海二二一厂参加“草原大会战”了，一直到儿子21岁，父亲才回到北京工作，回到儿子身边。许是内心深处多年来对儿女少有陪伴的愧疚之情，所以父亲对儿女非常疼爱。这次宋一桥是从美国去上海做学术交流而在北京稍事停留以看望年迈的父母亲，一家人也非常珍惜难得的儿子从国外回来的机会。

第二天，我们如约而至，一家三口难得的晚餐被我们搅了局，宋一桥快速地扒了几口饭，便心照不宣地起身告别了。我们心有不忍，宋院士夫人王阿姨告诉我们说：“我们就跟两个孩子他们说他父亲的工作是保密的，不能问也不能到外面去说，他们从小都这样。后来隐隐约约从报纸上电视上知道一点他父亲从事的工作了，但从来不问，我们在家也从来不谈工作上的事情。”①

隐姓埋名而又默默无闻是以宋家树为代表的那一代人的人生轨迹，而“淡泊名利、爱国奉献”更是他们那一代人一生的价值追求。

核缘情深

虽然离开核事业一线多年，但宋家树对核事业的关注却一直有增无减。对于他长期工作过的单位，不论在发展方向的定位、新基地的建设方面，还是对外交流平台的搭建、人才队伍的培养等方面，他都会及时与研究所的领导沟通交流他的新思路、新想法，推荐前沿新技术，这些深入思考、前瞻规划，通过研究所领导及各方的努力，最终通过实践变成现实并卓有成效。

二十世纪九十年代初，在国家的大力支持及多方的努力下，他曾经工

① 季琦：保密背后的责任与坚守，2017年，未刊稿。资料存于采集工程数据库。

作过的研究所迎来了建设新基地这一难得的机遇。宋家树得知这一消息后特别高兴，他对前来征求意见的所领导说："这是深居山沟数十年的广大职工家属翘首期盼的'希望工程'，一定要把它建设好。新基地的建设一定要军民结合，军民结合型项目一定要先搞好规划，再分步组织实施；工业项目的厂房设计可以考虑按标准厂房设计，以增强其适应性。"经过多年的努力，新基地坚持军民结合、与高新技术结合的发展方向，逐步建设成为推动基础研究、推动对外交流合作、吸引高水平人才的重要平台，并为职工家属的生活提供了极大便利，为研究所的可持续发展提供了重要支撑。

图 10-7　在表面物理与化学重点实验室学术交流会上发言
（2005 年 10 月 10 日，宋家树提供）

"举什么旗、走什么路"，大到对一个国家，小到对一个单位的发展来说都至关重要。宋家树深知，对一个长期从事生产任务的研究所来说，如果没有高水平的科研做支撑，不仅不能很好地解决生产中面临的各种问题，而且缺乏持续的发展后劲。反之，如果科研工作的开展不是围绕生产任务来进行，这样的科研实则也成了无本之木、无源之水。

为此，他对历届研究所领导询问了一个同样的问题："我们所到底是一个工程所，还是一个研究所？"他希望这样的思考能促使研究所领导班子科学判断形势、准确把握发展定位，从而更好地处理好科研和生产之间的关系。

根据形势和任务的不断变化，研究所的几届领导班子在完成使命任务，推动事业发展的同时，都在深入思考和探索真正适合研究所生存发展的方向。经过多年的发展，"生产与科研并行并重，二者相辅相成"成为这个工程型研究所在新时期的发展定位。

研究所一位领导说："宋总在这个问题上起到了关键作用，我们过去是别人拿来什么我们生产什么，宋总他们这一代领导做了一个重大的调整，就是除生产、制造以外，还应该知其所以然，要加强我们的预先研究，从那个时候开始，研究所的结构就发生了很大的变化。"

每项科学研究工作的推进需要有良好的对外交流合作平台做支撑。早在二十世纪九十年代中期，身在北京的宋家树等专家根据国内国际形势变化和国防事业的发展需求，开始酝酿组建国家实验室这一重要平台，而且在实验室的发展方向上提出了很多好的建议。

通过多年的努力，2004 年，表面物理与化学国家重点实验室终于获得国家批准立项并投入试运行。宋家树等人指出，重点实验室一定要突出特色，拓展基础研究，把工程、工艺中出现的问题凝练成科学问题，把这些科学问题分解到基础研究的各个领域，通过重点实验室这个平台，聚合国内科研院所的研究优势、吸引国内优秀人才，协同攻关过去因为忙于生产试验任务而来不及研究解决的基础性问题，或是没有条件研究解决的问题，从而加深对工程化问题的认识，为工程化生产提供重要的技术支撑。不仅如此，宋家树还被聘为实验室学术委员会委员，并积极参加每届学术交流活动。

目前，表面物理与化学重点实验室在研究所的对外交流合作中发挥了重要作用，基础研究和应用研究得以积极推动，科研能力取得了长足的进步，部分研究成果在国内甚至在国际上处于领先水平。

图 10-8　与蒙大桥交流（2005 年 10 月 10 日，宋家树提供）

杜祥琬院士曾这样评价宋家树："他站得高，看得远。"有的新事物或者新动向在国内还处于萌芽阶段，宋家树便以其宽阔的视野和敏锐的触觉，及时抓住关键，提出重要建议。

2000 年年初，宋家树根据自己多年来在军控研究领域的经验以及对未来发展趋势的判断，他出于国家核事业安全考虑，向研究所领导建议："所里现在从事的事业，光靠人防是不行的，一定要上技防。这事情关系到国家民族安危，责任重大，出了事情谁也担当不了。光靠思想政治教育和人的自觉性不行，一定要用技术手段来确保万无一失。技防在国外已很成熟，国内还是新鲜事物，你一定要向国家反映，努力把这件事搞好。"①

在宋家树的倡议下，研究所开始着手特种材料实体技防措施的规划，并就技防能力建设项目多次向国家申请，最终获得国家的专项资金支持。从 2001 年开始启动以来，经过十余年坚持不懈的建设与发展，研究所目前基本形成了较为完整的集人防、技防与物防为一体的综合防范系统，为确保国家秘密安全奠定了坚实的技术防范基础。这在反恐形势日趋严峻的今天看来，早着手、早预防，对特种材料的实体保护无疑具有重要的战略意义。

2010 年，当研究所领导专程去北京看望宋家树时，他又指出，蓬勃发展的增材制造技术是当前制造领域一个非常重要的发展方向，建议研究所将其应用到科研生产中，以进一步改进工艺、提高效率。根据这一建议，研究所组织进行调研，着手引进相关人才、设备，与国内从事相关研究的单位开展技术交流，取得了初步的研究成果，为增材制造技术的进一步推广应用奠定了基础。

宋家树对地处大山深处研究所人才队伍的培养也一直保持高度关注。他对研究所领导说："当前的竞争实际上就是人才的竞争，我们单位如果像其他科学院系统到国外大批量的招募人才的话比较难。年轻人可以考研、考硕士、考博士，我们的党政领导有党校等各种培训班，但怎么持续提升我们的技术骨干、科研骨干的素质？他们长期扎根一线工作，如果没有知识更新，可能存在知识老化的问题。"

宋家树建议研究所联合国内知名高校实施知识更新工程，使科研技术人员了解相关学科的国际科研前沿，启发思路，开阔眼界。为此，2000 年

① 蒙大桥：学识深蕴风范高存。见：《宋家树院士八十华诞文集》编委会编，《宋家树院士八十华诞文集》。北京：中国原子能出版社，2012 年，第 49 页。

前后，在宋家树的启发和指导下，在科研骨干的培养上，研究所联合国内清华、北大等一流高校举办高级研修班，每年根据不同专业的需要精心设置课程。从2009年至今，研究所已连续举办了十余期研修培训，数百名科研骨干的知识结构得以更新，通过研修班及时了解相关专业的最新发展动态与前沿学科知识，在研究工作中也创新了思路、拓宽了视野。在技能人员培养上，研究所联合中物院工学院等专业技能培训机构，为科研生产骨干举办专门的素质提升班。通过培训，900多名生产骨干中有700多人取得了大专以上的学历，理论知识的丰富与业务水平的提升，促使了生产任务更好地完成。

宋家树对研究所倾注的大量心血，彰显出他对我国核事业发展的一往情深和老一辈科学家的家国情怀。正是基于对核事业的深深眷恋、对单位事业环境和外部形势的深刻把握，因而他才会时刻关注与思考，发现单位建设和发展存在的不足，及时给予提醒和指导。他所拥有的卓越科学家和优秀科技领导者的精神品质，也成了研究所科技工作者的宝贵财富，激励大家继续传承，不断奋斗。①

“个人前途和国家前途密不可分，只要你从事的事业是国家和人民所需要的，这一生就不会白过。”这是宋家树的座右铭，他不仅是这么说的，也是这么做的。回望宋家树铸核控核的人生征程，或平稳和缓，或起伏跌宕，但贯穿一生的基线总离不开他的追求与奋斗。面对人生种种抉择，他智慧善断，坚贞不渝，在得失之间、在顺逆之间、在寂寞与繁华之间，他毅然选择愿将此身长报国。

人生短暂，我们每个人都是天地间的匆匆过客。如果一个人的努力奋斗，为国家、民族做出了重要的贡献，那么，他的一生就没有虚度。

---

① 蒙大桥：学识深蕴风范高存。见：《宋家树院士八十华诞文集》编委会编，《宋家树院士八十华诞文集》。北京：中国原子能出版社，2012年，第50页。

结 语
求真务实的科学一生

经过采集工程小组两年多的努力，我们已经较为全面、详细地了解了宋家树的科学人生——他的一生就是求真务实的科学一生。他求知欲强，遇到新事物、接到新任务，都会穷究其理，拨云见日。

功底深厚融会贯通

宋家树的多位同学、同事在访谈时都不约而同地说：宋家树的理论功底深厚。从合金耐热性、高速钢、合金物理性质研究到原子弹、氢弹核心部件攻关，及至后期军备控制研究领域，每一次的新任务、新挑战，他都能很快很好地适应，并在该领域取得不俗的成绩，这都与他扎实的理论物理基础和数学基础息息相关。这种深厚的功底体现在他对研究领域的熟悉程度和对事物本质原理的深刻把握。在指导科研实验时，简单分析后他经常能写下一个物理公式，让实验人员进行实验验证，并用数学公式总结物理过程。他的语言功底也非常扎实，精通英语、俄语，能够阅读德语文献，为调研国外相关领域文献资料、跟踪国际前沿技术奠定了良好的语言基础。

宋家树不仅理论扎实，而且能够活学活用，融会贯通。在学生时期，宋家树的学习成绩一直名列前茅。他学习时要求自己不是面面俱到，而是要抓住重点。在发生核材料切屑燃烧的事故后，他立即组织研究，并成立了安全组，在随后的热核材料成型的研究中首先开展了模拟安全爆炸试验，给操作人员留下了直观的印象，从而提高大家对安全生产的重视。在一项技术路线争论中，宋家树通过理论分析，认为暂时不被多数人接受的方案路线更为可行，他坚持自己的观点，支持“少数派”一方。事后实践证明他的分析是正确的。

理工并重求真务实

宋家树的求学阶段，特别是大学时期，正是中国社会制度急剧变革的时期，他既受到欧美教育体系的影响，又受到苏联教育体系的影响，既注重理论基础，又注重工程实践，做到理工并重。在研制原子弹、氢弹的过程中，从事工程研制的他往往站在理论的角度思考问题，特别注重与搞理论设计的部门和人员进行沟通。在他看来，理论是理想状态，而工程是现实状态，只有两者结合才能做出实际的产品，因此互相沟通和反馈就十分必要，在工作中既要满足理论设计的要求，也要考虑工艺实践能否实现。

宋家树尊重科学、相信科学，坚持“唯数据说话”“用实验证明”的科研原则。遇到难题，想办法解决。在原子弹、氢弹的研制过程中，他经常透过现象，通过实验来探寻事物的本质，把握其规律，从而求得正解。当工作中出现实验失败的情况，大家都异常紧张、不知所措时，宋家树总是顶着压力沉着冷静地分析问题。特别是在氢弹研制攻关的过程中，当时没有任何可供参考的资料，他坚持先实验，通过上百次的实验分析，一步步解决了核部件材料成型、机械加工、防潮涂层等难题。

宏微并举内外兼修

宋家树既能站得高，长远地看待问题，也能思考得细致入微。二十世纪七十年代，在九〇三厂的初期规划建设期间，他充分考虑厂区环境保护的问题，并超前规划部署，至今看来，当初的决策是极为明智的。在九〇三厂工作期间，他主张建立起的科技图书馆，为九〇三厂的人才培养、事业发展起到巨大的作用。宋家树思虑长远，为加强九〇三厂的科研实力，力主将国家相关研究单位科研人员调入九〇三厂，增强了单位的科研力量。在军备控制研究中，他把握了我国军备控制的研究方向，带领专业组在研究指南确定、组织架构设置、人才队伍建设等方面做了大量奠基性的工作。在领导军备控制科学技术专业组和中国科学家军备控制小组的同时，他从科学技术的角度，运用系统分析的方法，结合政治、军事、经济和外交等因素对军控问题进行综合分析研究，为国家提出有价值的研究报告与对策建议，为外交斗争服务。在国际技术经济研究所兼职期间，他紧密跟踪新材料等高技术和能源发展领域的研究现状，通过宏观分析和微观对比，提出了许多有建设性的意见和观点，为相关国家部门提供咨询。

宋家树不仅在专业领域精耕细作，业余爱好也十分广泛。他高中的时候就会拉京胡，后来又学拉小提琴，平时酷爱音乐赏析，尤其是俄罗斯音乐。他对西方绘画史也颇为了解。他对中国史的熟悉程度有时连研究世界史的妹妹都自愧不如。去法国、意大利等国开会，除了专业问题，他会了解欧洲文化。他博览群书，尤其喜读中外名著。这种广泛的涉猎使他内心异常丰富、豁达，在学术上也非常民主，对外与人为善、平易近人，所以大家经常亲切地称他为“老宋”。也因此，他身边聚集了一大批优秀人才，并共同努力为我国核武器事业做出了重要贡献。

一个人的学术成长是诸多因素共同作用的结果。采集小组在分析研究宋家树学术成长的过程中，从个人天赋、家庭教育、时代环境、思想信念、性格品质五个方面分析总结了影响宋家树学术成长成才的关键性因素。

开放包容、崇尚科学的时代环境

新文化运动在中国竖起“民主与科学”的大旗，“科学”一词深入人心。西学东渐对民国时期教育产生了重要的影响，形成了效仿欧美、崇尚科学的教育大环境。即使在战乱时代，政府依然重视教育，教育经费的投入仅仅次于军费投入。中华人民共和国成立初期，国家百废待兴，需要一大批优秀的建设者，同时全面向苏联学习，改造旧教育，学校教师“高配”现象很普遍，很多高校都配备了较强的教育力量。五十年代后期，国家做出发展中国核武器事业的战略决策，朱光亚慧眼识英才，调宋家树进入核事业领域。此时宋家树身边聚集了众多来自全国各地在该领域的顶尖人才，他们在核武器科技攻关中形成的学术民主氛围，对他的学术成长产生了重要的影响。宋家树的祖籍和出生地自古就是经济、文化发达的地区，民众受教育程度较高、文化素养较好，也对其成长产生了影响。

思维敏捷、举一反三的个人天赋

宋家树身边有很多同学和同事都曾说过，他的思维十分活跃，能够举一反三。他从小就聪明好学，对科学有浓厚的兴趣和刻苦钻研的精神。儿时就能够把家里的钟表、留声机、收音机等东西拆开，观察其工作原理，然后再耐心、仔细地原样装好。正是因为天资聪颖，宋家树母亲从他小时候起就对其寄予厚望，把他当作科学家来培养。宋家树的自学能力很强，从小学四年级开始，初中辗转多地，高中只读了一年半的书，大多数的时间他都是在自学。在九〇三厂响应国家号召，保军转民、开发民品时，他仅在某单位参观了从国外引进的曝光机，回单位后就设计出曝光机的原理图，并带领团队通过调研、吸收、消化，研发出双面曝光机，成为后来九〇三厂自主研发的重要民品项目。

言传身教、潜移默化的家庭教育

宋家树祖父留日多年，眼界开阔，思想开明，十分重视对子女的教育，对子女的培养很开放，子女中不分男女，有能力读大学和出国留学的，都竭力满足，故其子女多有海外留学经历。中华人民共和国成立后，父亲曾在扬州中学教高中语文，虽然未接受过正规大学教育，但自幼打下了深厚的国学基础，平时又喜好读书，对明史颇有研究，在家中营造了一种热爱国学、喜爱中国历史和文学的良好氛围。宋家树的母亲十分重视对子女的教育，即使是在动乱年代，全家人四处逃难，母亲也没放松在家教育宋家树兄妹，每到一个新地方安顿好后，首先考虑的是安排他们兄妹进学校读书，而且尽可能选择最好的学校，从而对他今后的成长产生了深远的影响。

科技报国、国家至上的爱国情怀

提及年少时的感受，宋家树说，当时抗日战争时期，日本对重庆进行大轰炸，觉得国家弱了什么事都不行。这使他萌发科技报国、国家至上的爱国情怀。曾经在国民党政府中从政的父亲看到政府内部的腐败时也经常告诉他，要走科学研究的路，用科技建设祖国，这也坚定了他科技报国的信念。在宋家树整个学术成长的历程中，先后经历了几次转折，他都无怨无悔。在考上南京大学心理系后，面对优秀的学校和老师，他毅然奔赴东北老解放区，选择了理工科，他认为只有掌握科技才能为从旧社会走出来的新中国贡献更多的力量；在北京，理论专业出身的他根据组织需要，不讲条件地接受组织安排，从头学起，并做得有声有色；在吉林大学教学研究崭露头角的时候，他接受祖国的征调开始了隐姓埋名的原子弹、氢弹研制征程；在“文化大革命”期间受到冲击，伤心至极的时候，组织的一声呼唤，他又远赴巴山蜀水艰苦创业。在每一个“十字路口”，他都做出响应国家需要的选择。

坚毅执着、宁静致远的性格品质

宋家树喜欢静思，有空就读书，他对科学有浓厚的兴趣，对他感兴趣的问题非常专注，而且静得下来，勤于思考，勇于钻研。虽然他少言寡语，但他内心有一根“定海神针”，坚持认为对的选择，对的方向，不断深钻，解决现实问题。在“文化大革命”期间，他思虑长远，利用有限的机会与同事讨论学术问题，提出研究思路，即使在武斗期间，他还多方面做职工的思想工作，安心地组织生产。“文化大革命”的冲击也没有动摇他当初的选择。退休后他继续关注当年未曾解决的问题，调研相关的资料供后来者参考，解决其中的关键难题。

宋家树一生淡泊名利，潜心学术。他像那个时代的很多科学家一样，一心放在事业和课题上，从不计较个人的得失。他六十年代奔赴青海高原，七十年代转战巴蜀工作，家庭的困难并没有影响他的工作；他一心扑在工作上，兢兢业业，努力奋斗。在指导年轻人开展学术研究时，他都不要求署名，即使署名也靠后。他多次强调他取得的成绩是集体的贡献，并把自己获得院士的称号归结为是国家对这个集体的认可。还有他乐观的性格，以及丰富的业余爱好，也为他在科学研究之余的生活增添了许多乐趣和光彩。

从宋家树的成长经历来看，一个人小时候打下的基础和所处的环境对其影响非常深远。而通过自己的后天努力，形成独特的学术特点和研究方式、方法同等重要，两方面结合，造就了他这样的科技人才。

我们结合宋家树个人成长的方方面面进行了全面的分析，从中不难看出，在他的身上，既有许多科学家成功的共性，亦有他个人成长的特点。我们希望，通过这些分析对科教事业的管理决策者、对读者的子女家庭教育、对有志于从事科学事业的年轻一代有一定的借鉴意义。由于我们的水平有限，分析得不够全面、准确。希望读者能通过本研究报告详细了解宋家树学术成长的经历，解读宋家树丰富多彩的科学人生，从而形成自己对成才之路的理解和认识。

附录一　宋家树年表

1932 年

3 月 21 日，出生于湖南长沙，祖籍安徽舒城。祖父宋竹荪，曾留学日本，同盟会会员，重视教育。父亲宋曼君，《湖南国民日报》编辑。母亲陶华，自由撰稿人。

1934 年

随母亲到武汉的二舅陶因家住一个月。

1937 年

“七七”事变后，举家由湖南逃难到湖北武汉。

1938 年

10 月，全家从武汉逃难到重庆，住市中区大樑子。

1939 年

日军飞机疯狂轰炸重庆，举家搬到“迁建区”，先住北温泉，后搬到北碚。

1940 年

6 月，全家搬到重庆陈家桥镇。

9 月，入陈家桥镇白鹤场小学读四年级，姑母宋竞欧在该校任教务长。

1941 年

9 月，陈家桥镇白鹤场小学读五年级。

1942 年

9 月，陈家桥镇白鹤场小学读六年级。

1943 年

宋曼君接受国民政府“内政外调”，前往敌占区河南，先后在汝南、罗山、许昌任县长。

7 月，于陈家桥镇白鹤场小学毕业。

9 月，入重庆青木关社会教育学院附属中学读初中一年级。

1944 年

9 月，重庆青木关社会教育学院附属中学读初中二年级。

1946 年

7 月，乘船至武汉，转道河南，见到父亲宋曼君，在许昌暂居。

9 月，入许昌中学读初中三年级。

1947 年

6 月，于许昌中学初中毕业。

7 月，随父母返回安徽安庆，第一次见到祖父宋竹荪。

8 月，考入安徽省立安庆高中一年级甲班学习，师从方林辰、葛冰如、徐裕谋、丁星北、王羽白等，同学有陈际衡、陈长菁、吴当时等。

1948 年

9 月，省立安庆高中读二年级。

1949 年

1 月，因时局动荡，中断学业，随母亲到上海投亲未果，后避难前往苏州，住九姑宋竞奇家。

5 月，随母亲和妹妹前往南京，住玄武门附近。父亲从安徽舒城随第三野战军政治部到南京参加学习，家人团聚。

8 月，以高中二年级同等学力参加国立南京大学招生考试。

9 月，进入南京大学理学院心理学系学习，同学有汪中、金美煊、贾绣君、张毓璋、江乃谦、程述先、沈重云 7 人。系主任潘菽时任国立南京大学校长，是我国著名的心理学专家，现代心理学的重要奠基人。

1950 年

8 月，因向往东北老解放区，决定离开南京大学，考入大连工学院应用物理系。

9 月，进入大连工学院应用物理系一年级八班学习，同学有陈佳洱、邢修三、刘导恒、胡海英、曾觉先等。有吴式枢、解俊明等造诣深厚的老师授课，系主任是光学专家王大珩。

1951 年

因在南京大学已学过一年级的基础课，主攻俄文。

1952 年

5 月 29 日，经曾觉先、胡海英介绍加入中国新民主主义青年团。

6 月，全国院系调整，大连工学院应用物理系并入东北人民大学物理系。

9 月 11 日，与陈佳洱等 25 名同学抵达东北人民大学，就读于物理系三年级，任班长。师从余瑞璜、吴式枢、朱光亚、霍秉权、郑建宣、高墀恩、苟清泉等一批学术造诣精深的物理学家。

1953年

5—8月，先后与龙志云、吴俊珑、王宝琨等老师完成俄文教材《普通物理学·第三卷》（福里斯·季莫列娃著）光学部分、原子物理部分的翻译工作，由高教出版社出版，作为当时高校的物理教材。

10月12日，经温希凡、关连弟介绍加入中国共产党。

12月，随理论物理教授吴式枢进行铁磁性理论研究，在学风上深受其影响。

1954年

7月17日，参加东北人民大学本科毕业典礼。

8月，任东北人民大学物理系理论物理教研室助教。结合我国资源现状，主持进行了Fe-W-Si合金系统的探索研究工作，对培养科学技术骨干和提高教学质量起到了较好作用，并有多篇论文在《东北人民大学自然科学学报》发表。

9月，为东北人民大学物理系55级学生辅导量子力学（吴式枢主讲）、热力学（芶清泉主讲）。

1955年

9月，独立讲授热力学、统计物理课程。

与吴式枢研究“物质铁磁性与反铁磁性”，取得重要科研成果。

11月上旬，东北人民大学决定数学、物理、化学三系各聘请一位苏联专家指导工作，被选为物理系的苏联专家翻译。

1956年

春，与物理系王佩璇，化学系丁莹如、甄开基，数学系李岳生、陈家正在俄文班学习俄文，四个月后达到专业口译和笔译水平。

9月7日，开始担任苏联专家莫洛佐夫在东北人民大学工作期间的技术翻译。

10月22—27日，陪同莫洛佐夫到哈尔滨参观，与哈尔滨工业大学、哈尔滨军事工程学院建立联系，订立合作合同。

10 月，与王佩璇、王煜明、陈继勤四人被确定为莫洛佐夫的二年制后期在职研究生，学习金属物理。在莫洛佐夫的指导下进行合金耐热性、高速钢及合金物理性质的研究，发表了不少具有学术价值的文章。

1957 年

3 月 12 日，参加候补博士考试，考试委员会由唐敖庆、余瑞璜、莫洛佐夫组成。

5 月 8 日，参加东北人民大学教职工整风运动动员大会。

7 月 15 日，参加东北人民大学第一次科学讨论会。

与余瑞璜、莫洛佐夫、吴颐从事“铸造高速钢的结构及性能”研究。

筹建和主持放射性同位素应用实验室。

1958 年

1 月 31 日，东北人民大学全面停课处理“右派”。

3 月 9 日，东北人民大学开始深入开展“五反”运动。

5 月，完成研究生毕业论文的实验、撰写工作。

7 月，顺利通过毕业论文答辩。陈能宽、柯俊、张沛霖、张兴钤、师昌绪、荣科等当时国内一流的金属物理学家应邀担任答辩委员会委员。其中，张沛霖、柯俊为其论文评阅人。

7 月，研究生毕业，继续留校任教。

7 月 13 日，欢送莫洛佐夫回国。

8 月，任东北人民大学物理系金属物理教研室副主任，组织教研室在材料强度、耐热性、高温合金、摩擦磨损等方面开展研究，取得不少成果，获得当时金属物理界的好评。

8 月 11 日，东北人民大学更名为吉林大学。

10 月 1 日，与王佩璇结婚。

1959 年

5 月 21 日，撰写的论文《关于稀土元素在金属合金中的作用》在《吉林大学自然科学学报》发表。

7 月，撰写的《含 W 合金系统耐热强度研究》一文在《物理学报》第 15 期发表，并将此文在全国固体物理会议上作为学术报告。

11 月 30 日，女儿宋晓晖出生。

1960 年

2 月，被评为吉林大学社会主义建设先进工作者。

3 月，在朱光亚建议下，邓小平亲自批准，与程开甲、陈能宽、龙文光等 105 名高、中级科学研究与工程技术人员一道被中组部调至二机部北京第九研究所，参加我国第一颗原子弹研制攻关工作。

4 月，到二机部北京第九研究所报到，被分配到金属物理研究室工作，负责组织铀的精炼和铸造成型工艺攻关试验，并进行理论计算，撰写了多篇技术报告。

1961 年

王佩璇调往二机部北京第九研究所工作，在塔院安家。

任二机部北京第九研究所金属物理研究室冶金研究组组长，负责浓缩铀部件冶金攻关。

1962 年

对特种材料、特材部件的性能和工艺进行研究，确定了 ××× 部件成型的工艺路线。

1963 年

铀的精炼和铸造成型工艺攻关实验取得成功并进行全面总结，为关键部件的研制奠定了坚实的基础。

1964年

3月17日，儿子宋一桥出生。

4月，赴青海国营二二一厂，担任一分厂102车间副主任，负责原子弹、氢弹核心部件的研制攻关。

6月13日，二二一厂102车间发生切屑燃烧事故，带领技术人员摸索解决方案，使铀切屑处理得到圆满解决，对铀屑的处理具有重要参考价值。

8月，组织攻克核部件系列技术难关，成功完成第一颗原子弹的核部件的装配工作。

10月16日，中国第一颗原子弹爆炸试验成功。

11月，参加第一颗氢弹的研制工作，组织科技人员着手进行特材部件加工工艺研究。

1965年

2月，二机部副部长刘西尧到国营二二一厂102车间检查指导工作，要求用一年时间制成合格的热核部件。

2—12月，负责热核部件研制任务，主要从热核材料粉末成型、机械加工和防潮涂层三个方面开展试验研究。组织科技人员对热核材料加工工艺进行多路探索、比较，找准主攻方向，掌握热核部件成型工艺；经过大量试验和反复探索，掌握了成熟的机械加工方法；从全国遴选数十种涂料，进行数百次试验，初步解决了防潮涂层问题。

5月，化名宋垣，与郭善正合译美国考夫曼、福特著《核燃料冶金学－铀和二氧化铀论文集》一书，由中国工业出版社出版。

10月，国营二二一厂“四清”分团及分团党委成立，二机部副部长刘西尧任团长兼书记，李毅、戈克平任副团长，开始为期一年的“四清”运动。

1966年

1月，制成合格的×××部件。

6月11日，二二一厂社会主义教育运动过渡到“文化大革命”。

8月，二二一厂“草红总”“革联”两派群众组织相继成立。

12月中旬，组织科研攻关，为×××装置“被扳机”加工出合格部件。

1967年

1月，全国夺权风暴刮到二二一厂，群众组织接管了总厂、分厂“文化大革命”的领导权。

2月23日，设在西宁市的二二一厂技工学校部分学生卷入武斗流血事件，加剧了厂内两派对立群众组织的矛盾。

4月，国务院、中央军委决定对二二一厂实行军事管制，两派群众的对立情绪有所缓和。

5月，二二一厂102车间完成我国第一颗氢弹的生产任务。

5月底，回北京探亲。

6月5日，二二一厂承担的氢弹设计、实验、生产、环境试验以及核测、总装、联试工作全面完成，产品运往试验基地。

6月，携王佩璇、宋晓晖到厦门省亲，途经杭州，欣闻我国第一颗氢弹爆炸试验成功。

7月17日，二二一厂发生“草红总”“革联”两派大规模武斗。吃住在车间，恳请两派以大局为重，按期完成科研生产任务。

1968年

1月，102车间被改编为连队，原来的车间领导被撤换，接受审查、批斗，但在车间仍然坚持工作。

9月17日，二二一厂成立以王荣为首的新“革委会”，被停职写检查、到车间当车工、电焊工。

11月，与苏桂余、谢建源等被指定到二二一厂第一生产部学习班学习，同时负责打扫公共厕所。

1969年

3月，中苏两国在黑龙江省珍宝岛爆发武装冲突，苏联密谋对我国实施外科手术式的核打击，全国进入临战态势，二二一厂加快进度向三线转移。

5 月，二二一厂一生部学习班结束，被派往车间小食堂劳动，负责为夜班人员做饭。

11 月 4—19 日，二二一厂在搬迁过程中连续发生电缆线短路爆炸、炸药件加工爆炸、核心资料“丢失”三大案件。

11 月，请假回北京，送王佩璇、宋晓晖、宋一桥去河南上蔡农场。

11 月 28 日，“军管”组长赵启明、副组长赵登成（简称“二赵”）进驻二二一厂，打着“清队破案”“整顿九院”“清查‘五一六’”的旗号，在两年时间里，制造了数十起冤假错案，残酷迫害广大职工和干部。

12 月，到青海“多巴学习班”学习。

1970 年

9 月，“多巴学习班”搬迁到西宁杨家庄，称“西宁学习班”。102 车间人员被编成一个排，排长武胜，班长有谢建源、李成名、吴克福。

1971 年

夏，“西宁学习班”的紧张空气逐渐缓和，妻子王佩璇携女儿宋晓晖、儿子宋一桥到西宁探亲。

1972 年

“西宁学习班”处于瘫痪状态。

4 月初，到河南上蔡农场探望王佩璇及儿女。

5 月，与王佩璇、宋一桥到长沙、韶山、厦门、杭州休假。

8 月，王佩璇由河南上蔡农场搬回北京塔院。

11 月，“二赵”垮台，善后工作极为艰难。

1973 年

经过“文化大革命”和“二赵”的冲击，二二一厂干部职工的积极性受到很大打击，人才流失，元气大伤，“西宁学习班”很多人纷纷调离。

9 月，调任九〇三厂副总工程师。

1974 年

1—6 月，与张兴钤等人完成九〇三厂设计任务书，上报国防科工委和国家计委。

7 月 16 日，正式调往四川九〇三厂，从厂的筹建到全面负责厂里的工艺技术、定型研究和生产任务，做了大量富有成效的工作，突破了 ××× 关键技术。

12 月 22 日，国防科工委、国家计委批准九〇三厂设计任务书，极大地鼓舞了广大职工的热情，对工程建设起到巨大的推动作用。

1975 年

组织九〇三厂的规划与建设，重点负责 ××× 生产线。

1976 年

3 月，参加二机部组织的 ××× 部件研制攻关。

组建 106 车间，提出应用同位素交换法的新工艺。

负责工艺设备的调研、采购和调试，筹建某实验室。

1977 年

被评为四川省先进科技工作者。

××× 生产线初步建成，组织九〇三厂科研工作。

7 月 13 日，参加 ××× 任务技术交底会。

10 月 13—15 日，参加 ××× 产品讨论会，对产品出厂前工作进行研究。

11 月 11 日，主持 ××× 产品试装配问题讨论会，并形成初步意见。

提出同位素交换扩散法直接制备 ××× 部件设想，并为此进行了气—固相交换反应理论研究，为制备工艺奠定了理论基础。

1978 年

上半年，组织编写九〇三厂扩大初步设计方案，获二机部批复。

8—10 月，组织 ××× 科研工作，掌握同位素交换工艺。

1979 年

5 月 19 日—6 月 6 日，在北京参加“991 会议”，就同位素交换法制备低密度 ××× 部件工艺、防氧化腐蚀等问题作报告。

8 月，文献调研高压氢源的贮存材料，为相关工作提供了比较系统的技术资料。

研究课题《同位素交换扩散法直接制备 ××× 部件》获核工业部科学技术进步二等奖。

1980 年

5 月 3 日，任九〇三厂总工程师兼副厂长。

9 月 21 日，由助理研究员晋升为高级工程师。

11 月，“LiDT 部件的理论”获国防科工委重大科技成果三等奖。

在成都参加中国核学会核材料分会成立大会和第一次学术交流会，任常务理事。

1981 年

5 月 11 日，被任命为 ××× 技术副总负责人，负责材料方面的工作。

9 月，在苏州参加核学会核材料分会学术会议。

1982 年

5 月 4 日，二机部改名为核工业部。

7 月 24—27 日，参加九〇三厂第二次党代会，被选为党委常务委员。

9 月 7 日，在浙江杭州参加核学会核材料学术会议。

11 月，女儿宋晓晖考上清华大学计算所研究生，准备公派留美。

12 月 1 日，王佩璇到加拿大麦克马斯特大学做访问学者。

1983 年

2 月 19 日，被核工业部科技委员会聘为武器专业组成员。

5 月 23 日，国务委员、中央军委副秘书长张爱萍，四川省省长杨析综、国防科工委主任陈彬等一行 32 人视察九〇三厂，做工作汇报。

8 月 1 日，被聘为核工业部科学技术委员会委员。

9 月，陪同邓稼先院长到北京汇报工作。

10 月 23—29 日，赴昆明参加核燃料元件、核燃料成品分析学术交流会。

11 月 9 日，父亲宋曼君去世，到徐州蚕种厂料理后事。

12 月 29 日，任九〇三厂副厂长兼总工程师。

1984 年

5 月 9 日，女儿宋晓晖赴美国留学，后定居美国。

5 月 26 日，赴联邦德国爱森市（ESSEN）参加国际无损检验（NDT）会议，并应邀访问科隆等地的研究所与工厂。

10 月 16 日，参加纪念我国第一颗原子弹爆炸成功 20 周年活动。

11 月，儿子宋一桥考上北京大学半导体专业研究生。

12 月 6 日，任九〇三厂艺精技术开发公司董事。

1985 年

4 月，与 401 研究院签订协议研究铀上离子注入工艺。

5 月，妻子王佩璇回国，带回一台电脑，开始学习计算机知识。

6 月 12 日—7 月 16 日，与张兴钤等赴美，参加“现代高温合金工艺及性质”学术交流会，并到纽约、波士顿、华盛顿、洛杉矶、旧金山等地进行学术访问，参观麻省理工学院、贝尔实验室、斯坦福大学等 10 多所高校、实验室和工厂，与 30 多名从事材料研究的学者进行交流讨论。

10 月 20—24 日，在烟台参加核学会核材料分会第二届年会，当选为副理事长。

10 月，被评为九〇三厂劳动模范。

11 月 1 日，荣获核工业部劳动模范荣誉称号。

1986 年

1 月 25 日，调任核工业部军工局总工程师、高级研究员，参与核工业部军用工业的技术领导与管理工作。同时，开始步入军备控制研究领域，成为我国该项研究工作的领导者之一。

2 月 8 日，任核工业部军工局党组成员。

4 月 7 日，应邀参加国家制订“863”计划工作班子，制订新材料领域的规划，受到赵紫阳、李鹏等中央领导接见。

6 月 2 日，到 301 医院看望病危的邓稼先。

7 月，女儿宋晓晖回国探亲，儿子宋一桥赴美留学，后定居美国。

7 月 20—28 日，在北京参加核工业部首次核科技发展战略研讨会。

10 月，应邀赴长春参加吉林大学建校 40 周年校庆。

10 月，在四川江油长城特种钢铁厂参加产品鉴定会。

1987 年

1 月 16—18 日，参加核能 2000 年发展规划座谈会。

7 月，作为“气态引爆弹装置的突破”的主要完成人之一，获国家科技进步奖特等奖。

8 月，任国际技术经济研究所研究员。

9 月 21 日，母亲陶华在北京因病去世，享年 81 岁。

12 月，作为“××× 部件热压工艺”的第一发明人，获国家发明三等奖。

12 月 22 日，在北京参加 ZG2-550 型紫外光固化机部级（核工业部）鉴定会。

12 月 29 日，参加美苏中导条约影响研讨会。

12 月 30 日，任核工业部军工局科研、工程技术职务评审委员会主任委员。

1988 年

2 月 9 日，军用新材料应用研究专业组在北京成立，被聘为成员，任期三年。军用新材料应用研究专业组是国防科工委在军用新材料应用研究方面的技术咨询和参谋机构。

5 月 3 日，核工业部改名为中国核工业总公司，任军用部总工程师、高级研究员。

5 月 23 日，在北京高能物理研究所，与美国总统科技、裁军顾问、北京正负电子对撞机工程领导小组顾问潘诺夫斯基（W.H.K.Panofsky）座谈有关裁军问题。

8 月，参加核学会核材料分会学术交流会。

8 月 19—24 日，在意大利西西里岛爱里切市（Erice）参加第八届国际核战争问题研讨会，做“关于裁减下来的核弹头和平利用的若干问题”的报告，引起热烈讨论。这是第一次参加有关军控的国际会议。王淦昌、张信威、裘照明同行。

9 月 17 日，在兰州参加超导材料在军事上应用座谈会。

10 月 7—8 日，参加中国科学家与美国科学院国际安全与军备控制委员会（CISAC）裁军问题非正式座谈会。

10 月 16 日，荣获国防科工委颁发的“献身国防科技事业”荣誉证书、证章。

10 月，参加全国稀土元素工作会议。

10 月，参加首届意大利国际裁军与冲突研究学校（Inter national School on Disarmament and Research on Conflicts，ISODARCO）—北京军备控制研讨会。

12 月 13 日，参加核试验总结会，受到党中央、国务院、中央军委领导接见。

12 月，作为“××× 部件的交换法制备工艺”的第一发明人，获国家发明三等奖。

12 月 16 日，在中国核学会和核工业总公司科技委联合主办的“核与高科技”系列报告会上做“新超导体及其发展前景”报告。

1989 年

5 月 8—11 日，参加在美国内华达州里诺市举行的第 34 届国际新材料与加工工程促进学会（SAMPE）年会，了解国外高级复合材料的新发展。

7 月，参加复合材料军事应用座谈会。

9 月 22—23 日，参加军备控制专题讨论会。

10 月，在北京家中与来中国访问的苏联专家莫洛佐夫相会，这是师生分别 31 年后的重逢。

11 月 8—11 日，在北京参加第三次全国新材料科技工作会议。

1990 年

1 月 19 日，参加国际技术经济研究所第三届学术工作年会，介绍新材料研究组的中长期研究规划。

2 月，国务院、中央军委决定调整中国工程物理研究院管理体制，由国防科工委归口管理，在国家计划中单列户头，成为相对独立的国防科研事业单位。应中国工程物理研究院胡仁宇院长的邀请，与张兴钤调入北京工作部，主要承担国防科工委的工作任务。

3 月，参加核工业系统第三批研究院高工（研究员级）职务评审会。

5 月，参加国家“八五”航空材料立项论证会。

8 月，参加在美国普林斯顿大学举行的国际能源、裁军会议，做“The Relationships between Nuclear Materials and Nuclear Disarmament”报告。会后，访问芝加哥西北大学。

8 月 30 日，应苏理万教授邀请，到伊里诺伊大学做“Arms Control and Nuclear Technologies：A Chinese Perspective”报告。

1991 年

3 月，参加军用新材料专业组超导材料检查会。

5 月 31 日，与潘诺夫斯基就中美科学家开展军控交流进行座谈。

6 月 12 日至 18 日，在黄山参加中国核学会核材料分会第三届年会暨学术研讨会，当选副理事长。

6 月 21 日，任中国工程物理研究院科技委委员。

6 月 21—28 日，到中国工程物理研究院调研，做“新材料的应用发展”报告，并研讨了有关科研课题。

7 月 23—26 日，参加国防科工委第三届专业组暨科技委第二届兼职委员工作会议，任国防科工委科技委第二届兼职委员，论文“抓好新材料、新工艺的推广应用，为实现国防现代化而努力”在会上交流。

8 月 5 日，任国防科工委军备控制科学技术专业组组长，为军备控制研究的健康发展做了大量基础性工作。

8 月，任国防科工委第三届军用新材料专业组成员。

8 月 24 日，任国防科技图书出版基金第二届评审委员会委员。

9 月，中国和平与裁军协会科学家军控研究小组（CSGAC）成立，朱光亚任主席。作为成员之一，开展军控及裁军问题研究。

9 月，参加 2000 年军用新材料发展战略研讨会。

10 月，获国务院政府特殊津贴。

10 月 5—14 日，随中国和平与裁军协会科学家军控研究小组赴洛杉矶，与美国科学院国际安全与军备控制委员会（CISAC）进行第一次军控交流会，做“What to do with the retired nuclear warheads”的报告。

10 月 15—31 日，与程鲁生访问华盛顿、芝加哥、明尼苏达大学。

11 月 25 日，在四川绵阳参加中国工程物理研究院特材研讨会。

11 月 26—27 日，参加中国工程物理研究院“9111”专家会议，研究核安全发展方向。

1992 年

1 月 13—15 日，主持国防科工委军备控制科学技术专业组工作会议。

5 月 11—15 日，参加核武器军工史评审会。

6 月，在河北承德参加军用新材料专业组会议。

6 月，在四川绵阳参加中国工程物理研究院科技成果评审会，担任评审委员。

6 月 24—25 日，参加中国核学会核材料分会举办的青年学术报告会，与张沛霖、张兴钤等五人担任评委。

7 月，在山东烟台参加军用新材料专业组发展战略研讨会。

9 月 11—17 日，赴德国柏林参加第 42 届帕格瓦什国际会议，做“新形势下的核禁试问题”报告。会后，顺访了柏林 Hahn 材料研究所、汉堡大学科学与国际安全研究中心及和平与政策研究所。

10 月 16—18 日，在北京组织中国科学家军控研究小组与美国科学院国际安全与军备控制委员会第二次交流会，做“× × × 与国际安全”报告。

10 月下旬，参加第三届 ISODARCO—北京军备控制研讨会。

11 月 4—7 日，在四川绵阳参加中国工程物理研究院重点科技发展战略研讨会。

11 月 9—13 日，参加复合材料应用研究课题检查与评估汇报会。

11 月，与杜祥琬、朱光亚等合作撰写《浅谈军备控制中的物理问题》在《物理》第 21 卷第 11 期发表。

12 月 11 日，参加国防科工委专业技术会议，受到江泽民、李鹏、乔石等党和国家领导人接见。

1993 年

3 月 8 日，在广西桂林参加全国核材料管制工作会，任专家咨询委员会顾问。

5 月 10—13 日，与赵稼祥、周瑞发赴美国加利福尼亚州阿纳汉城参加第 38 届国际尖端材料学年会与展览（SAMPE）。

5 月 14—31 日，先后访问、考察特拉华大学、宾州州立大学、佛罗里达大学、加州大学洛杉矶分校，与美国材料界的知名专家、学者、教授就新材料及其应用研究的现状、发展动向与趋势以及进行技术合作的可能交换意见，取得很大收获。

7 月 1 日，与美国科学院国际安全与军备控制委员会代表座谈交流，就中美双方军备控制学术交流活动交换意见。

8 月 18—20 日，主持国防科工委军控科学技术专业组会议，检查课题进展、修改计划指南和“八五”重点课题预案。

9 月，参加国家科委 863 讨论会，撰写的《关于材料科学》一文受到国家科委副主任朱丽兰的重视。

10 月 7 日，在中国工程物理研究院军备控制技术讲座上做“核能的和平利用”的专题报告。

10 月 8—11 日，参加军用新材料与技术总体框架研讨会。

10 月 14 日，任中国工程物理研究院核材料许可证技术评审专家组组长。

10 月 19 日，当选为中国科学院学部委员（后改称院士）。

10 月 23—27 日，在四川绵阳主持第四届核燃料及核聚变材料学术交流会。

10 月，儿子宋一桥夫妇回国探亲，赠送一台苹果电脑。

11 月 3 日至 5 日，主持地震核查技术发展战略座谈会。

11 月 11—14 日，在北京香山饭店参加中国工程物理研究院与俄罗斯科学家军备控制交流会。

11 月,《高技术新材料要览》一书出版，撰写引论中的“能源材料”部分。

1994 年

3 月，参加国防科工委科技委第三届年会，做“军备控制研究面临的挑战与任务”的报告。

3 月，任 CSGAC 主席，组织相关单位的 20 余名专家、学者开展军备控制及裁军问题的研究，取得了一批具有开拓性的研究成果，造就出一支老中青相结合的军备控制科学技术研究骨干队伍。

3 月 19—21 日，赴洛杉矶主持中国科学家军控小组与美国科学院国际安全与军备控制委员会第三次交流会，做“关于裁减的钚材料的处理问题”的报告。会后访问加州大学圣地亚哥分校全球冲突与合作研究所和兰德公司。

5 月 6 日，参加《材料科学和新材料》编写讨论会。

6 月 3—8 日，参加中国科学院第七次院士大会，在技术科学部做“特种核材料的应用研究”的报告。

6 月 28 日—7 月 13 日，赴希腊克里特岛参加第 44 届国际帕格沃什（PUGWASH）会议，做“关于无核世界问题”的报告。期间，赴埃及访问开罗大学，做“中国的军备控制研究”报告，会后游览金字塔。途经雅典参观国家艺术馆，对欧洲艺术充满兴趣。

8 月，参加东北人民大学老师吴式枢执教 50 周年纪念活动。

8 月 5 日，任四川省第三届科技顾问团成员。

10 月初，主持与美国洛斯·阿拉莫斯国家研究所（LASL）科学家军备控制科学技术讨论会，做“关于核不扩散问题”的报告。

10 月，主持国防科工委军用新材料专业组会议，做“铍及铍合金的应用”的报告。

10 月 16 日，参加纪念我国第一颗原子弹爆炸成功 30 周年活动。

11 月 4 日，参加中国工程物理研究院深化科技发展战略规划研讨会。

11 月 17 日，随中国工程物理研究院代表团到俄罗斯工程物理研究院开展军备控制交流，做“谈核武器的控制问题”的报告，并访问俄罗斯两个核武器设计院、多个研究所，游览莫斯科、列宁格勒等处。

1995 年

1 月 6 日，被评为核工业系统劳动模范，受到邹家华、尉健行、罗干等党和国家领导人接见。

2 月 14—16 日，主持国防科工委军控科学技术专业组年会。

3 月初，应邀到中国原子能科学研究院做关于军备控制及核能的学术报告。

4 月 16—22 日，在北京香山饭店主持中国科学家军控小组与美国科学院 CISAC 专家第四次交流会，并做“增殖堆的发展与国际安全问题”的报告。

4 月，到河北白洋淀参加航天军控汇报会。

5 月 9 日，接待法国原子能委员会专家来访，做关于军备控制研究情况的报告。

5 月 10 日，入选《中国军事百科全书》人物。

6 月 9—11 日，参加超导材料应用研究总结研讨会。

6 月，接待美国洛斯阿拉莫斯国家研究所（LASL）访问学者。

8 月 8 日，负责国防科工委“863”计划新增项目论证工作并担任“军用新材料”项目论证组副组长。

8 月 26 日—9 月 4 日，与王佩璇到昆明、西双版纳参加国家人事部组织的“突出贡献专家休假活动”。

10 月 20—28 日，在四川主持军备控制科学技术专业组会议，会后游览长江三峡，从宜昌回北京。

10 月 30—11 月 5 日，组织中俄军备控制专家研讨会，讨论和平利用核爆炸及军控问题，做“NPT 大会之后的核扩散问题”的报告。

11 月，参加中国工程物理研究院材料科学与工程技术研讨会。

11 月 17 日，任国防科技图书出版基金第三届评审委员会委员。

12 月 6 日，在北京参加沉淀强化抗氢脆合金鉴定、验收会。

12 月 20 日，参加中国工程物理研究院银河 –Ⅱ巨型计算机系统技术鉴定会。

1996 年

1 月，主持军备控制科学技术专业组讨论会，确定“九五”工作要点，与钱绍钧提出开展军备控制核查技术研究计划。

3 月 10 日，赴吉林大学参加余瑞璜 90 华诞庆祝活动。

4 月，招收博士研究生沈姚崧。

4 月，任国际技术经济研究所高级顾问。

5 月，陪同朱光亚到新疆试验场检查指导工作。

6 月 3—7 日，参加中国科学院第八次院士大会和中国工程院第三次院士大会。

7 月，与美国麻省理工学院 T.Postol、D.Wright 等专家讨论军备控制。

7 月，在北航参加第八届国际青年科学家军备控制会开幕式。

7 月，任国防科技图书出版基金第三届评审委员会委员。

8 月 6 日，任中国核学会核材料分会第四届委员会副主任委员。

8 月 16 日，参加于敏院士 70 寿辰学术报告会。

10 月 20—22 日，在美国华盛顿与约翰·霍尔德伦（J.Holdren）共同主持中国科学家军控小组与美国科学院国际安全与军备控制委员会第五次学术交流会，做报告“On the nuclear weapon free world”。

10 月 25 日，任国防科工委军备控制科学技术专业组成员，任期五年。

11 月，随中国工程物理研究院代表团访问法国原子能委员会军用局，做核材料方向报告。

1997 年

1 月 8 日，被聘为中国工程物理研究院专家委员会成员。

1 月 17 日，参加核试验总结会议，受到党和国家领导人接见。

3 月 18 日，被聘为国防科工委科技委第三届兼职委员，任期五年。

3 月 29 日，国防科工委军备控制核查技术专业组成立，任组长。

5 月，在北京组织中国科学家军控小组与美国科学院国际安全与军备控制委员会座谈会，议题为“能源—国际安全”问题。

5 月 12—13 日，参加国防科技基础研究专题研讨会。

6 月 2—11 日，赴美国诺福克和华盛顿，参加美特殊武器防务署第六届国际军备控制会及卡内基国际和平基金会核不扩散会议。

8 月 4 日，任遥感信息与图像分析技术重点实验室第一届学术委员会副主任。

9 月 23 日，参加香山国际会议，研讨计算材料学问题。

10 月，在北京会见潘诺夫斯基教授，商谈中国科学家军控小组与美国科学院国际安全与军备控制委员会学术交流活动。

11 月 28—30 日，参加中国航空航天材料发展现状及迈入新世纪对策研讨会。

1998 年

1 月，任国际技术经济研究所顾问。

4 月，被聘为四川省科学技术顾问团顾问。

5月15日，接待美国桑迪亚国家实验室（Sandia）代表团来访，并就能源与环境问题展开讨论。

5月26—29日，在北京香山饭店主持召开中国科学家军控小组与美国科学院国际安全与军备控制委员会第六次交流会。

6月1日，参加中国科学院第九次院士大会、中国工程院第四次院士大会。

6月27日，被评为四川省首批学术和技术带头人。

6月29日—7月1日，与彭先觉赴意大利科莫市参加核裁军钚处理研讨会并做报告，顺访罗马大学。

7月24日，主持军备控制科学技术专业组研讨会。

10月7日，在四川绵阳参加中国工程物理研究院中长期规划研讨会，做军备控制形势报告。

10月27—28日，在北京主持中国科学家军控小组与美国科学院国际安全与军备控制委员会关于"能源–国际安全"讨论会。

10月，撰写的《核能源发展现状与未来》一文在《世界科技研究与发展》第20卷第5期发表。

11月20日，任"中国材料发展现状及迈入新世纪的对策"咨询项目执行委员会常务委员，参加各分报告编写研讨会。

1999年

1月29日，被聘为总装备部科学技术委员会首批兼职委员。

3月17—18日，应邀参加中国核工业总公司北京地质研究院建院40周年座谈暨学术报告会，做"回顾与展望——谈核能科技的进展"的学术报告，任该院遥感重点实验室学术委员会副主任。

4月15日，任总装备部核裁军对策研究项目专家组成员。

6月，指导的博士研究生沈姚菘毕业论文通过答辩，题目为《加速器驱动的次临界堆处理钚和先进能源系统的理论研究》。

7月，参加中国科学院组织的核能源研讨会，会上发言。

8月5—8日，主持军备控制核查技术研讨会，检查本年度工作进展。

9 月 18 日，参加“两弹一星”科技专家表彰大会。

9 月 24 日，参加总装备部军备控制科学技术专业组成立大会，被聘为军备控制核查技术专业组组长，军备控制科学技术专业组顾问。

10 月 1 日，参加中华人民共和国成立 50 周年庆典活动。

11 月，被《世界科技研究与发展》杂志社聘为顾问。

2000 年

1 月 21 日，任国防科技图书出版基金评审委员会第四届评委会委员。

3 月 5 日，在北京主持中国科学家军控小组与美国科学院国际安全与军备控制委员会讨论会，做有关国际军备控制形势的发言。

4 月 3 日，主持军备控制核查技术专业组会议，讨论“十五”研究规划与计划指南。

6 月 5—9 日，参加中国科学院第十次院士大会、中国工程院第五次院士大会。

9 月 21 日，应邀到中国青年政治学院做“中国能源政策问题”演讲。

9 月 29 日，参加中国原子能科学研究院 50 周年庆祝大会。

10 月 8 日，赴西安参加第七届 ISODARCO- 北京军备控制研讨会，会间与美国科学院国际安全与军备控制委员会部分成员座谈，做有关 NMD 问题的发言。

10 月 15 日，在北京接见帕格沃什新任秘书长。

10 月 17 日，参加四川省科学技术顾问团活动，到绵阳、宜宾等地参观。

11 月 12 日，参加中国工程物理研究院军备控制核查技术演示会。

11 月 27 日—12 月 2 日，赴意大利参加第 13 届 AMALDI 国际全球安全问题会议，在大会上做“Chinese nuclear policy and the views on the NMD”的报告。

2001 年

1 月 3 日，参加国家地震局台网开通仪式。

1 月 5—6 日，主持军备控制核查技术专业组会议。

1 月 14 日，参加俞大光院士八十华诞学术座谈会。

3 月 1—9 日，在洛杉矶参加中国和裁会科学家军控小组与美国科学院国际安全与军备控制委员会第七次交流会。

6 月 13 日，主持军控核查技术专业组基础技术研讨会。

6 月 25 日，撰写的《谈未来核电的发展》一文，在《科学对社会的影响》第 2 期发表。

8 月 21 日，中国军备控制与裁军协会成立，当选为理事，秘书长为叶如安。该协会的宗旨是组织协调全国民间军备控制与裁军活动，以利于推动国际裁军与军备控制进程，维护世界和平。

9 月 5 日，入住北京万柳阳春光华家园的新居。

10 月 16 日，参加张兴钤院士八十华诞学术座谈会。

11 月 27 日，任遥感信息与图像分析技术国防科技重点实验室学术委员会副主任。

2002 年

1 月 20—21 日，主持军备控制核查技术专业组工作会，讨论工作计划及军备控制核查技术项目“十五”指南。

1 月 23 日，与胡思得、张兴钤、武胜等院士参加中国工程物理研究院组织召开的特材规划研讨会，确立研究的重点方向。

2 月，参加中国工程物理研究院特材老化问题研讨会。

2 月 24—26 日，在北京组织召开中国科学家军控小组与美国科学院国际安全与军备控制委员会专家交流会。

3 月 13 日，在河北廊坊管道局主持“西气东输”超声探伤设备鉴定会。

3 月 18 日，被聘为总装备部第二届军备控制科学技术专业组顾问。

4 月 16—19 日，参加总装备部科技委年会，被聘为科技委兼职委员。

4 月，招收博士研究生李凯波。

5 月 28 日—6 月 1 日，参加中国科学院第十一次院士大会和中国工程院第六次院士大会。

7 月 22—26 日，参加中国核学会核材料分会第五届换届会议暨学术交流会，被聘为副理事长。

8 月，与王佩璇合著《材料中的氦及氚渗透》一书由国防工业出版社出版。

8 月，被聘为 2003 年度新世纪百千万人才工程国家级人选评审委员会委员。

10 月，参加国防科技图书出版基金评审会，讨论中国工程物理研究院丛书出版问题。

10 月，参加吉林大学物理学院成立 50 周年庆祝活动，做“物理学与国防现代化”的报告。

10 月，应苏文辉教授之邀到哈尔滨工业大学物理系参观并做报告。

10 月 15 日，参加第八届 ISODARCO—北京国际讨论会。

10 月 24 日，《中国材料发展现状及迈入新世纪的对策》一书举行首发式，作为该项目的常务执委会成员（共 7 人）之一获得中国工程院、中国科学院共同颁发的奖励证书。

2003 年

2 月 12 日，参加周毓麟院士八十华诞学术座谈会。

2 月 24—25 日，参加中国工程物理研究院军备控制研讨会。

2 月 26—28 日，参加中国工程物理研究院发展战略研讨会。

3 月 2 日，参加中国工程物理研究院特材讨论会。

3 月 17 日，与师昌绪等参加中科院李依依院士组织的核材料鉴定会。

4—6 月，北京受非典型性肺炎肆虐的影响，各项工作几乎停顿，在家以通信的方式推荐院士候选人，评议国防科技图书出版基金项目。

5 月 13 日，参加陈能宽院士八十华诞学术座谈会。

9 月 13—26 日，赴俄罗斯圣彼得堡，参加由美国斯坦福大学倡办的五国（中国、美国、俄罗斯、印度、巴基斯坦）军备控制讨论会。

10 月 14—15 日，参加第三届中俄全球战略稳定性和军备控制科技研讨会。

10 月 30 日，参加地质研究院遥感信息与图像分析技术国家级重点实验室评估会议。

11 月 13 日，任国防科技图书出版基金第五届评审委员会委员。

11 月 24 日，与王佩璇到厦门休假 1 个月。

12 月，被聘为四川省第五届科学技术顾问团顾问，任期 5 年。

12 月 25 日，撰写的《核能、核技术与防范核恐怖》在《科学对社会的影响》第 4 期发表。

2004 年

3 月 3 日，参加中科院组织的 ITER 问题咨询研讨会。

4 月 14 日，参加中国工程物理研究院工业 CT 技术鉴定会。

4 月 26 日，任中国工程物理研究院第五届科技委委员。

4 月 19 日，与胡思得院士合著的《关于月球氦 -3 问题》一文，登载于《科学时报》。

6 月 15—16 日，在上海参加中国核学会核材料分会学术研讨会。

9 月 14 日，参加表面物理与化学重点实验室成立大会，被聘为第一届学术委员会委员，聘期三年。

9 月 16 日，参加中国工程物理研究院材料研讨会。

9 月 18 日，参加表面物理与化学国家重点实验室 ITER 专题研讨会。

10 月 26—28 日，在航天城参加国防科技图书出版基金评审会，续聘为出版社顾问，任期 3 年。

2005 年

6 月 2—6 日，参加中国科学院第十二次院士大会、中国工程院第七次院士大会。

6 月 3 日，参加中国科学院学部成立 50 周年座谈会。

7 月 6 日，在北方温泉宾馆参加国防科技图书出版基金评审会。

8 月 11 日，陪同中央组织部领导看望朱光亚。

9 月 9 日，在怀柔指挥学院参加中国军控协会年会。

9 月 26—28 日，参加全国材料科学与工程学术会议暨庆祝中国金属学会材料科学分会成立 20 周年大会，特邀做“核材料防扩散宇宙射线”的报告。

10 月 9 日，在四川绵阳参加表面物理与化学重点实验室第一届学术年会。

10 月 14 日，参加中国工程物理研究院科技委年会。

10 月 16—21 日，在厦门鼓浪屿参加中俄军备控制研讨会。

11 月 16 日，参加国际技术经济研究所建所 20 周年学术报告会。

12 月 8 日，在海南博鳌参加中国工程院化工、冶金与材料工程学部学术年会。

2006 年

1 月 12 日，参加香山国际会议，与多国代表讨论东北亚安全问题。

3 月 18 日，向母校安庆一中赠书。

3 月 19 日，参加安庆一中北京校友联谊会成立大会，被推选为名誉会长。

3 月 31 日，赴加拿大温哥华，参加与美国科学院国际安全与军备控制委员会第九次学术交流会。

4 月 25 日，在香山参加军备控制讨论会。

5 月 25 日，在怀柔参加军备控制科学技术专业组年会，参观 17 号工地。

5 月 27 日，参加四川省第五届科技顾问团座谈会。

5 月 29 日，参加中核集团公司“十五”禁产核查技术综合演习。

6 月 1 日，指导的博士研究生李凯波顺利通过毕业论文答辩。

6 月 4 日，参加中国科学院第十三次技术科学部大会。

7 月 28 日，在中国科技会堂参加“播存网格工程构思”咨询项目研讨会。

9 月，参加吉林大学建校六十周年校庆。

11 月 12 日，参加安庆一中百年校庆，发表演讲。

2007 年

1 月 11—12 日，参加核工业北京地质研究院遥感信息与图像分析技术国家级重点实验室第一届学术委员会第四次会议。

1 月 15 日，任总装备部科学技术委员会兼职委员。

4 月 24 日，任总装备部第三届军备控制科学技术专业组顾问。

4 月 25—27 日，参加总装备部科技委年会，被聘为学术委员。

5 月 31 日，任国防科技图书出版基金第六届评审委员会副主任委员，任期三年。

6 月 25 日，参加广西来宾市实施《全民科学素质行动计划纲要》启动仪式暨科普广场活动，并为来宾市领导干部做科普报告。

10 月 12 日，参加表面物理与化学重点实验室第二届学术委员会第一次会议，被聘为学术委员会委员。

10 月 13 日，参加中国核学会核材料专业分会六次代表大会，被聘为荣誉理事长。

10 月 28 日，参加《核材料科学与工程》首发式。师昌绪、李恒德、钱绍钧、胡思得、李冠兴、武胜等十多位院士参加。

12 月 12—14 日，参加第七届全球战略稳定性与军控科技研讨会。

12 月，撰写《中国军事百科（第二版）军用核技术分册》的若干条目。

2008 年

3 月 24 日，参加国防科技图书出版基金委员会成立 20 周年大会。

4 月 1 日，参加国际军控形势及核查技术发展动向研讨会。

4 月 24 日，参加 ××× 合金壳体材料讨论会。

5 月 27 日，任中国工程物理研究院第六届科学技术委员会委员，并任物理学科委员会顾问。

6 月 26 日，参加中国科学院第十四次院士大会。

6 月 27 日，参加彭桓武“两弹一星功勋奖章”捐赠仪式。

10 月 23 日，参加中国科学家军控小组与美国科学院国际安全与军备控制委员会的学术交流会。

2009 年

2 月 27 日，吴式枢去世，与夫人王佩璇发唁电并敬献花圈。

3 月 2 日，参加四川省第六届科技顾问团成立大会，被聘为顾问团成员。

7 月 16—17 日，与胡思得、张兴钤、朱建士等院士参加材料科学相关的工程应用和机理研究学术交流研讨会。

8 月 24 日，参加中国科学院技术学部组织的大飞机、高速列车、大型计算等重大项目报告会。

9 月 24 日，被聘为中国军备控制与裁军协会理事。

10 月 16 日，参加纪念聂荣臻元帅诞辰 110 周年书法美术作品展览开幕式。

10 月 30 日，参加中国科学院建院 60 周年纪念大会。

11 月 26 日，参加中国工程物理研究院军备控制研讨会。

12 月 26 日，参加“龙舒情”联谊酒会，为家乡发展献计献策。

2010 年

1 月 15 日，参加军备控制核查技术专业组的年度总结及核取证学研讨会。

2 月 25 日，参加国家“973 计划”项目评审会。

2 月 27 日，在北京八宝山参加李觉同志遗体告别仪式。

4 月 21—22 日，主持国防科技图书出版基金评审委员会第六届四次会议，共评审 80 多本书籍。

4 月 28 日，参加军备控制科学技术专业组会议，研究讨论相关文件。

6 月 7—10 日，参加中国科学院第十五次院士大会。

9 月 5—9 日，在北京参加第十二届 PIIC 会议。

9 月 19 日，参加新时期核工业又好又快安全发展座谈会。

10 月 13—14 日，参加中国科学家军控小组与美国科学院国际安全与军备控制委员会双边讨论会。

2011年

1月7日，参加遥感信息与图像分析技术国家级重点实验室学术委员会2010年年会。

6月18日，在福建省莆田学院做题为《铀－核能－福岛》学术报告。

9月8日，参加《我国核能发展的再研究》课题的核电安全分析组专家会议。

10月15日，参加张兴钤院士九十华诞学术座谈会。

10月26日，任总装备部第四届军备控制科学技术专业组顾问。

2012年

2月26日，参加“朱光亚同志与中国特色核武器科技事业”纪念活动并发言。

3月1日，参加“我国核能发展的再研究”项目第二阶段研究工作启动会。

3月7日，出席中国工程物理研究院压缩科学建设讨论会，与于敏、胡思得、张兴钤等院士就深入开展高压科学研究、做好毛河光院士及其团队的引进工作提出有益的建议。

4月10日，参加北京“二九”联谊会为其举办的“八十华诞学术报告及座谈会”。

6月11—15日，参加中国科学院第十六次院士大会。

7月19日，与陈能宽、于敏、张兴钤等院士致集体贺信，祝贺中国原子城“两弹”研制基地精神理论研讨会在青海海北藏族自治州举行。

9月8日，参加吉林大学物理学科创建六十周年庆祝大会。

2013年

1月，被聘为中共四川省委、四川省人民政府决策咨询委员会资深委员。

10月26日，参加纪念中国工程物理研究院建院55周年座谈会。

2014 年

9 月，参加纪念我国第一颗原子弹爆炸成功 50 周年座谈会。

2015 年

7 月 22 日，与于敏、张兴铃、胡思得、贺贤土院士致信祝贺“两弹”研制基地精神理论研讨会成功举行。

2016 年

8 月 2 日，与母校安徽安庆一中校领导交流办学理念。

2017 年

3 月，参加《中国军事百科全书》（第二版）编纂工作荣获军事科学院军事科学优秀成果奖特别奖。

附录二　宋家树主要论著目录

一、论文

［1］M. Γ 莫洛佐夫，宋家树. 关于合金奥氏体的转变［J］. 东北人民大学自然科学学报，1957（2）：159−166.

［2］M. Γ 莫洛佐夫，宋家树. 关于金属蠕变的机构［J］. 东北人民大学自然科学学报，1957（2）：143−150.

［3］M. Γ 莫洛佐夫，宋家树. 关于找寻无铬高速钢之可能性［J］. 东北人民大学自然科学学报，1957（2）：151−157.

［4］M. Γ 莫洛佐夫，宋家树，袁祖奎. 金属强度及耐热性——关于 K 状态的理论［J］. 东北人民大学自然科学学报，1958（1）：75−81.

［5］M. Γ 莫洛佐夫，宋家树. 钨与硅对铁的抗氧化性之影响［J］. 东北人民大学自然科学学报，1958（1）：99−104.

［6］宋家树. 铁－钨－硅合金的耐热强度［J］. 吉林大学自然科学学报，1958（2）：45−52.

［7］宋家树. 研究耐热合金的一个新方向——铁－钨－硅合金系统［J］. 物理学报，1959，15（2）：89−111.

［8］宋家树，吴颐，龙骧. 稀土元素对钢铁组织和性能的影响［J］. 吉林

大学自然科学学报，1959（1）：95–97.

[9] 宋家树. 关于稀土元素在金属合金中的作用 [J]. 吉林大学自然科学学报，1959（1）：79–89.

[10] 宋家树. 用放射性同位素 W185 研究铁钨粉末的混合过程 [J]. 吉林大学自然科学学报，1959（2）：157–159.

[11] 王佩璇，宋家树. 我室在金属强度及耐热性方面的研究 [J]. 吉林大学自然科学学报，1959（2）：137–151.

[12] 宋家树. 关于核武器的发展与核战争的可能性 [C]. 二〇〇〇年防化建设发展战略学术论文集. 2000：41–42.

[13] 宋家树. 激光聚变的重大进展 [J]. 国际技术经济研究学报，1989（1）：44–46.

[14] 宋家树. 美国军用材料生产及其存在的问题期 [J]. 军用新材料资料，1990（4）：18–25.

[15] 宋家树，丁树深，张万箱. 我国发展新材料的战略设想 [J]. 国际技术经济研究学报，1990（2）：12–17.

[16] 宋家树，丁树深，张万箱. 发达国家发展新材料的道路及其经验 [J]. 国际技术经济研究学报，1990（3）：51–54.

[17] 宋家树. 高性能结构陶瓷的新进展——评价与战略思考 [J]. 国际技术经济研究学报，1990（4）：33–36.

[18] 宋家树，张万箱. 两种复合材料近期发展的技术经济分析 [J]. 国际技术经济研究学报，1991（3）：37–40.

[19] 宋家树. 抓好新材料、新工艺的推广应用，为实现国防现代化而努力 [A]. 国防科工委科技委第二届兼职委员工作会议学术交流材料汇编 [C]. 1991：11–16.

[20] 宋家树，张万箱. 高临界温度陶瓷超导体和吸热核材料进展的技术经济评价 [J]. 国际技术经济研究学报，1991（4）：50–54.

[21] 陈学印，宋家树. 大规模裁减核武器中的核弹头“销毁”与裂变材料处置问题 [J]. 军备控制研究通讯，1992（3）：1–14.

[22] 张万箱，宋家树. 现代料材设计的发展趋势及评价 [J]. 国际技术经

济研究学报，1992,（3）：25–30.

[23] 杜祥琬，李彬，宋家树，等. 浅谈军备控制中的物理学问题［J］. 物理，1992，21（11）：654–659.

[24] 宋家树. 新材料与工艺——国防科技大跨度发展的物质基础［A］. 军用新材料应用研究专业组会议资料汇编. 军用新材料应用研究发展战略［C］. 1993：125–126.

[25] 宋家树，张兴钤，张万箱. 九十年代材料科学与工程发展的展望及对我国技术政策的思考［J］. 国际技术经济研究学报 1993（3）：18–22.

[26] 宋家树. 能源材料［A］.《高技术新材料要览》编委会. 高技术新材料要览［C］. 北京：中国科学技术出版社，1993：27–30.

[27] 周云翔，宋家树. 中国能源开发及发展战略问题的探讨［J］. 国际技术经济研究学报，1994（1）：26–31.

[28] 宋家树，潘菊生. 军控研究面临的挑战和任务［A］. 国防科工委科技委. 国防科工委科学技术委员会第三届年会论文集［C］. 1994：56–59.

[29] 宋家树. 特种核材料的应用研究［A］. 中国科学院学部联合办公室. 中国科学院第七次院士大会学术报告摘要汇编［C］. 1994：211–212.

[30] 宋家树，潘菊生. 美国核政策的调整及对军控的影响［A］. 国防科工委科技委. 国防科工委科学技术委员会第四届年会论文集［C］. 1995：327–331.

[31] 宋家树. 谈现代材料科学的发展趋势［J］. 世界科技研究与发展，1995（5）：6–8.

[32] 宋家树. 九十年代材料科学与工程发展展望期［J］. 中外科技政策与管理，1996（5）：21–24.

[33] 宋家树. 关于能源发展战略的一些思考［J］. 世界科技研究与发展，1996（1）：65–67.

[34] 刘成安，宋家树. 惯性约束聚变 / 裂变混合堆核能系统的概念研究［J］. 高技术通讯，1996（11）：53–57.

［35］宋家树，潘菊生．谈核裁军形势［A］．国防科工委科技委．国防科工委科学技术委员会第六届年会论文集［C］．1997：486-491.
［36］宋家树．核能源发展的回顾与展望［J］．世界科技研究与发展，1998，20（5）：32-34.
［37］宋家树．超导材料及其新进展［J］．国际技术经济研究学报，1998（1）：7-11.
［38］宋家树. 21世纪能源结构与可持续发展问题［J］. 国际技术经济研究，1999，2（3）：1-6.
［39］宋家树．谦虚谨慎为人师表［A］.《张兴钤院士八十华诞文集》编委会．张兴钤院士八十华诞文集［C］．绵阳：中国工程物理研究院科技信息中心，2002：16-17.
［40］宋家树．谈未来核电的发展［J］．科学对社会的影响，2001（2）：32-34.
［41］宋家树．核能、核技术与防范核恐怖［J］．科学对社会的影响，2003（4）：24-27.
［42］宋家树．核材料防扩散宇宙射线［A］．杨宇．2005年全国材料科学与工程学术会议论文集摘要集［C］．北京：原子能出版社，2005：1.
［43］李凯波，张本爱，宋家树．核爆产物Ba-140在大气中传输的理论分析［J］．原子能科学技术，2007，41（4）：474-479.
［44］宋家树．我最敬重的老师［C］// 战略科学家朱光亚，2009，203-204.
［45］刘成安，宋家树，伍钧．核取证分析方法研究和运用的评述［J］．核科学与工程，2009，29（4）：379-384.
［46］宋家树．回忆苏联专家莫罗佐夫同志［C］// 苏联专家在长春，2012，252-253.

二、著作

［1］王佩璇，宋家树．材料中的氦及氚渗透［M］．北京：国防工业出版社，2002.

参考文献

[1] M. Г 莫洛佐夫，宋家树. 关于合金奥氏体的转变 [J]. 东北人民大学自然科学学报，1957（2）：159–166.

[2] M. Г 莫洛佐夫，宋家树. 关于金属蠕变的机构 [J]. 东北人民大学自然科学学报，1957（2）：143–150.

[3] M. Г 莫洛佐夫，宋家树. 关于找寻无铬高速钢之可能性 [J]. 东北人民大学自然科学学报，1957（2）：151–157.

[4] M. Г 莫洛佐夫，宋家树，袁祖奎. 金属强度及耐热性—关于 K 状态的理论 [J]. 东北人民大学自然科学学报，1958（1）：75–81.

[5] M. Г 莫洛佐夫，宋家树. 钨与硅对铁的抗氧化性之影响 [J]. 东北人民大学自然科学学报，1958（1）：99–104.

[6] 宋家树. 铁 – 钨 – 硅合金的耐热强度 [J]. 吉林大学自然科学学报，1958(2)：45–52.

[7] 宋家树. 研究耐热合金的一个新方向——铁 – 钨 – 硅合金系统 [J]. 物理学报，1959，15（2）：89–111.

[8] 宋家树，吴颐，龙骧. 稀土元素对钢铁组织和性能的影响 [J]. 吉林大学自然科学学报，1959（1）：95–97.

[9] 宋家树. 关于稀土元素在金属合金中的作用 [J]. 吉林大学自然科学学报，1959（1）：79–89.

[10] 宋家树. 用放射性同位素 W185 研究铁钨粉末的混合过程 [J]. 吉林大学自然科学学报，1959 (2)：157–159.

[11] 王佩璇，宋家树. 我室在金属强度及耐热性方面的研究 [J]. 吉林大学自然科学学报，1959 (2)：137–151.

[12] 物理系金属教研室. 一个攀登世界科学高峰的青年集体——记物理系金属教研室的先进事迹 [N]. 吉林大学，1960-4-12.

[13] 中国科学院编译出版委员会. 十年来的中国科学—物理学 [M]. 北京：科学出版社，1962.

[14] 南京大学校庆办公室校史资料编辑组. 南京大学校史资料选辑 [M]. 南京：南京大学，1982.

[15] 中央教育科学研究所. 周恩来教育文选 [M]. 北京：教育科学出版社，1984.

[16] 中共大连市委史料征集办公室. 解放初期的大连 [M]. 大连：大连日报社，1985.

[17] 安徽省舒城县委员会文史资料研究委员会. 舒城文史资料（内部资料）[Z]. 1986.

[18]《当代中国》丛书编辑部. 当代中国的核工业 [M]. 北京：中国社会科学出版社，1987.

[19] 宋家树. 超导材料及其新进展 [J]. 国际技术经济研究学报，1988 (1)：7–11.

[20] 孙懋德. 大连理工大学校史 [M]. 大连：大连理工大学出版社，1989.

[21] 约翰・W・刘易斯，薛理泰. 中国原子弹的制造 [M]. 北京：原子能出版社，1991.

[22] 王德滋. 南京大学史 [M]. 南京：南京大学出版社，1992.

[23]《当代中国》丛书编辑部. 当代中国的国防科技事业 [M]. 北京：当代中国出版社，1992.

[24] 宋家树，张兴钤，张万箱. 九十年代材料科学与工程发展的展望及对我国技术政策的思考 [J]. 国际技术经济所要报，1993 (3)：18–22.

[25] 赵稼祥，周瑞发，宋家树，等. 先进复合材料及其应用研究的现状与发展趋势 [J]. 复合材料学报，1993 (3)：35–37.

[26] 宋家树. 能源材料 [A]. 高技术新材料要览 [C]. 北京：中国科学技术出版社，1993.

[27] 宋家树，周云翔. 中国能源开发及发展战略问题的探讨 [J]. 国际技术经济研究学报，1994（1）：26-31.

[28] 周发勤. 蘑菇云在东方升起 [J]. 科学对社会的影响，1994（02）：1-13.

[29] 宋任穷. 宋任穷回忆录 [M]. 北京：中国人民解放军出版社，1994.

[30] 李定开. 抗战时期重庆的教育 [M]. 重庆，重庆出版社，1995.

[31] 重庆抗战丛书编纂委员会. 抗战时期的重庆教育 [M]. 重庆：重庆出版社：1995.

[32] 孟长根. 许昌教育之沿革 [J]. 许昌师专学报社会科学版，1996，15（1）：119-126.

[33] 宋家树. 宋家树自述 [A]. 中国科学院学部联合办公室编. 中国科学院院士自述 [C]. 上海：上海教育出版社，1996：826-827.

[34] 杜祥琬. 核军备控制的科学技术基础 [M]. 北京：国防工业出版社，1996.

[35] 刘西尧. 我国“两弹”研制决策过程追记 [J]. 炎黄春秋. 1996（5）.

[36] 石力开. 新材料的发展趋势及其在我国的发展状况（上）[J]. 科技成果纵横，1996（5）：25-27.

[37] 宋家树. 关于能源发展战略的一些思考 [J]. 世界科技研究与发展，1996（3）：65-67.

[38]《匡亚明纪念文集》编委会. 匡亚明纪念文集 [M]. 南京：南京大学出版社，1997.

[39] 马晓丽. 光魂 [M]. 北京：解放军出版社，1998.

[40] 李逢春. 许昌史话 [M]. 郑州：中州古籍出版社，1998.

[41] 宋家树. 核能源发展现状与未来 [J]. 世界科技研究与发展，1998（5）：32-34.

[42] 宋家树. 21 世纪的能源结构与可持续发展 [J]. 国际技术经济研究所学报，1999（3）：1-5.

[43] 陈东林. “一个国家兴旺发达的标志”——中国国防核工业的辉煌起步 [J]. 党史文汇，1999（7）.

[44] 朱光亚. 自力更生铸起核盾 [J]. 科技潮，1999，10：53-56.

[45] 聂荣贵，章玉钧. 三线建设铸丰碑 [M]. 成都：四川人民出版社，1999.

[46] 孙懋德. 群星璀璨 [M]. 大连：大连理工大学出版社，1999.

[47] 春雷. 核武器概论 [M]. 北京：原子能出版社，2000.

[48] 东方鹤. 张爱萍传 [M]. 北京：人民出版社，2000.
[49] 中国工程物理研究院. 不辱历史使命致力民族强盛的中国工程物理研究院 [J]. 中国工程科学，2001 (8)：91–92.
[50]《张兴钤院士八十华诞文集》编委会. 张兴钤院士八十华诞文集 [C]. 绵阳：中国工程物理研究院科技信息中心，2002.
[51] 宋家树. 谈未来核电的发展 [J]. 科学对社会的影响，2001 (2)：32–34.
[52] 重庆教育志编纂委员会编. 重庆教育志 [M]. 重庆：重庆教育出版社，2002.
[53] 重庆市政协学习及文史委员会，西南师范大学重庆大轰炸研究中心. 重庆大轰炸 [M]. 重庆：西南师范大学出版社，2002.
[54] 南大百年实录编写组. 南大百年实录（上卷）[M]. 南京：南京大学出版社，2002.
[55] 王佩璇，宋家树. 材料中的氦及氚渗透 [M]. 北京：国防工业出版社，2002.
[56] 宋家树. 核能、核技术与防范核恐怖 [J]. 科学对社会的影响，2003 (4)：24–27.
[57]《陈能宽院士八十华诞文集》编委会. 陈能宽院士八十华诞文集 [M]. 北京：中国原子能出版社，2003.
[58] 余子侠. 抗战时期国立中学的创办及其意义 [J]. 近代史研究，2003 (3)：80–123.
[59] 降边嘉措. 李觉传 [M]. 拉萨：中国藏学出版社，2004.
[60] 朱光亚. 对我国核试验的几点回顾与思考 [J]. 神剑，2004 (6).
[61] 中国科学院院士工作局. 科学的道路（下卷）[M]. 上海：上海教育出版社，2005.
[62] 李俊亭. 使中国挺直腰板的战略性抉择——为纪念中国核武器的诞生而作 [J]. 当代中国史研究，2005 (02).
[63] 周诗长. 安庆一中百年文史稿——薪火 [M]. 合肥：黄山出版社，2006.
[64] 国防科工委“两弹一星”精神研究课题组. 弘扬“两弹一星”精神自主创新勇攀高峰 [M]. 北京：党建读物出版社，2006.
[65] 葛能全. 钱三强传 [M]. 济南：山东友谊出版社，2006.
[66] 郑锦涛，黄作华. 抗战时期国立中学的回忆（第二辑）[M]. 北京，中央文献出版社，2007.

[67] 李新玲，谢湘. 中国第一颗氢弹爆炸 40 年青春热血创造奇迹 [J]. 科学大观园，2007（15）.
[68] 梁东元. 596 秘史 [M]. 武汉：湖北人民出版社，2007.
[69] 郑锦涛，黄作华. 抗战时期国立中学的回忆（第三辑）[M]. 北京：中央文献出版社，2007.
[70] 张建立. 在那遥远的地方——中国原子城探秘 [J]. 纵横，2007（1）.
[71] 何东昌. 中华人民共和国教育史（上卷）[M]. 海口：海南出版社，2007.
[72] 宋炳寰. 氢弹往事 [J]. 两弹一星历史研究，2008（2）：47-48.
[73] 李鹰翔. 两年规划 [J]. 中国特色的系统工程. 两弹一星历史研究，2008（2）：11-12.
[74] 孟昭瑞，孟醒. 中国蘑菇云 [M]. 沈阳：辽宁人民出版社，2008.
[75] 杜祥琬. 战略科学家朱光亚 [M]. 北京：原子能出版社，2009.
[76] 沈志华. 苏联专家在中国 [M]. 北京：新华出版社，2009.
[77] 宋炳寰. 第一颗氢弹空投试验往事 [J]. 神剑，2009（2）.
[78] 孙懋德. 大连理工大学校史 [M]. 大连：大连理工大学出版社，2009.
[79] 王菁珩. 金银滩往事—在我国第一个核武器研制基地的日子 [M]. 北京：原子能出版社，2009.
[80] 宋炳寰. 往事不尽如风绝密的中国 1100 目标亲历（上部：突破）[J]. 海陆空天惯性世界，2009（04）.
[81] 贺金林. 抗战胜利后国民政府教育复员研究 [M]. 北京：社会科学文献出版社，2010.
[82] 王菁珩. 中国核武器基地揭秘 [J]. 炎黄春秋，2010（1）：24-29.
[83] 刘颖. 除旧布新：新中国成立初期中共对高等教育的接管与改造 [M]. 北京：人民出版社，2010.
[84] 刘深. 葛庭燧传 [M]. 北京：科学出版社，2010.
[85] 宋家树院士八十华诞编委会. 宋家树院士八十华诞文集 [M]. 北京：中国原子能出版社，2012.
[86] 经福谦，陈俊祥，华欣生. 核武器科学与工程 [M]. 贵阳：贵州人民出版社. 2013.
[87] 胡晓丹. 核部件研制过程中的组织领导与管理经验 [J]. 两弹一星历史研究，2012（7）：32.

[88] 陈先枢．天心阁［M］．北京：文物出版社，2012.
[89] 长春市档案馆．苏联专家在长春［M］．长春：长春市档案馆、中国一汽集团档案馆长春市政协文史资料委员会．2012.
[90] 彭继超，武献军．核盾牌［M］．北京：中国青年出版，2012.
[91] 吉大物理发展概要编写组．吉大物理发展概要［M］．长春：吉林大学出版社，2012.
[92] 大连理工大学文化建设丛书编委会．走进老教授—追寻大工记忆［M］．大连：大连理工大学出版社，2013.
[93] 青木关人民政府．重庆第一关—青木关［M］．北京：中国文联出版社，2013.
[94] 杜文林．原子城：见证伟大事业传承伟大精神［J］．军工文化，2013（8）．
[95] 田永秀，王安平．做一辈子的研究生——林为干传［M］．北京：中国科学技术出版社，2013.
[96] 成都凸凹．大三线［M］．北京：现代出版社，2014.
[97] 何俊，余以忠．国立社教附中回忆录［M］．北京：中国文史出版社，2014.
[98] 樊洪业．亲历者说“原子弹摇篮”［M］．长沙：湖南教育出版社，2014.
[99] 张翔．在青海省海北州原子城举办的我国第一颗原子弹爆炸成功五十周年纪念大会上的讲话［J］．两弹一星历史研究，2014（特刊）：1-2.
[100] 张敏，宋家树，钱伟长．20 世纪中国知名科学家学术成就概览．（化工、冶金与材料工程卷）［M］．北京：科学出版社，2015.
[101] 吕旗，谭淑红．铃记—张兴钤传［M］．上海：上海交通大学出版社，2015.
[102] 冀中仁．“三线”建设的历史回顾与思考—纪念人民军工创建 85 周年（上）［J］．中国军转民，2016（8-9）．
[103] 杜祥琬．核物理与核军控研究［M］．北京：科学出版社，2016.
[104] 沈志华．援助与限制：苏联与中国的核武器研制（1949—1960）［J］．历史研究，2004（3）：110-131.

后 记

2014 年年底，鉴于宋家树院士身体欠佳，中国工程物理研究院（以下简称“中物院”）材料研究所党委研究决定，提前启动宋家树院士学术成长资料采集工程。2015 年 3 月 20 日，采集工作正式启动，5 月，宋家树院士采集工作被中国科协正式纳入老科学家学术成长资料采集工程。两年多来，在中国科协、四川省科协以及老科学家采集工程各位专家的指导下，在中物院、中物院科协、中物院材料研究所各级领导的关心支持下，在宋家树院士人格魅力的感召下，采集小组成员投入大量时间和精力，克服诸多困难，圆满完成了老科学家采集工程的各项任务。

宋家树院士为人非常谦逊低调，他认为所有的成绩都是集体的智慧和贡献，不能归功于他一个人，因此他不愿意开展这样一项“只为他一人”的工作，因此采集工作一开始就遇到“困难”。为征得宋家树院士本人的同意，材料研究所党政领导罗文华、王宝瑞、黎晓峰、蒋曦先后带队到宋家树院士家中进行交流沟通，最终说服宋家树院士同意开展这项工作，并给予大力支持，这为我们后来从宋家树院士办公室、家中采集到上千份珍贵资料打下了坚实的基础。

在口述访谈过程中，宋家树院士的夫人王佩璇女士、妹妹宋家珩女士（加拿大）、女儿宋晓晖（美国）；同事、同行张兴钤院士、胡思得院士、钱绍钧院士、杜祥琬院士、张信威院士、武胜院士、邹广田院士，以及何文钊、周汝炎、王菁珩、吴东周、陈述桃、余仲明、秦有钧、庞仲清、蒋国强、谢建源、郝树深、许纪忠、李凤芝、张友寿、沈灿声、吴学义、张晶、蒙大桥、李炬、赖新春、邹云华、刘恭梁、刘成安、伍钧、韦孟伏；大学老师陈方培；大学同学陈佳洱院士、王煜明、刘运祚、金汉民；高中同学吴当时、吴昭谦；学生沈姚崧、李凯波等积极配合，欣然接受我们的采访，并提供了大量有价值的资料。

在资料采集过程中，采集小组沿着宋家树院士生活、学习、工作的足迹，实地走访 10 个省市、27 个单位，得到了中物院人教部、中物院档案馆、中物院研究生部、中物院材料研究所档案室、重庆市档案馆、重庆市璧山区档案馆、重庆市巴南区档案馆、重庆市青木关人民政府、重庆市青木关中学、青海原子城纪念馆、青海海北州档案馆、中国核工业总公司档案馆、中国科学院档案馆、南京大学档案馆、中国第二历史档案馆、吉林大学档案馆、吉林大学物理学院、大连理工大学档案馆、大连理工大学宣传部、安徽省安庆一中、安徽省舒城县方志办、安徽省舒城中学、安徽省舒城县宋家圩村、河南省许昌二中、河南省许昌建安区档案馆、河南省许昌市档案馆等单位的大力支持和帮助。特别是中物院政治部副主任韩长林、青海海北州宣传部副部长李成军、吉林大学档案馆以及吉林大学物理学院党委书记孟文卓、原吉林大学物理学院教授邵炳珠、大连理工大学宣传部马坤、安庆一中常务副校长陈文贞和校办主任魏东、安徽舒城县地方志办主任贾佳、河南省许昌市建安区档案馆馆长周小风、原扬州中学学生李玉树等都尽其所能地为采集工作提供帮助。

中国科协领导多次强调：“老科学家采集工程实际上是在记录科学家个人成长跌宕起伏的人生经历，记录和传承他们的科学精神、理性精神、家国情怀，是一个文化工程、民心工程，更是一项良心工程。”

两年多来，采集小组在与宋院士接触的过程中，在与他的家人、同事、同行、友人的口述访谈中，从采集到的大量资料中慢慢地研究他、了解他、熟悉他。随着研究的不断深入，小组成员无一不被他高瞻远瞩的战略眼光，求真务实的科学精神，博学、睿智、儒雅、谦和的人格魅力所折服。最令采集小组成员感动的是宋家树院士夫妇深切的家国情怀。

正是深刻认识到采集工程的重大意义，采集小组成员把对宋家树院士深深的敬仰之情转化成强大的精神动力，始终激励我们在采集的道路上一路前行。两年多来，采集小组也曾遇到很多困难：一是采集小组主要成员少，主要工作由几名骨干利用本职工作之余时间完成。二是采集量大。口述访谈 56 人（次），整理口述文字资料 50 多万字，采集各类资料 2000 多件，仅英文、俄文、拉丁文等外文资料就多达 500 多件，完成资料长编 93 万字、研究报告 27 万字、大事年表 1.6 万字、资料著录 2779 条等。三是脱密难度大：有 38 万字口述文字资料、60 余万字的资料长编、10 多万字的研究报告涉及国家秘密，需要进行脱密处理和保密审查。

但是，不论遇到多大困难，不论有几多艰辛，小组成员始终以高度的责任心、强烈的使命感无怨无悔地投入到采集工作中，尽最大努力把各项工作做到精益求精。在实物采集和史料查询中，小组成员深入宋家树 70 多年前生活、学习的地方，“地毯式”地收集资料，寻找知情人，了解情况，不放过任何蛛丝马迹的线索。为核实史料，采集小组曾先后两次到重庆市档案馆、南京大学档案馆查阅档案。口述文字分别由小组成员进行交叉、反复、多次校对。相对于 2015 年的培训要求，2017 年，老科学家采集工程对资料清单的著录要求更高、更规范、更严格，采集小组成员专程赴馆藏基地学习交流，按照最新著录要求对资料清单里的每一个条目都进行了修改、完善，对每一个条目的时间、地点、人物、事件一一进行考证，特别是一些老照片，由于年代久远，当事人记忆模糊，采集小组尽量找老同志、知情人进行辨认，确保经得起历史的检验。在 2017 年 11 月初的实物资料移交过程中，资料清单著录得到馆藏基地老师李志东、王彦煜、高天平的高度评价。

以慎之又慎的态度进行脱密处理。宋家树院士保密意识很强，经常提醒采集小组成员注意保密问题，为不触及保密红线，采集小组成员首先对所有对外提供的资料进行脱密处理，之后历经自查、互查、专家审查、所保密委审查等环节。材料研究所蒙大桥、帅茂兵、赖益东、李保亭等专家不仅从保密角度、专业角度审查，连错别字都进行了修正。研究报告第八章“步入军控”部分，国内鲜有公开系统的报道，采集小组在所内审查的基础上，还分别请国内从事军控研究的专家胡思得院士、钱绍钧院士、田东风、邹云华、孙颖、韦孟伏等人从文字表述和保密角度进行审查，专家们都非常认真负责地进行了修改，提出了宝贵意见。其中，胡思得院士在审阅过程中，发现有两句话存在歧义，为慎重起见，他还找多位资深专家认真研究、反复推敲，并给我们反馈修改意见，令小组成员深受感动。

薪火相传益后生。对于采集小组成员来说，采集工作虽然辛苦，却是一次历练的过程、收获的过程。同时，采集工程对于历史的传承、科学家学术思想的传承等具有重要的意义。首先，采集到的大量实物资料，涉及二十世纪四五十年代社会变革、国家教育改革、全国院系调整、向苏联学习等历史资料，六十年代至今我国核武器事业、军备控制研究发展的相关资料，以及宋家树本人在科研攻关中总结、凝练出的科学方法、文献调研资料笔记等方面，对于后来者研究相关时期内的教育发展史、科技发展史，特别是我国核武器事业的发展史具有重要的参考价值。其次，在整理50多万字的口述访谈文字和500多件外文资料的翻译等工作中，采集小组积极动员所里青年职工参与其中，让他们在字里行间亲身感受宋家树院士等老一辈科技工作者的科学精神、家国情怀、优秀品格，“这无疑是最有温度的理想信念教育”。

《铸核控核两相宜：宋家树传》一方面力求通过梳理宋家树的学术成长经历，研究他的学术思想、学术特点和成才规律；另一方面，进一步厘清我国核武器事业的发展历程，为后来者提供重要的历史资料，有利于他们从历史中汲取发展的经验、动力，传承老一辈科技工作者的优秀品质。本研究报告凝聚了采集小组所有成员的心血，其中，初稿由彭建辉撰写第一、二、三、四章，李智勇撰写第五、六、七章，龚桂秀撰写第八、九章，张洪武负责第十章以及全书的统稿。结题评审后，根据专家的意见，采集小组在查阅大量资料的基础上，由彭建辉、张洪武、龚桂秀对第五至七章的结构、内容进行了大幅度修改。宋家树院士的夫人王佩璇女士亲自为研究报告作序。采集小组采取多种形式先后对本研究报告进行了十多次修改，特别是宋家树院士及夫人也两次审稿。小组成员赵小宜、季琦、杨光文、夏兰、张敏等为研究报告的修改付出了大量辛勤劳动。赵建国、陈疆渝、岑弋、肖海玲等对研究报告进行了校对。由于水平有限和保密原因，研究报告不能全面反映宋家树院士为我国核武器事业和军备控制研究领域的学术水平和贡献，是采集小组的一大遗憾。有不足或谬误之处，敬请指正。

此外，宋家树院士学术成长资料采集工作得到了中物院材料研究所楚留印、任俊树、郐勇、白贵元、石岩、刘明生、向飞、段兰、于丁、杨梅娟、姜昕亚、苏德伟、郑少涛、李潼、王小康、郝嘉丽等人大力支持和帮助。

总之，宋家树学术成长资料采集工程每一项工作的顺利开展，都离不开以上诸多单位、领导、朋友的大力支持，在此一并致谢。

宋家树学术成长资料采集小组

2018 年 5 月 21 日

老科学家学术成长资料采集工程丛书

已出版（110种）

《卷舒开合任天真：何泽慧传》
《从红壤到黄土：朱显谟传》
《山水人生：陈梦熊传》
《做一辈子研究生：林为干传》
《剑指苍穹：陈士橹传》

《情系山河：张光斗传》
《金霉素·牛棚·生物固氮：沈善炯传》
《胸怀大气：陶诗言传》
《本然化成：谢毓元传》
《一个共产党员的数学人生：谷超豪传》

《含章可贞：秦含章传》
《精业济群：彭司勋传》
《肝胆相照：吴孟超传》
《新青胜蓝惟所盼：陆婉珍传》
《核动力道路上的垦荒牛：彭士禄传》

《探赜索隐　止于至善：蔡启瑞传》
《碧空丹心：李敏华传》
《仁术宏愿：盛志勇传》
《踏遍青山矿业新：裴荣富传》
《求索军事医学之路：程天民传》

《一心向学：陈清如传》
《许身为国最难忘：陈能宽》

《此生情怀寄树草：张宏达传》
《梦里麦田是金黄：庄巧生传》
《大音希声：应崇福传》
《寻找地层深处的光：田在艺传》
《举重若重：徐光宪传》

《魂牵心系原子梦：钱三强传》
《往事皆烟：朱尊权传》
《智者乐水：林秉南传》
《远望情怀：许学彦传》
《没有盲区的天空：王越传》

《行有则　知无涯：罗沛霖传》
《为了孩子的明天：张金哲传》
《梦想成真：张树政传》
《情系粱菽：卢良恕传》
《笺草释木六十年：王文采传》

《妙手生花：张涤生传》
《硅芯筑梦：王守武传》
《云卷云舒：黄士松传》
《让核技术接地气：陈子元传》
《论文写在大地上：徐锦堂传》

《铃记：张兴钤传》
《寻找沃土：赵其国传》

《钢锁苍龙　霸贯九州：方秦汉传》
《一丝一世界：郁铭芳传》
《宏才大略：严东生传》
《我的气象生涯：陈学溶百岁自述》
《赤子丹心 中华之光：王大珩传》
《根深方叶茂：唐有祺传》
《大爱化作田间行：余松烈传》
《格致桃李伴公卿：沈克琦传》
《躬行出真知：王守觉传》
《草原之子：李博传》
《虚怀若谷：黄维垣传》
《乐在图书山水间：常印佛传》
《碧水丹心：刘建康传》
《我的教育人生：申泮文百岁自述》
《阡陌舞者：曾德超传》
《妙手握奇珠：张丽珠传》
《追求卓越：郭慕孙传》
《走向奥维耶多：谢学锦传》
《绚丽多彩的光谱人生：黄本立传》

《宏才大略 科学人生：严东生传》
《航空报国 杏坛追梦：范绪箕传》
《聚变情怀终不改：李正武传》
《真善合美：蒋锡夔传》
《治水殆与禹同功：文伏波传》
《用生命谱写蓝色梦想：张炳炎传》
《远古生命的守望者：李星学传》
《探究河口 巡研海岸：陈吉余传》
《胰岛素探秘者：张友尚传》
《一个人与一个系科：于同隐传》
《究脑穷源探细胞：陈宜张传》
《星剑光芒射斗牛：赵伊君传》
《蓝天事业的垦荒人：屠基达传》

《善度事理的世纪师者：袁文伯传》
《“齿”生无悔：王翰章传》
《慢病毒疫苗的开拓者：沈荣显传》
《殚思求火种　深情寄木铎：黄祖洽传》
《合成之美：戴立信传》
《誓言无声铸重器：黄旭华传》
《水运人生：刘济舟传》
《在断了 A 弦的琴上奏出多复变
最强音：陆启铿传》
《弄潮儿向涛头立：张乾二传》
《化作春泥：吴浩青传》
《低温王国拓荒人：洪朝生传》
《苍穹大业赤子心：梁思礼传》
《仁者医心：陈灏珠传》
《神乎其经：池志强传》
《种质资源总是情：董玉琛传》
《当油气遇见光明：翟光明传》
《微纳世界中国芯：李志坚传》
《至纯至强之光：高伯龙传》
《材料人生：涂铭旌传》

《一爆惊世建荣功：王方定传》
《轮轨丹心：沈志云传》
《继承与创新：五二三任务与青蒿素研发》
《寻梦衣被天下：梅自强传》
《海潮逐浪镜水周回：童秉纲口述人生》

《淡泊致远　求真务实：郑维敏传》
《情系化学　返璞归真：徐晓白传》
《经纬乾坤：叶叔华传》
《山石磊落自成岩：王德滋传》
《但求深精新：陆熙炎传》
《聚焦星空：潘君骅传》
《采数学之美为吾美：周毓麟传》
《神经药理学王国的“夸父”：金国章传》
《情系生物膜：杨福愉传》
《敬事而信：熊远著传》